이렇게
기막힌
적중률

빅데이터분석기사
필기 기본서

2권 · 기출공략집

"이" 한 권으로 합격의 "기적"을 경험하세요!

YoungJin.com Y.
영진닷컴

차례

합격생의 정리노트

최신 기출문제

실전 모의고사

구매 인증 PDF

시험장까지 함께 가는 핵심 요약
이기적 스터디 카페에서 제공

※ **참여 방법**: '이기적 스터디 카페' 검색 → 이기적 스터디
카페(cafe.naver.com/yjbooks) 접속 → '구매 인증 PDF
증정' 게시판 → 구매 인증 → 메일로 자료 받기

합격생의 정리노트

PART

05

합격생의 정리노트

CONTENTS

실제 합격생의 공부 노하우가 담긴 요약 자료입니다. 정리된 노트로 필기 시험에서
다루는 중요한 개념과 핵심 포인트를 한번 더 확인하세요.

Ⅰ 빅데이터 분석 기획

ⓒ1. 빅데이터의 이해

● 데이터의 구분
정량적 데이터 : 주로 숫자로 이루어진 데이터
정성적 데이터 : 문자와 같은 텍스트로 구성되며 함
축적 의미

● 데이터 유형(구조적 관점)
정형 : RDB, CSV, 스프레드시트
반정형 : 웹로그, 알람, XML, HTML, JSON, RSS
비정형 : 이미지, 오디오, 문자, NoSQL

● 데이터 기반 지식 구분
내면화 → 공통화 → 표출화 → 연결화
　　　　└─암묵지─┘　　└──형식지──┘

● DIKW 피라미드
Data - Information - Knowledge - Wisdom
　│　　　　　　　　　　　　　　　　│
객관적 사실　　　　　　　　　　창의적 아이디어

● 바이트 크기
K M G T P E Z Y 킬 메 기 테 페 엑 제 요

● 빅데이터 특징
3V : Volume, Variety, Velocity
5V : + Veracity, Value

● 빅데이터의 가치
경제적 자산 / 불확실성 제거 / 리스크 감소 /
타분야 융합 / 스마트 경쟁력

● 빅데이터 가치 산정이 어려운 이유
데이터 활용방식 / 새로운 가치창출 / 분석기술 발전

● 빅데이터 영향
기업 : 혁신수단 제공, 경쟁력 강화, 생산성 향상
정부 : 환경탐색, 상황분석, 미래대응 가능
개인 : 목적에 따른 활용

● 빅데이터의 본질적인 변화
사후처리 / 전수조사 / 양 / 상관관계

● 빅데이터 활용을 위한 3요소
자원 : 빅데이터
기술 : 빅데이터플랫폼, AI
인력 : 데이터사이언티스트

● 빅데이터 위기요인 및 통제방안
─사생활 침해 : 개인정보 데이터를 목적외 사용
　　　　　　→ 제공자의 '동의'에서 사용자의 '책임'으로
─책임원칙훼손 : 예측 알고리즘의 희생양이 됨
　　　　　　→ 결과 기반 책임원칙 고수
─데이터 오용 : 잘못된 지표 사용
　　　　　　→ 알고리즘 접근허용(알고리즈미스트)

● 데이터사이언티스트 요구역량
─Hard Skill : 이론적지식, 분석기술 숙련
─Soft Skill : 통찰력, 설득력 있는 전달, 협업능력

● 분석조직의 구조

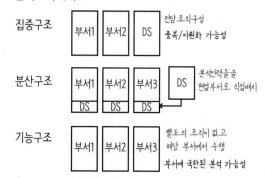

집중구조	부서1 부서2 DS	전담 조직구성 중복/이원화 가능성	
분산구조	부서1 부서2 부서3 DS DS DS	DS	분석인력들을 현업부서로 직접배치
기능구조	부서1 부서2 부서3	별도의 조직이 없고 해당 부서에서 수행 부서에 국한된 분석 가능성	

● 데이터베이스 특징
─일반 : 통합된데이터 / 저장된데이터 / 공용 데이터
　　　 / 변화되는 데이터
─다양한 측면 : 정보축적 및 전달 / 정보이용 / 정보관리
　　　　　　 / 정보기술 발전 / 경제·산업

- **데이터베이스 관리 시스템(DBMS)의 종류**

  관계형 DBMS : 데이터를 테이블로 표현

  객체지향 DBMS : 데이터를 객체형태로 표현

  네트워크 DBMS : 데이터를 그래프 구조로 표현

  계층형 DBMS : 데이터를 트리 구조로 표현

- **SQL**

  데이터베이스에 접근할 때 사용하는 언어

  데이터 정의, 조작, 제어 기능

- **기업내부 데이터베이스**

  1980년대

  OLTP : 데이터 처리(트랜잭션) 중심. 현재 데이터. 데이터 구조 복잡

  OLAP : 데이터 분석이 중심. 다차원적인 데이터. 오랜 기간 저장. 데이터 구조 단순.

  2000년대

  CRM : 기업의 고객관계 관리체계

  SCM : 기업에서 생산·유통 등 모든 공급망을 관리

  경영부문→제조부문

  ERP : 각종 관리시스템을 하나의 통합시스템으로 구축

  BI : 데이터를 정리해 기업의 의사결정에 활용

  RTE: 주요 경영정보를 통합관리하는 실시간경영시스템

  금융부문

  EAI : 기업내 연관된 어플리케이션을 유기적 연동

  EDW : 기존 DW를 전사적으로 확장

  유통부문

  KMS : 지식관리시스템

  RFID : 주파수를 이용해 ID를 식별

  사회기반구조

  EDI : 서류를 전자신호를 통해 거래처에 전송

  VAN : 통신회선을 차용하여 독자적인 네트워크 형성

  CALS : 전자상거래 구축을 위한 경영통합정보시스템

- **데이터웨어하우스(DW) 특징**

  주제지향성/통합성/시계열성/비휘발성

- **데이터웨어하우스 구성요소**

  데이터모델/ETL/ODS/DW메타데이터/OLAP/데이터 마이닝/분석도구/경영기반솔루션

- **ETL**

  기업의 내부 또는 외부로부터 데이터를 추출. 정제 및 가종하여 데이터웨어하우스에 적재

- **ODS**

  DBMS 시스템에서 추출한 데이터를 통합적으로 관리

- **데이터 마이닝**

  대용량 데이터로부터 인사이트를 도출

- **데이터 산업의 진화순서**

  처리 - 통합 - 분석 - 연결 - 관리

- **데이터 산업의 구조**

  인프라 영역 : 데이터의 수집, 저장, 분석, 관리 기능

  서비스 영역 : 데이터 활용 교육 및 컨설팅

- **BSC 관점**

  재무 - 고객 - 내부프로세스 - 학습·성장

- **인공지능 경쟁력 3요소**

  알고리즘 / GPU / 풍부한 데이터

ⓒ 2. 데이터 분석 계획

- **분석의 기획**

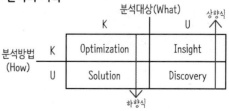

● 목표시점별 분석기획

과제단위		마스터플랜단위
Speed/Test	─1차목표─	Accuracy/Deploy
Quick/Win	─과제유형─	Long Term View
Problem Solving	─접근방식─	Problem Definition

● 분석기획시 고려사항

가용데이터 확보→적절한 유스케이스 탐색→낮은 실
행장벽

● 분석마스터플랜 수립

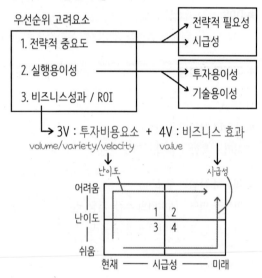

우선순위 고려요소

1. 전략적 중요도 ─→ 전략적 필요성 / 시급성
2. 실행용이성 ─→ 투자용이성 / 기술용이성
3. 비즈니스성과 / ROI

→ 3V : 투자비용요소 + 4V : 비즈니스 효과
volume/variety/velocity   value

적용 범위/방식 고려요소

1. 업무내재화 적용수준
2. 분석데이터 적용수준
3. 기술 적용수준

- 분석(이행)로드맵 수립 : 데이터분석체계 도입 →
  유효성 검증 → 분석확산 및 고도화
- 세부이행계획 수립 : 순차적 단계와 반복적 모델링
  단계를 수행하는 혼합형 적용

● 하향식 접근법(Top Down)

1) **문제탐색**: 비즈니스모델+외부사례 기반(벤치마킹)

   업무/제품/고객/규제,감사/지원인프라

2) **문제정의**: 비즈니스 문제를 데이터의 문제로 변환

3) **해결방안 탐색**

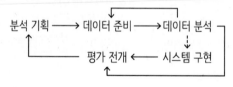

		분석역량(Who)	
		확보	미확보
분석기법/ 시스템 (How)	기존시스템	기존시스템 개선 활용	교육/채용 역량 확보
	신규 도입	시스템 고도화	전문업체 sourcing

4) **타당성 검토**: 경제적+데이터 및 기술적 타당성

● 상향식 접근법(Bottom Up)

● 디자인 사고 · 프로토타이핑의 필요성

● 데이터 분석방법론

방법론: 상세한 절차 / 방법 / 도구와 기법 /
         템플릿과 산출물
장애요소: 고정관념 / 편향된 생각 / 프레이밍 효과
모델: 폭포수 모델 / 프로토타입 모델 / 나선형 모델
계층적 프로세스: 단계 / 태스크 / 스텝
일반적 분석 방법론 절차

분석 기획 ─→ 데이터 준비 ─→ 데이터 분석 ┐
                                          ↓
평가 전개 ←─ 시스템 구현 ←─────────────┘

● 데이터 분석 거버넌스 구성요소

조직/운영 프로세스/분석 인프라/데이터 거버넌스/
분석교육

● 데이터 분석 과제 관리 프로세스

과제발굴 : 분석아이디어발굴/분석과제후보제안/분
            석과제확정
과제수행 : 팀구성/분석과제실행/분석과제진행관
            리/결과공유

● **KDD 분석방법론**

　통계적 패턴이나 지식을 찾기 위해 정리한 데이터

● **CRISP-DM 분석방법론**

　유럽연합의 ESPRIT에서 시작, 주요5개 업체들이 주도

● **SEMMA 분석방법론**

　SAS사의 주도로 만들어진 기술중심, 통계중심의 방법론

　샘플링→탐색→수정→모델링→검증

KDD	CRISP-DM
비즈니스도 메인 이해	업무 이해
데이터셋 선택	데이터 이해
데이터 전처리	
데이터 변환	데이터 준비
데이터 마이닝	모델링
결과 해석	평가
발견 지식 활용	전개

● **데이터 거버넌스**

　전사 차원의 모든 데이터에 대해 정책 및 지침, 표준화, 운영조직과 책임 등 표준화된 관리 체계 수립

● **데이터 거버넌스 주요 관리 대상**

─ 마스터 데이터 : 마스터 파일을 형성하는 데이터
─ 메타 데이터 : 다른 데이터를 설명하기 위해 사용되는 데이터
─ 데이터 사전 : 자료의 이름/표현방식/의미/사용방식 등을 저장

● **데이터 거버넌스 특징**

　데이터의 가용성/유용성/통합성/보안성을 확보

● **빅데이터 거버넌스 구성요소**

　원칙/조직/프로세스

● **데이터 거버넌스 체계**

　데이터 표준화/표준화 활동/데이터 관리 체계/데이터 저장소 관리

● **데이터 분석 수준진단 목표**

　현재 수행하고 있는 데이터 분석 수준을 명확히 이해 수준진단 결과를 바탕으로 미래 목표수준을 정의

● **분석 준비도 - 6개 영역**

　분석 업무 파악/인력 및 조직/ 분석 기법/분석 데이터/분석 문화/IT 인프라

● **분석 성숙도 - 3개 영역**

　비즈니스/조직 및 역량/IT

● **분석 성숙도 - 진단 결과**

　도입/활용/확산/최적화

● **사분면 분석**

　성숙도　준비도

　낮음　　낮음　　=〉 준비형

　낮음　　높음　　=〉 도입형

　높음　　낮음　　=〉 정착형

　높음　　높음　　=〉 확산형

● **데이터 처리 프로세스**

─ 데이터 소스 : 내부 데이터/외부 데이터/미디어 정보
─ 데이터 수집 : 입력/로그수집기/크롤링/센싱
─ 데이터 저장 : 정형 데이터/비정형 데이터/저장 장치
─ 데이터 처리 : 배치 처리/실시간 처리/분산 처리
─ 데이터 분석 : 전처리/분석 방법/머신러닝/딥러닝
─ 데이터 표현 : 시간시각화/관계시각화/공간시각화/분포시각화

● **정확도와 정밀도의 관점**

　정확도 : 모형과 실제값 사이의 차이

　정밀도 : 모형을 계속 반복했을 때 결과의 일관성

정확도	정밀도	
낮음	낮음	=〉 편향도 높고 분산도 높다.
낮음	높음	=〉 편향은 높고 분산은 낮다.
높음	낮음	=〉 편향은 낮고 분산은 높다.
높음	높음	=〉 편향과 분산 모두 낮다.

● 분석 프로젝트 주요 관리 항목

범위/일정/원가/품질/통합/조달/인적자원/위험/
의사소통/이해관계자 관리

ⓒ3. 데이터 수집 및 저장 계획

● 내부데이터와 외부데이터

내부데이터 : 서비스 시스템, 네트워크 및 서버 장비,
마케팅 데이터

외부데이터 : 소셜 데이터, 특정 기관 데이터, M2M
데이터, 공공데이터

● 로그 데이터 수집도구

플루언티드 : 로그데이터/JSON 포맷

플럼 : 로그데이터/트래픽데이터/소셜데이터

스크라이브 : 스트리밍 로그데이터

로그스태시 : 다양한 소스로부터 수집

● 정형데이터 수집기법

ETL : 추출, 변환, 적재 프로세스 및 기술

FTP : TCP/IP 프로토콜 → 클라이언트 ⇄ 서버
(Passive FTP / Active FTP)

API : OS나 프로그래밍 언어의 기능을 제어하는 인터
페이스, 실시간 데이터 수신가능

Sqoop : RDB나 Hadoop 간 대용량 데이터를 변환하
는 어플리케이션

● 반정형데이터 수집기법

Scribe : 실시간 스트리밍 로그데이터 수집 어플리케
이션 분산서버→중앙집중서버, 확장성/신뢰
성/설치용이성

Flume : 대량의 로그데이터를 효율적으로 전송하는
서비스 신뢰성/확장성/운영가능성/가용성

Chukwa : 다양한 로그데이터를 HDFS에 저장 및 분
석 수집로그 : 모니터링 / 하둡 / 응용프로
그램 → 실시간모니터링

● 비정형데이터 수집기법

Scrapy : 파이썬으로 작성된 오픈소스 웹 크롤링 프
레임워크

Apach Kafka : 실시간데이터 피드를 관리하기 위해
높은 처리량, 낮은 지연시간의 플랫
폼 제공 (발행/구독)

Crawling : 웹로봇/웹크롤러

● 빅데이터 수집 시스템의 요건

확장성 / 안정성 / 유연성 / 실시간성

● 데이터 변환 기술

┬ 평활화 : 잡음제거를 위해 추세에 벗어나는 값을 변환
├ 집계 : 데이터 요약 및 축소
├ 일반화 : 특정구간에 분포하는 값으로 스케일 변환
├ 정규화 : 정해진 구간내에 포함되도록 변환(minmax,
│   z-score)
└ 속성생성 : 데이터통합을 위해 새로운 속성 및 특징
             생성

● 데이터 보안 적용 기술

사용자 인증 / 접근제어 / 암호화 / 개인정보 비식별
화 / 개인정보 암호화

● 비식별화 기술

가명처리 : 다른값 대체(휴리스틱익명화/암호화/교
환방법)

총계처리 : 통계값적용(총계처리/부분총계/라운딩/
재배열)

데이터삭제 : 특정값삭제(식별자(부분)삭제/레코드
삭제/전부삭제)

범주화 : 대표값 및 구간값 변환(감추기/랜덤라운
딩/범위방법/제어라운딩)

마스킹 : 공백 및 노이즈 등 대체(임의잡음추가/공백
과 대체)

● 프라이버시모델 추론방지기술

　k-익명성 : 일정확률 수준 이상 비식별 조치

　　- 취약점 : 동질성 공격/배경지식에 의한 공격

　l-다양성 : 민감한 정보의 다양성을 높임

　　- 취약점 : 쏠림 공격/유사성 공격

　t-근접성 : 민감한 정보의 분포를 낮춤

　　- 취약점 : 근사적인 값을 추론

● 데이터 품질 관리의 중요성

　데이터 분석결과의 신뢰성 확보 / 일원화된 프로세스
　/ 데이터활용도 향상 / 양질의 데이터확보

● 데이터 품질기준

　정형 : 완전성 / 유일성 / 유효성 / 일관성 / 정확성

　비정형 : 신뢰성 / 기능성 / 효율성 / 사용성 / 이식성

● 빅데이터 저장기술

─ 분산파일시스템 ─하둡 : 자바오픈소스프레임워크

　　　　　　　　　　분산컴퓨팅환경 지원

　　　　　　HDFS : 클라우드컴퓨팅 환경 구축

　　　　　　　　　리눅스 서버에서 이용

　　　　　　　　　뛰어난 확장성

　　　　　　　　　(네임노드+데이터노드)

　　　　　　└GFS : 구글의 대규모 클러스터 서

　　　　　　　　　비스 플랫폼

─NoSQL ─Cassandra : 대용량처리시스템

　　　 └── HBase : 자바기반 비관계형 DB

　　　　　　　　HDFS, MapReduce 함께사용

─ 병렬 DBMS - VoltDB / SQP HANA / Vertica /

　　　　　　Greenplum

─ 클라우드 파일저장시스템 - Amazon S3 /

　　　　　　　　　　OpenStack Swift

└ 네타워크구성저장시스템 - SAN / NAS

● 하둡

　대용량 비정형 데이터 저장 및 분석

　장비를 증가시킬수록 성능 향상

　네임노드/데이터노드

● 맵리듀스

　Input->Splitting->Mapping->Shuffling->
　Ruducing->Final result

● 구글 파일 시스템

　마스터/청크서버/클라이언트

● CAP 이론

　분산 컴퓨팅 환경 : 일관성/가용성/지속성

● NoSQL 데이터 모델

　키-값(Key-Value) : 간단한 모델/확장성/범위질의
　　　　　　　　　어려움/응용프로그램모델링이
　　　　　　　　　복잡

　열기반 : 컬럼기반으로 데이터를 저장/연관된 데이터
　　　　　위주/압축 효율이 좋음/범위질의 유리

　문서기반 : 문서 형식의 정보를 저장/레코드 간의 관
　　　　　계 설명/문서마다 다른 스키마

II 빅데이터 탐색

ⓒ 1. 데이터 전처리

데이터 정제 : 불완전 데이터에 대한 검출/이동/정정

● 결측치
결측치유형 ─ 완전무작위 : 아무 연관 X
　　　　　├─ 무작위 : 영향은 받지만 연관 X
　　　　　└─ 비무작위 : 연관 O

결측치처리 ─ 단순대치법 ─ 단순삭제
　　　　　　　　　　　├─ 평균대치법 ─ 비조건부
　　　　　　　　　　　│　　　　　　└─ 조건부
　　　　　　　　　　　└─ 단순확률 핫덱
　　　　　├─ 다중대치법 : 단순대치를 n번 수행
　　　　　│　　　　　　　대치→ 분석→ 결합
　　　　　└─ 그 외 : 수작업 / 전역상수 / 무시

● 이상치
이상치판별 ─ 사분위범위 : Q1-1.5×IQR ~ Q3+1.5×IQR
　　　　　├─ 정규분포 : $\mu-3\sigma$ ~ $\mu+3\sigma$
　　　　　├─ 군집화
　　　　　└─ 기하평균 : 2.5×표준편차

이상치처리 ─ 결측처리 : 존재할 수 없는 값 제거
　　　　　├─ 극단치 기준 이용 : 사분위수 적용 제거
　　　　　├─ 극단값 절단 : 상하위 5% 제거
　　　　　└─ 극단값 조정

● 이상치 발생 원인
입력실수/측정오류/실험오류/자료처리오류/표본오류
의도적 이상치 : 의도가 포함된 이상치

● 이상치의 탐지
시각화 : 상자수염그림, 줄기-잎 그림, 산점도
Z-Score : 정규화를 통해 특정 thr를 벗어난 경우
밀도기반클러스터링 : 군집에서 먼거리에 있는 데이터
고립 의사나무 방법 : 이상치의 노드에 이르는 길이
　　　　　　　　　　　가 짧음

● 데이터 통합
스키마 통합과 개체의 매칭
데이터 중복
하나의 속성에 대해 여러 상충되는 값

● 데이터 축소
데이터 집합의 크기는 더 작지만 분석 결과는 같은
데이터 집합으로 만드는 작업

● 데이터 변환
1) 데이터 형식 및 구조 변환
2) 데이터 스케일링
3) 평활화 : 데이터를 매끄럽게 처리(구간화/군집화)
4) 비정형데이터 변환

*변수선택
─ 필터방법 : 데이터의 통계적 특성을 활용해 변수 선택
　　　　　　0에 가까운 분산 / 큰 상관계수의 변수
　　　　　　제거
├─ 래퍼방법 : 변수의 일부를 사용해 모델링 수행
　　　　　　　전진선택 / 후진제거 / 단계별 선택 등
└─ 임베디드방법 : 모델링 기법 자체에 변수 선택이 포
　　　　　　　함 라쏘 / 릿지 / 엘라스틱 넷

*차원축소
다차원척도법(MDS) / 주성분분석(PCA) / 요인분석
/ 선형판별분석(LDA) / 특이값분해(SVD) / t-SNE
/ 서포트벡터머신(SVM)

*파생변수

*변수변환
● 변수구간화방법
Binning : 연속형 → 범주형 변환
Decision Tree : 분리기준 사용

● 더미변수

● 정규분포화　로그변환 / 제곱근변환

*불균형데이터 처리
- **오버샘플링** Resampling / SMOTE / ADASYN
- **언더샘플링** Random / Tomek Links / CNN / OSS

ⓒ 2. 데이터 탐색

- **탐색적 데이터 분석(EDA)**

  저항성 : 데이터가 일부 파손되어도 영향을 적게 받는 성질

  잔차의 해석 : 주경향에서 벗어난 것이 존재하는지 탐색

  데이터재표현 : 데이터를 단순화해 해석이 쉽도록 함

  현시성 : 데이터시각화

- **기초통계량의 이해**

  1) 중심경향도 : 평균 / 중앙값 / 최빈값

  왜도 < 0   최빈값
              중앙값   0 < 왜도
              평균

  2) 산포도 : 분산 / 표준편차 / 범위 / 사분위범위 / 변동계수

  $$s^2 = \frac{1}{(n-1)}\sum_{i=1}^{n}(x_i - \bar{x})^2 \quad \sqrt{s^2} = \sigma$$

  3) 자료분포의 비대칭도

  왜도 : 어느 한쪽으로 치우친 정도 $= \dfrac{\mu^3}{a^3}$

  첨도 : 뾰족한 정도 $= \dfrac{\mu^4}{a^4} - 3$

- **데이터 시각화**

  막대그래프 / 원그래프 / 도수분포표 / 히스토그램 / 줄기잎그림 / 상자수염그림 / 산점도

- **상관관계분석**

  상관분석 : 산점도/공분산/상관계수로 선형관계 파악

  공분산 : 두 변수의 공통분포를 나타내는 분산

  $$Cov(X,Y)=E[(X-\mu_X)(Y-\mu_Y)]$$

	피어슨 상관계수	스피어만 상관계수
변수	등간/비율	서열

- **상관관계 유의성 검정**

  1) 가설설정 : 두 변수간 선형관계

       H0 없음 ↔ 있음 H1

  2) 검정통계량(t-통계량)

  3) 유의성 검정

- **시공간 데이터 탐색**

  시간데이터 : 유효시간, 거래시간, 사용자정의시간, 스냅샷 데이터

  공간데이터 : 비공간타입, 래스터 공간 타입, 벡터 공간 타입, 기하학적 타입, 위상적 타임

  적용 및 응용 : 지리정보시스템, 위치기반서비스, 차량 위치 추적 서비스

- **종속변수-독립변수 인과관계**

  다중회귀 : 독립변수가 2개 이상

  - 회귀모형은 모수에 대해 선형
  - 오차항 평균은 0, 분산은 σ^2
  - 오차항은 서로 독립, 공분산은 0

  로지스틱 회귀 : 종속변수가 이항형 문제

  분산분석 : 3개 이상의 표본들의 차이를 검정

  - 일원분산분석, 이원분산분석

- **변수축약(축소)**

  주성분분석/요인분석/정준상관분석

- **개체유도**

  유사한 개체를 분류하는 방법

  군집분석/다차원척도법/판별분석

- **비정형 데이터 분석**

  데이터 마이닝

  텍스트 마이닝

  오피니언 마이닝

  웹 마이닝

ⓒ 3. 통계기법의 이해

● 표본집단 용어
원소 : 모집단을 구성하는 개체

모수 : 표본 관측에 의해 구하고자 하는 정보

통계량 : 표본으로부터 얻은 자료의 대표값

추정량 : 통계량에서 모수를 추정하는 값

표본오차 : 표본의 자료가 모집단을 추론함으로써 생긴 오차

비표본오차 : 표본오차를 제외한 오차

표준오차 : 통계량의 분포인 표본분포의 표준편차

● 표본추출방법
```
┌ 확률표본추출법 ─ 단순랜덤추출법
│                ├ 계통추출법 : 구간화
│                ├ 집락추출법 : 일부집락랜덤선택
│                └ 층화추출법 : 각 계층에서 고루 추출
│
└ 비확률표본추출법 ─ 편의표본추출
                   ├ 유의표본추출
                   ├ 지원자표본추출
                   ├ 할당표본추출
                   └ 눈덩이표본추출
```

● 조건부 확률
사건 B가 일어났다는 조건하에서 다른 사건 A가 일어날 확률

$$P(A|B) = \frac{P(A \cap B)}{P(B)}, \ P(B) > 0$$

● 총확률정리
사건 B의 확률을 k개의 조건부 확률을 이용해서 구함

$$P(B) = \sum_{i=1}^{k} P(B|A_i)P(A_i)$$

● 베이지안 정리
k개의 상호 배타적인 사건에 대한 사후 확률을 구함

$$P(A_2|B) = \frac{P(B|A_2)P(A_2)}{P(B)} = \frac{P(B|A_2)P(A_2)}{P(B|A_1)P(A_1) + P(B|A_2)P(A_2)}$$

● 이산형확률분포
베르누이확률분포 / 이항분포 / 기하분포 / 다항분포 / 포아송분포

● 연속형확률분포
균일분포 / 정규분포 / 지수분포 / t-분포 / 카이제곱분포 / F-분포

● 확률변수의 기댓값
이산확률변수의 기댓값
$E(X) = \sum xf(x)$ 단, $f(x)$는 확률질량함수 연속확률변수의 기대값

연속확률변수의 기댓값
$E(X) = \int^{\infty} xf(x)dx$ 단, $f(x)$는 확률밀도함수

● 기댓값의 성질
선형성/덧셈법칙/곱셈법칙

● 확률변수의 분산
확률분포의 퍼짐정도를 나타내는 척도
이산확률변수의 분산
$Var(X) = \sum(x-\mu)^2 f(x) = \sum x^2 f(x) - \mu^2 = E(X^2) - \{E(X)\}^2$
연속확률변수의 분산
$$Var(X) = \int_{-\infty}^{\infty}(x-\mu)^2 f(x)dx = \int_{-\infty}^{\infty} x^2 f(x)dx - u^2$$
$$= E(X^2) - \{E(X)\}^2$$

● 중심극한정리
표본이 크면 분포와 상관없이 정규분포를 따름

● 점추정량의 조건
불편성 / 효율성 / 일치성 / 충족성 / 표본평균 / 표본분산

● 구간추정
점추정에 오차 개념을 도입
일반화/신뢰수준/유의수준

⫴빅데이터 모델링

ⓒ1. 분석 모형 설계

● **데이터 분석 모델 유형**

```
통계분석─┬─회귀분석
         ├─분산분석
         ├─판별분석
         ├─주성분분석
         └─상관분석

데이터마이닝─┬─분류: 로지스틱회귀, 의사결정나무,
             │      SVM, 나이브베이즈, KNN, ANN
             ├─예측: 회귀분석, 시계열분석, KNN,
             │      ANN, 의사결정나무, 장바구니분석
             ├─연관: 연관성분석, 순차패턴분석
             └─군집화: 군집분석, K-means, EM알고
                      리즘

머신러닝─┬─지도학습 : 분류 / 회귀
         ├─비지도학습 : 군집화 / 차원축소 / 연관규칙
         └─강화학습 : 보상

비정형데이터분석─┬─텍스트마이닝
                 ├─오피니언마이닝
                 └─소셜네트워크분석
```

● **분석도구 종류**   R / Python
                      SAS / SPSS
                      Hive / Pig

● **분석모형 구축절차**

1) 분석데이터 수집/처리

① 분석데이터마트 구성

분석목적 이해 → 필요데이터 사전조사 → 분석데
이터 선정

② 분석데이터현황 분석

데이터항목별 분석 → 항목간 연계분석 → 분석데
이터리스트 작성 ↓

데이터충실도/데이터이상값/데이터분포도/데이터오류율

2) 분석알고리즘 수행

① 분석알고리즘 선정

```
┌─분석목적 : 지도 / 비지도
├─데이터유형 : 정형 / 텍스트 / 링크드 / 이미지 등
├─데이터볼륨 : 소 / 중 / 대
└─분석인프라 : 하둡 / 패키지 등
```

② 분석알고리즘 수행

데이터셋 준비 → 파라미터 설정 → 분석모델 수
행 → 분석결과 기록

3) 분석결과 평가 및 모델산정

① 평가기준 선정 ② 분석결과 검토 ③ 알고리즘 결
과 비교

● **데이터 분류 방법**

1) 홀드아웃(hold-out)

랜덤하게 train/test set을 분리

2) 교차검증(cross-validation)

k개로 분리한 데이터를 순차적으로 학습 검증하
여 얻어낸 k개의 MSE값들을 평균내어 최종적으로
사용

ⓒ2. 분석기법 적용

회귀분석

● **회귀분석의 변수**

X : 설명변수, 독립변수, 예측변수

Y : 반응변수, 종속변수, 결과변수

● **선형회귀분석의 가정**

선형성 / 독립성/ 등분산성 / 비상관성 / 정상성

- 단순 선형회귀

$$Y_i = \beta_0 + \beta_1 x_1 + \varepsilon_i$$: 독립변수가 1개

  <u>회귀계수가 통계적으로 유의미한지 판단</u>

회귀계수 추정방법 : 최소제곱법(최소자승법)
잔차의 제곱합을 최소로 만드는 직선을 찾는 것

$$RSS = \sum_{i=1}^{n}(y_i - \hat{y}_i)^2$$

⇒ RSS를 최소로 갖는 회귀계수를 구하는 공식

$$\beta_1 \ (기울기) : \frac{\sum_{i=1}^{n}(x_i - \bar{x})(y_i - \bar{y})}{\sum_{i=1}^{n}(x_i - \bar{x})^2}$$

$$\beta_0 \ (y절편) : y - \beta_1 \bar{x}$$

- 단순 선형회귀분석 결과해석

1) 회귀모형은 통계적으로 유의한가? (F-검정)

   F 통계량의 p-value가 유의수준 0.05보다
   작다면 귀무가설($\beta_1=0$) 기각,
   대립가설($\beta_1 \neq 0$) 채택

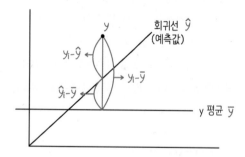

$$SSR = \sum_{i=1}^{n}(\hat{y}_i - \bar{y})^2 \rightarrow MSR = SSR/k$$
$$SSE = \sum_{i=1}^{n}(y_i - \hat{y}_i)^2 \rightarrow MSE = SSE/n-k-1$$
$$SST = \sum_{i=1}^{n}(y_i - \bar{y})^2 \rightarrow MST = SST/n-1$$
$$\Rightarrow F \ 통계량 = MSR/MSE$$

2) 회귀계수는 통계적으로 유의한가? (t-검정)

   p-value가 0.05보다 작거나 t-통계량의 절댓값
   이 2보다 크면 귀무가설($\beta_1=0$)을 기각하고 통계
   적으로 유의하다고 판단가능

3) 모형은 데이터를 얼마나 설명할 수 있는가? (결정계수)

   $$R^2 = SSR/SST \ (R^2 \ range : 0 \sim 1)$$
   결정계수가 1에 가까울수록 설명력이 높다고 판단

4) 모형이 데이터를 잘 적합하고 있는가?

   잔차를 그래프로 그리고 회귀진단을 수행하여 판단
   Residuals vs Fitted / Normal Q-Q plot /
   Scale-location / Residuals vs Leverage /
   Cook's distance / Cook's dist vs Leverage

- 다중 선형회귀

  $$Y = \beta_0 + \beta_1 x_1 + \beta_2 x_2 + \cdots + \beta_k + x_k + \varepsilon$$
  : 두개 이상의 독립변수

  → 다중공선성 문제발생 : 독립변수들 간의 강한 상
  관관계가 정확한 회귀계수 추정을 방해

  ① 독립변수들 간의 상관계수를 구함

  ② 허용오차를 구함 (0.1이하면 문제 심각)
  ($1 - R_i^2$) → R_i^2 : xi의 독립변수와 다른 독립변수의 설명력

  ③ 분산팽창요인(VIF) 구함 (10이상이면 문제 심각)
  <u>허용오차의 역수</u>

  → 결과해석은 단순 선형회귀와 동일하지만 결정
  계수는 독립변수의 수가 많아짐에 따라 커지기
  때문에 수정된 결정계수를 활용

- 최적 회귀방정식 선택

1) 단계적 변수선택 → 래퍼방법

  - 전진선택법 : 변수의 수가 많은 경우 사용가능
    안정성 부족 및 선택된 변수 제거 불가

  - 후진제거법 : 전체 변수의 정보 이용
    변수 수가 많은 경우 사용이 어렵고 변
    수 제거 불가

  - 단계적방법 : 전진+후진 → 모든 변수조합 고려가능
    계산량이 많아짐

2) 벌점화된 선택기준

  $$AIC = -2\log L + 2K$$
  $$BIC = -2\log L + K\log n$$

  <u>값이 최소가 되는 모형을 선택</u>

3) 수정된 결정계수

MSE값이 최소인 시점의 모형을 선택

4) Mallow's Cp

변수가 많이 추가될수록 RSS는 작아지며 RSS가 최소인 모형을 선택한다는 것은 모든 변수를 갖는 모델을 선택한 것

따라서 Mallow's Cp는 모든 변수를 선택한 모델과 p개의 변수를 선택한 모델의 차이를 비교하는 통계량이며 그 값이 비슷하다면 더 적은 변수의 수를 갖는 모델을 택함

$$C_p = P + \frac{(MSE_p - MSE_{all})(n-p)}{MSE_{all}} = \frac{MSE_p}{MSE_{all}} - (n-2p)$$

$C_p = p$: 우수한 모델

$C_p > p$: 추가적인 변수 필요

$C_p < p$: 변수 제거 필요

→ 예측식이 가진 수행능력을 예측값의 변이를 기준으로 평가하기 위해 MSE를 고려

● 정규화 선형회귀 → 임베디드 방법

선형회귀계수에 제약조건을 추가해 모델의 과적합을 방지 (계수의 크기를 제한하는 방법)

1) 릿지회귀(Ridge) : L2 penalty
모든 가중치들의 제곱합을 최소화

2) 라쏘회귀(Lasso) : L1 penalty
모든 가중치 절대값들의 합을 최소화
가중치가 0이 되기도 함. 따라서 자동적 변수선택 효과가 있음

3) 엘라스틱 넷(Elastic Net) : 릿지+라쏘
· 일반화 선형회귀(GLM) → 종속변수가 정규성을 만족하지 못하는 경우
-랜덤성분 : 종속 변수의 분포에서 나타나는 잔차
-체계적성분: 종속 변수의 변동을 설명. 선형 예측자
-연결함수: 선형 예측자와 예측값 사이의 관계를 정의

● 회귀분석의 영향력 진단

영향점 : 회귀직선의 기울기에 영향을 크게 주는 점, 회귀식에 나쁜 영향

영향력 진단 방법 : 기준값 보다 클 경우 영향점으로 간주

-Cook's Distance   -DFBETAS

-DFFITS   -Leverage H

범주형자료분석

*분할표분석

	success	fail
exposed	a	b
unexposed	c	d

● 상대적위험도(Relative Risk)

$RR = $(percent when exposed)/(percent when not exposed)$ = (a/(a+b))/(c/(c+d))$

노출되었을 때 발생할 확률이 그렇지 않을 때보다 RR배 높다.

● 오즈비(Odds Ratio) → 모집단을 알 수 없을 때 사용

$$Odds : \frac{주어진\ 환경에서\ 발생할\ 확률(p)}{주어진\ 환경에서\ 발생하지\ 않을\ 확률(1-p)}$$

ex) exposed 환경일 때 $= a/b$

$$Odds\ ratio : \frac{Odds(exposed)}{Odds(unexposed)} = \frac{a/b}{c/d}$$

노출되었을 때 발생할 확률이 그렇지 않을 때보다 Odds ratio배 높은 경향이 있다.

*교차분석

● 카이제곱(χ^2) 검정

두 변수간의 관계를 알아보기 위함
적합성 검정 / 독립성 검정 / 동질성 검정에 사용됨

1) 적합성 검정
관측값들이 예상과 일치하는지 검정 H0=두 분포는 일치
H1=두 분포 불일치

$$\chi^2 = \sum_{i=1}^{k} (O_i - E_i)^2 / E_i$$

큰 경우 : 두 분포 불일치
작은 경우 : 두 분포는 일치

자유도(df) = k-1

2) 독립성 검정

변수들 사이의 관계가 독립인지 검정 H0=독립이다
H1=종속이다

$$E_{ij} = \frac{O_i \times O_j}{n} \quad \chi^2 = \sum_{i=1}^{r} \sum_{j=1}^{c} \frac{(O_{ij} - E_{ij})^2}{E_{ij}}$$

E_{ij}는 i행 j열의 기대도수

자유도$(df) = (r-1)(c-1)$

3) 동질성 검정

범주화된 집단의 분포가 동일한지 검정
계산은 독립성 검정과 동일

다차원척도법

개체들 사이의 유사성/비유사성을 측정하여 개체를 2,3차원 공간에 점으로 표현해 개체간 근접성과 집단화를 시각화

● 다차원척도법의 목적

- 데이터 속 잠재된 패턴을 발견하고 공간에 기하학적으로 표현
- 데이터축소의 목적, 데이터정보발견을 위한 탐색수단
- 데이터가 만들어진 현상이나 과정에 고유의 구조로 의미부여

● 다차원척도법 분석방법

유클리드 거리 행렬 $d_{ij} = \sqrt{(x_{i1} - x_{j1})^2 + \cdots + (x_{iR} - x_{jR})^2}$

→개체간 거리계산 후 적합/부적합 정도를 스트레스 값으로 표현

$$S = \sqrt{\frac{\sum_{i=1, j=1}^{n} (d_{ij} - \hat{d}_{ij})^2}{\sum_{i=1, j=1}^{n} (d_{ij})^2}}$$

→스트레스값이 최고가 되는 모형을 찾으며 0.15가 넘으면 적합도수준이 나쁘다고 판단할 수 있다.

· 다차원척도법 종류

계량적 MDS : 데이터가 구간척도나 비율척도인 경우 사용

비계량적 MDS : 데이터가 순서척도인 경우 사용

다변량분석

- 한번에 분석하는 통계적 기법
- 3차원 공간상의 입체적 표현이 필요
- 여러 변인들간의 선형조합으로 해석

*주성분분석(PCA)

여러 변수들이 있을 때 서로상관성이 높은 변수들의 선형결합으로 이루어진 '주성분'이라는 새로운 변수에 변수들을 요약 및 축소하는 기법

● 주성분분석의 목적

- 차원을 축소함으로써 데이터의 이해와 관리가 쉬워짐
- 다중공산성문제 해결
- 군집분석수행해 연산속도 개선

● 주성분선택

주성분기억율 : 주성분변수의 분산으로 총변동에 대한 설명력

→누적 기여율이 85%이상이 되는 지점까지 주성분선택

Scree plot : 주성분을 x축, 주성분의 고유값을 y축에 둔 그래프

→고유값이 급격히 완만해지는 지점의 전단계까지 주성분선택

전체변이공헌도

평균고유값

● 특이값 분해

주어진 행렬 M을 동일한 크기를 갖는 행렬로 분해 큰 몇 개의 특이값으로 충분히 유용한 정보를 유지할 수 있는 차원을 생성 : 차원축소

*요인분석(Factor Analysis)

변수들의 상관관계를 고려해 유사한 변수들을 묶어 새로운 잠재요인들을 추출. 즉 변수를 축소하고 데이터를 요약

→변수가 간격/비율척도여야 하며 표본은 100개 이상이 바람직(최소 50개 이상)

● **요인분석 용어**

변수와 요인간 상관계수

요인 / 요인 적재값 / 요인행렬 / 고유값 / 공통성

새롭게 생성한 변수집단

● **요인추출방법**

주성분분석/공통요인분석 → 고유값 1이상에 해당하는 요인들 추출

● **요인분석절차**

데이터입력→상관계수산출→요인추출→요인적재량산출→요인회전→생성된요인해석→요인점수산출

요인해석과 요인패턴을 찾기위해 분산 재분배

종류: 직각 회전(쿼티,베리,이쿼맥스)

비직각 회전(오블라민)

● **판별분석(Discriminant Analysis)**

집단을 구별할 수 있는 판별함수 및 판별규칙을 만들어 개체가 어느 집단에 속하는지 분류하는 다변량기법

→독립변수: 간격/비율척도, 종속변수: 명목/순서척도

● **판별식**

$Z = W_1 X_1 + W_2 X_2 + \cdots + W_n X_n \Rightarrow$ 독립변수들의 선형결합

판별점수

판별식 수 : min('집단의 수-1', '독립변수의 수')

시계열분석

● **정상성**

시계열의 확률적인 성질들이 시간의 흐름에 변하지 않음을 의미

1) **평균이 일정** : 모든 시점에 대해 일정, 차분을 통해 정상화

$E(y_t) = \mu$

2) **분산이 일정** : 시점에 의존X, 변환을 통해 정상화

$var(y_t) = \sigma^2$

3) **공분산은 시차에만 의존, 특정시점에 의존X**

$Cov(y_t, y_{t+s}) = Cov(y_t, y_{t-s}) = \gamma_s$

● **이동평균법(Moving Average Method)**

과거부터 현재까지의 자료를 대상으로 일정기간별 이동평균을 계산하고 이들의 추세를 파악해 다음기간을 예측

$$F_{n+1} = \frac{1}{m}(Z_n + Z_{n+1} + \cdots + Z_{n-m+1}) = \frac{1}{m}\sum_t^n Z_t$$

$t = n - m + 1$

-쉽게 미래예측가능, 안정된 패턴일 경우 예측품질높음

-특정기간안에 속한 시계열에 동일한 가중치 부여

-짧은 기간(불규칙변동↓)/긴기간(불규칙변동↑) 사용

-적절한 기간 사용, 즉 n개수 설정의 중요

● **지수평활법(Exponential Smoothing Method)**

모든 시계열자료를 사용해 평균을 구하고 최근 시계열에 더 많은 가중치 부여. 중기예측 이상에 주로 사용

$F_{n+1} = \alpha Z_n + (1+\alpha)F_n$
$= \alpha Z_n + (1+\alpha)(\alpha Z_{n-1} + (1+\alpha) F_{n-1})$
$= \alpha Z_n + \alpha(1+\alpha) Z_{n-1} + (1+\alpha)^2 (\alpha Z_{n-2} + (1+\alpha)F_{n-2})$

-단기간 발생하는 불규칙변동을 평활, 불규칙변동 영향제거

-작은 α(불규칙변동↑) / 큰 α(불규칙변동↓) 사용

-지수평활계수는 예측오차가 가장 작은 값을 선택하는게 바람직하며, 과거로 갈수록 감소함

● **자기회귀모형(AR)**

자기상관성을 시계열 모형으로 구성한 것

p 시점전의 자료가 현재 자료에 영향을 주는 특성

자기상관함수(ACF) : 시계열 데이터의 자기상관성 파악

$$Z_t = \Phi_1 Z_{t-1} + \Phi_2 Z_{t-2} + \cdots + \Phi_p Z_{t-p} + \alpha_t$$

현재시점의 시계열자료   백색잡음(오차항)

● **이동평균모형(MA)**

시간이 지날수록 관측치의 평균값이 지속적으로 증가하거나 감소하는 경향을 표현, 언제나 정상성 만족

$$Z_t = \alpha_t - \theta_1 Z_{t-1} - \theta_2 Z_{t-2} - \cdots - \theta_p Z_{t-p}$$

- **자기회귀누적이동평균모형(ARIMA)**

$$p=AR / d=I / q=MA$$

- **분해시계열**

추세 계절 순환 불규칙
$$Z_t=f(T_t, S_t, C_t, I_t)$$

 -추세변동 : 장기적으로 나타나는 추세경향
 -계절변동 : 일정한 주기로 반복적인 패턴을 보임(주기짧음)
 -순환변동 : 알려지지 않은 주기를 가지고 변함
 -불규칙변동 : 불규칙하게 우연적으로 발생

- **시계열데이터 분석절차**

 시간그래프작성 → 추세, 계절성제거 → 잔차예측 → 잔차에 대한 모델적합 → 예측된 잔차에 추세, 계절성 더해 미래예측

비모수통계

	모수	비모수
가설설정	모집단에 대한 분포를 가정 모수에 대한 가설 설정	모집단분포에 아무런 제약 가하지 않음 가정된 분포가 없고 분포의 형태 설정
검정방법	표본평균, 표본분산 이용해 검정실시	절대적 크기가 없는 관측 값 순위나 값차이의 부호를 이용해 검정

- **Kolmogorov-Smirnov test (단일표본)**

 관측치들이 특정한 분포를 따르는지에 대한 검정
 H0 : 주어진 분포는 α분포를 따른다
 ↔ 따르지 않는다 : H1

- **Mann-Whitney U test (독립 두 표본)**

 ≒ Wilcoxon rank-sum test
 두 집단의 분포가 동일한지를 조사
 H0 : 두 집단의 순위합은 동일하다
 ↔ 동일하지 않다 : H1

- **Wilcoxon signed-rank test (대응 두 표본)**

 대응되는 두 데이터의 중위수 차이가 있는지를 검정
 H0 : 두 집단의 중앙값은 동일하다
 ↔ 동일하지 않다 : H1

- **Run test**

 일련의 관측값들이 임의적으로 나타난 것인지를 검정(우연성 검정)
 (AAA / BB / A / BBB / A) → 런의 수 5개
 H0 : 일련의 관측치는 랜덤이다
 ↔ 랜덤이 아니다 : H1

정형데이터 분석기법
*분류분석

- **Logistic Regression Analysis**

 Y 범위 : $-\infty \sim \infty$

$$\log \frac{P(Y_i=1)}{1-P(Y_i=1)}$$

$$P(y)=\frac{\exp(\alpha+\beta_1 x_1+\cdots+\beta_k x_k)}{1+\exp[-\exp(\alpha+\beta_1 x_1+\cdots+\beta_k x_k)]}$$
$$\to 0 \text{ or } 1$$

- **Decision Tree**
 1) 성장단계

 이산형 ┬ 카이제곱 통계량
 ├ 지니지수
 └ 엔트로피지수
 연속형 ┬ F 통계량
 └ 분산의 감소량

 2) 가지치기 단계
 3) 타당성 평가 : 이익도표/위험도표/시험용데이터
 4) 해석 및 예측

- **의사결정나무 알고리즘**

CART	C4.5와 C5.0	CHAID
범주/연속	범주	범주/연속
지니지수 분산감소량	엔트로피지	카이제곱 F검정
이진분리	다지분리	다지분리

- **SVM(Support Vector Machine)**
  패턴인식, 자료분석을 위한 지도학습 머신러닝 모델
  (회귀/분류)

- **kNN**
  새로운 데이터를 어떤 범주로 분류할지 결정하는 지도학습
  -k개수 선택 : 훈련데이터 개수의 제곱근
  -거리계산법 : 유클리디안 / 맨하탄 / 민코우스키 등

- **Naïve Bayes Classification**
  데이터에서 변수들에 대한 조건부 독립을 가정하는
  알고리즘
  -베이즈 정리 : 두 확률변수의 사전확률과 사후확률
  사이의 관계
  $$P(A|B)=P(B|A)*P(A)/P(B)$$
  -클래스 조건 독립성

*Ensemble
여러 개의 예측모형을 만들어 조합해 하나의 최종모
형을 만드는 법

- **배깅(Bagging)** → 일반적인 모델 생성

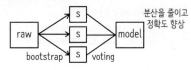

- **부스팅(Boosting)** → 잘 틀리는 문제를 맞추는 모델 생성

- **랜덤포레스트(Random Forest)**
  배깅을 적용한 의사결정 나무
  장점
  - 높은 예측성능   - 과적합 방지
  - 변수 중요도 평가 => 해석력 상승
  - 대규모 데이터 처리
  - 이상치와 노이즈에 덜 민감

연관분석

- **연관성규칙**
  장바구니분석/서열분석이라고 불리며 일련의 사건들
  간에 규칙을 발견하기 위해 적용.
  조건-반응(IF-THEN)형태

- **연관규칙의 측도**
  - 지지도(Support) $=P(A \cap B)$
  - 신뢰도(Confidence)
    $=P(A \cap B)/P(A)=Support/P(A)$
  - 향상도(Lift)
    $=(P(B|A))/P(B)=Confidence/P(B)$

- **Apriori**
  반발항목집합 : 최소지지도보다 큰 지지도값을 가지
  는 품목의 집합
  → 이것들에 대해서만 연관규칙을 계산

군집분석
각 객체의 유사성을 측정하여 유사성이 높은 대상 집
단을 분류

- **거리측정 방법**
  연속형변수
  - 유클리디안 : $d(x,y)=\sqrt{(x_1-y_1)^2+\cdots+(x_p-y_p)^2}$
  - 표준화 : 해당변수의 표준편차로 척도변환 후 유클리
    디안 계산
  - 마할라노비스 : 변수들의 산포(표본공분산)를 고려
    해 표준화
  - 체비세프 : $d(x,y)=\max_i |x_i-y_i|$
  - 맨해튼 : $d(x,y)=\sum_{i=1}^{p} |x_i-y_i|$
  - 캔버라 : $d(x,y)=\sum_{i=1}^{p} [|x_i-y_i|/(x_i+y_i)]$
  - 민코프스키 : L1(맨해튼)+L2(유클리디안) 거리
    $d(x,y)=[\sum_{i=1}^{p} |x_i-y_i|^m]^{1/m}$ m=1, m=2

범주형변수

- 자카드계수 : $J(A,B)=|A{\cap}B|/|A{\cup}B|$
- 자카드유사도 : $1{-}J(A,B)=(|A{\cup}B|{-}|A{\cap}B|)/|A{\cup}B|$
- 코사인유사도 : $A{\cdot}B \ / \ \|A\|\|B\|$
- 코사인거리 : $1{-}(A{\cdot}B/\|A\|\|B\|)$

● **계층적 군집분석**

n개의 군집으로 시작해 군집개수를 줄여나감
(합병형/분리형)
최단연결법 / 최장연결법 / 평균연결법 / 중심연결법
/ 와드연결법 / 군집화 → ① 덴드로그램
　　　　　　　　　　　　② 군집개수 선택
　　　　　　　　　　　　　(max=5)
　　　　　　　　　　　　③ 군집수 선정

● **비계층적군집분석(분할적)**

- k-평균군집분석 : 군집개수 및 초기값 설정 → 군집분류
- 혼합분포군집 : 모형기반으로 가중치를 자료로부터 추정
　　　　　　　　EM 알고리즘 사용
- SOM : 고차원→저차원, 하나의 전방패스, 실시간 처리
　┌입력층 : 경쟁층 각각의 뉴런들과 완전 연결되어 있음
　└경쟁층 : 가까운 거리 계산의 경쟁학습으로 입력패
　　　　　　턴과 가장 유사한 뉴런이 승자가 됨
- 밀도기반군집분석

● **비지도학습 모형 평가지표**

군집분석 : 군집타당성지표
　　　　　　군집 간 거리
　　　　　　군집의 지름
　　　　　　군집의 분산
연관분석 : 지지도와 신뢰도의 최소 기준점 적용

딥러닝

*ANN

● **뉴런의 계산**

뉴런은 활성화함수(전이함수)를 사용해 출력을 결정

$$X=\sum_{i=1}^{n} x_i w_i \quad Y=\begin{cases}+1 \ (x{\geq}0)\\-1 \ (x<0)\end{cases}$$

n=뉴런수 w=가중치 x=입력값

● **뉴런의 활성화함수**

계단 함수 : $\quad$ y=0 or 1

부호 함수 : $\quad$ y=−1 or 1

시그모이드 함수 : $\quad y=\dfrac{1}{1+e^{-x}}$

Softmax 함수 : $y_i=\exp(z_i)/\sum_{i=1}^{K}\exp(z_j)$

RELU함수 : $\quad$ y=0 or x

Leaky RELU함수 : $f(x)=(0.01x,x)$

Hyperbolic Tangent 함수 : $=\tanh(x)$
　　　　　　　　　　　　　$=2{\cdot}\sigma(2x)-1$

● **단층 퍼셉트론**

퍼셉트론 = 선형결합기+하드리미터
초평면을 선형분리함수로 정의 $\sum_{i=1}^{n} x_i w_i-\theta=0$

*DNN

다중의 은닉층을 포함하는 인공신경망(ANN)

*CNN

완전 연결 신경망
특징추출 : 합성곱 계층과 풀링 계층, 피처맵 생성

*RNN

순서를 가진 데이터. 방향성 그래프.
중간층(은닉층) 순환구조

*LSTM

RNN의 데이터 소멸 문제를 해결
입력게이트, 출력게이트, 망각 게이트, 컨트롤 게이트

*오토인코더

　인코더 : 차원축소

　디코더 : 차원확대

*GAN

　생성자 네트워크

　판별자 네트워크

비정형 데이터 마이닝

*텍스트 마이닝

　문서분류 / 문서군집 / 정보추출

● **텍스트 마이닝 과정**

　1) **텍스트 수집** 정제·통합·선택·변환　코퍼스

　2) **텍스트 전처리**⇒토큰화: 단어/어절/형태소/품사

　　불용어 처리: 쓸모없는 단어제거(조사 등)

　　정제와 정규화: 단어통합/대소문자/정규표현식

　　어간과 어근추출: 단어개수 줄이기

　　텍스트 인코딩: 원-핫 인코딩/말뭉치/

　　　　　　　　TF-IDF/워드임베딩

　3) **텍스트 분석** : 토픽모델링/감성분석/텍스트분류/

　　　　　　　군집화

　4) **텍스트 시각화** : 워드클라우드/의미연결망분석

*사회연결망분석

● **SNA(Social)**

┌ 집합론적 방법 : 객체들 관계를 관계쌍으로 표현

├ 그래프이론 방법 : 객체를 점으로 표현, 두 점을 연결

└ 행렬 방법 : 객체를 행, 열에 배치해 관계 표현(0, 1)

● **중심성**

┌ 연결정도 중심성 : 한 점에 직접적으로 연결된 점들의 합

├ 근접 중심성 : 한 노드에 연결되는 최소단계의 합

├ 매개 중심성 : 최다 연결 경로에 위치하는 노드

└ 위세 중심성 : 자신과 연결된 타인의 영향력의 합

● **SNA 적용**

　그래프 생성→목적에 따라 가공분석→각 객체정의→

　다른 데이터 마이닝 기법과 연계

Ⅳ 빅데이터 결과 해석

ⓒ 1. 분석모형 평가 및 개선

성능평가지표

* 범주형 변수 모델

● 혼동행렬

		실제	
		Positive	Negative
예측	Positive	TP	FP
	Negative	FN	TN

정확도 = (TP+TN) / (TP+FP+FN+TN)

재현율= 민감도 = TP / (TP+FN)

특이도 = TN / (FP+TN)

정밀도 = TP / (TP+FP)

$$F1 \ score = 2 \times \frac{정밀도 \times 재현율}{정밀도 + 재현율}$$

● 향상도 곡선

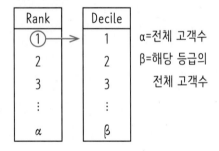

α=전체 고객수
β=해당 등급의 전체 고객수

기본향상도 : 실제구매자 / 전체고객수

반응검출률 : 해당등급 실제구매자 / 해당등급 전체 고객수

반응률 : 해당등급 실제구매자 / 각 등급 고객수

향상도 : 반응률 / 기본향상도

⇒ 상위등급에서 높은 향상도를 가지고 향상도가 빠른 속도로 감소하는 것이 좋은 모델이라고 봄

● ROC 곡선

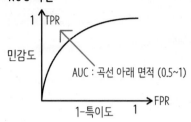

AUC : 곡선 아래 면적 (0.5~1)

● 카파상관계수

모델예측값과 실제값의 일치여부를 판정하는 통계량

$$k = \frac{P_r(a) - P_r(e)}{1 - P_r(e)} \ \ range:0\sim1$$

* 연속형 변수 모델

SSE : 오차제곱합 $= \sum_{i=1}^{n}(y_i - \hat{y}_i)^2$

AE : 평균오차 $= \frac{1}{n}\sum_{i=1}^{n}(y_i - \hat{y}_i)$

MSE : 평균제곱오차 $= \frac{1}{n}\sum_{i=1}^{n}(y_i - \hat{y}_i)^2$

MAE : 평균절대오차 $= \frac{1}{n}\sum_{i=1}^{n}|y_i - \hat{y}_i|$

RMSE : 평균제곱근오차 $= \sqrt{\frac{1}{n}\sum_{i=1}^{n}(y_i - \hat{y}_i)^2}$

MAPE : 평균절대백분율오차 $= \frac{100}{n}\sum_{i=1}^{n}\left|\frac{y_i - \hat{y}_i}{y_i}\right|$

* 지도학습 모델

일반화가능성(안정성) / 효율성 / 정확성 / 해석력

* 군집모델

● 일치행렬

$$T_{ij}\begin{cases}1 \ i와 \ j가 \ 같은 \ 군집 \\ 0 \ i와 \ j가 \ 다른 \ 군집\end{cases} \ \ C_{ij}=군집화결과행렬$$

$$일치행렬=R_{ij}\begin{cases}1 \\ 0\end{cases}$$

● 목푯값이 있는 모델

RI : 랜드지수 $a+b/_nC_2$ range 0~1

ARI : 조정랜드지수 $RI-E[RI]/_{max}(RI)-E[RI]$

AMI : 상호정보량 $P(T\cap C)/P(T)\times P(C)$

● **목푯값이 없는 모델**

DI : 던지수 $_{min}(i,j)/_{max}d(k)$

S(i) : 실루엣계수 $(b_i-a_i)/_{max}(a_i,b_i)$

분석모형진단

● **모형진단**

1) 정규성 가정

┌ 샤피로-윌크 검정 : 데이터의 정규성을 검정
│   H0=데이터는 정규분포를 따름
├ K-S 검정 : 데이터가 어떤 특정한 분포를 따르는가
│   H0=두 표본이 같은 분포를 따름
└ Q-Q plot : 회귀모형의 가정진단 (잔차확인)

2) 잔차 진단

잔차의 합이 0 => 최적의 회귀선

- 잔차의 정규성, 등분산성, 독립성 진단

● **자료진단**

┌ Cook's Distance: Full model에서 관측값 하나를
│   제외 후 비교
├ DFBETAS: 관측치가 각각의 회귀계수에 끼치는 영향
│   력 측정
├ DFFITS : 관측치 제외시 종속변수 변화정도를 측정
└ Leverage H : 관측치가 다른 집단으로부터 떨어진
               정도

교차검증

● **k-fold 교차검증**

● **홀드아웃 교차검증**

랜덤분할 : train / validation / test

● **리브-p-아웃 교차검증**

전체데이터에서 p개의 샘플을 선택

경우의 수 nCp=n!/(n-p)!p!

● **리브-원-아웃 교차검증**

리브-p-아웃의 p=1일 경우 → k-fold 검증과 동일

● **부트스트랩**

동일한 크기의 표본을 단순랜덤복원추출법으로 추출
하여 사용

모수 유의성 검정

● **모균에 대한 유의성 검정 (t-검정)**

t검정 : 표본이 정규분포를 따른다는 가정 필요
   →정규성 검정 실시 (샤피로윌크, K-S 등)

┌ 단일표본 t-검정 : 연속형변수평균값 ↔ 특정기준값
│   H0 = 데이터의 평균은 x
├ 대응표본 t-검정 : 두 번의 처리에 따른 평균이
│   통계적 동일한지 판단
└ 독립표본 t-검정 : 독립적 정규분포인 n1,n2 데이터
                  평균이 동일한지 판단
             H0=두 데이터의 평균이 같다.

● **모분산에 대한 유의성 검정**

┌ 카이제곱 검정
├ 관찰된 빈도와 기대되는 빈도 사이의 차이를 측정
│   ┌ 독립성 검정
│   └ 적합도 검정
├ F 검정
└ 분산의 비율을 비교
          ┌ 분산분석(ANOVA)
          └ 회귀 분석

분석모형개선

● 과대적합방지

1) 훈련데이터 증가시키기

2) 가중치 감소 L1 : $\lambda|w|$ → 중요한 가중치만 취함

　　　　　　　　L2 : λw^2 → 이상치 데이터에 적합

3) 모델 복잡도 감소 : 은닉층 수 조정 / 모델수용력
　　　　　　　　　　　낮춤

4) 드롭아웃 : 은닉층의 뉴런 무작위 삭제

　　　　초기(DNN) / 공간적(CNN) / 시간적(RNN)

● 매개변수 최적화(optimizer)

┌ 경사하강법 : $W \leftarrow W - \eta \dfrac{\partial L}{\partial W}$

├ 배치(BGD) : 전체의 미분값을 평균해 1epoch동안
│　　　한번만 갱신수행→느리지만 연산횟수 적음

├ 확률적(SGD) : 손실함수 기울기를 구해 가장 작은
│　　　지점을 찾음→이상치 발생, 비효율적

├ 모멘텀 : 기울기방향으로 힘을 받아 최적화에 가속

　　　　$W \leftarrow W + (\mu V - \eta \dfrac{\partial L}{\partial W})$

└ per-매개변수 조정학습률 : 조정된 학습속도 적용

┌ AdaGrad : 갱신이 많이 된 파라미터에 대해 학습량 줄임

　　　　$W \leftarrow W - \eta \dfrac{1}{\sqrt{h}} \dfrac{\partial L}{\partial W}$

└ Adam : 모멘텀+AdaGrad

● 초매개변수(하이퍼파라미터) 최적화

사람이 직접 설정해주어야 하는 매개변수

뉴런의 수/학습률/배치크기/반복횟수/은닉층개수 등

● 분석모형융합

┌ 배깅 : 복원 추출 방법으로 데이터를 샘플링
│　　　┌ Hard Voting : 다수의 분류기가 예측한 결과 사용
│　　　└ Soft Voting : 가중치 투표방식

├ 부스팅 : 약한학습기의 연속적 학습 => 강한 학습기

└ 랜덤포레스트 : 배깅을 적용한 의사결정나무

　　분류→voting / 예측→평균화 방법

● 분류 모형에 대한 주요성능 지표

┌ 특이도(Specificity)

│　- 음성 중 맞춘 음성의 수, TN / (TN + FP)

├ 정밀도(Precision)

│　- 양성 판정 수 중 실제 양성 수

│　- 해당 클래스 예측 샘플 중 실제 속한 샘플 수의
│　　비율, TP / (TP + FP)

├ 재현율(Recall), 민감도(Sensitivity)

│　- 전체 양성 수에서 검출 양성 수(양성 중 맞춘
│　　양성의 수), TP / (TP + FN)

└ 정확도(Accuracy)

　　- 전체 샘플 중 맞게 예측한 샘플 수 비율
　　(TP + TN) / (TP + TN + FP + FN)

● 군집타당성지표

군집 간 거리/군집의 지름/군집의 분산

● 최종모형선정

	평가기준
지도(분류)	분류정확도 / 평균오차율 / 오류재현율
비지도(설명)	집도소속률 / 데이터 밀도 및 군집도
기타	텍스트 매칭률 / 문서분류율

ⓒ2. 분석결과 해석 및 활용

데이터시각화

● **시각화 개요**
- 정보전달 : 객관적 표현 및 데이터 저널리즘 역할
- 설득 : 추상적, 예술적 측면

● **시각화 기능**
- 분석결과 해석 : 설명/탐색/표현
- 규칙과 패턴검증
  - 범주,비율: 범위/분포/순위/측정
  - 추세,패턴: 방향/패턴/속도/교차/중요도
  - 관계,연결: 예외/상관성/연관성/계층
- 시각적 표현 : 크기/색상/위치/네트워크/시간/다중표현

● **시각화 요건**
- 기능적 측면 : 즉각적인 상황판단이 가능한 핵심 메시지 필요
- 심미적 측면 : 사람들의 집중, 참여를 유도

● **시각화 절차**

  구조화 → 시각화 → 시각표현

● **시각화 도구**

  시각화 플랫폼 / 시각화 라이브러리 / 인포그래픽스
- 차트와 통계 : 엑셀/구글차트/매니아이즈/인포그램
- 프로그래밍 : D3.js / Python / R / Processing
- 지도 : ESRI ArcGIS
- 기타 : Adobe illustrator / YDF

● **시각화 유형**
- 시간시각화 : 시계열데이터변화에 대한패턴을 표현
  - 이산형 ⇒ 누적막대/막대/점그래프
  - 연속형 ⇒ 히스토그램/선/계단식/영역형차트
- 공간시각화 : 지도상에 해당하는 위치정보를 표현
  - 등차역지도 : 색상으로 구분
  - 도트플롯맵 : 지리적 산점도
  - 버블플롯맵 : 지리적 버블차트
  - 등치선도 : 색상의 농도 활용
  - 카토그램 : 지리적 형상크기를 조절해 재구성(직관적)
- 관계시각화 : 데이터간 연관성 및 분포와 패턴을 찾음
  산점도행렬 / 버블차트 / 히스토그램
- 비교시각화 : 다변량 변수를 제한된 2차원에 표현
  플로팅바(간트) / 히트맵 / 평행좌표 /
  체르노프페이스 / 스타차트 / 다차원척도법
- 분포시각화 : 파이차트 / 도넛차트 / 트리맵

● **인포그래픽**

  Information+Graphic → 정보형 / 설득형
  메시지 전달형태 : 지도형 / 도표형 / 스토리텔링형 /
  타임라인 / 프로세스형 / 만화형 /
  비교분석형

분석 모델별 시각화

● **회귀 모델**

  히트맵, 산점도

● **분류 모델**

  SVM : 산점도
  KNN : 평행좌표계
  의사결정나무 : 트리 다이어그램

● **딥러닝 모델**

  노드-링크 다이어그램, 산포도, 선도표

● **군집분석 모델**

  산점도

● **연관분석 모델**

  네트워크 그래프

비즈니스기여도

● **기업의 데이터분석**

분석목적 : ①운영효율 향상 ②매출증대

근본적 질문 : 관찰보고 / 진단분석 / 이상탐지 /
실시간대응 / 예측분석 / 최적화

● **기여도 평가**

정량화기법

─총소유비용(TCO) : 모든 연관 비용
├ 투자대비효과(ROI) : 투자에 따른 순효과
├ 순현재가치(NPV) : 미래시점의 순이익
├ 내부수익률(IRR) : 연단위 기대수익
└ 투자회수기간(pp) : 흑자전환시점

성과측정

─모델링기법 : 데이터마이닝/시뮬레이션/최적화
└비용요소고려

분석결과활용

● **모델 배포 과정 이슈**

서로 다른 환경 : 다른 언어 사용 등 변환 작업이
필요한 환경

모델저장소 부재

성능 모니터링 부재 : 변화하는 데이터 주기적 확인

규제 요구사항 준수 : 모델의 통제를 투명하게 문서
작성

● **분석결과 활용 시나리오 개발**

분석결과 활용가능분야 파악 → 활용가능분야 분류
→ 활용가능서비스 영역도출 → 서비스모델 개발

● **분석모형 모니터링**

환경과 데이터 변화를 분석 모델에 지속적으로 반영

모니터링 대상

서비스 : 분석과제 발굴, 활용방안 마련, 성과관리 등

분석모델 : 분석 알고리즘 주기, 변수, 소스(데이터
원천) 등

데이터 : 현 시점의 현행화 데이터 확인

● **분석모형 리모델링 방법**

─분석 목적에 기반한 가설 및 추정방법에 대한 재검토
├ 분석용 데이터의 범위 및 품질 검토
├ 과대적합과 과소적합 방지를 위한 알고리즘 개선
├ 분석알고리즘과 매개 변수 최적화
└ 분석 모형 융합과 재결합

PART

06

최신 기출문제

CONTENTS

시험 시간	풀이 시간	합격 점수	내 점수	문항수
120분	분	60점	점	총 80개

▶ 합격 강의

1과목 빅데이터 분석 기획

객관식 : 20문항

01 다음 중 빅데이터의 특징 5V에 대한 설명으로 옳은 것은?

① Variety : 데이터의 양이 많다.
② Volume : 데이터가 다양하다.
③ Velocity : 데이터가 실시간으로 변한다.
④ Veracity : 데이터의 가치가 무궁무진하다.

02 다음 중 빅데이터 분석 방법론의 데이터 분석 단계에서 수행하는 작업으로 옳지 않은 것은?

① 평가용 데이터 준비
② 데이터 모델링
③ 데이터 확인 및 추출
④ 모델링 적용 및 운영방안

03 다음 보기에서 설명하고 있는 내용으로 가장 적절한 것은?

> 수집한 데이터를 저장, 처리하고 분석할 수 있도록 포괄적으로 지원한다.

① 빅데이터 마이닝
② 빅데이터 플랫폼
③ 빅데이터 처리기술
④ 빅데이터 탐색기술

04 다음 중 가역 데이터와 불가역 데이터에 대한 설명으로 옳지 않은 것은?

① 가역 데이터는 원본 데이터가 변경되는 경우 변경사항을 반영할 수 있다.
② 불가역 데이터는 생산된 데이터의 원본으로 환원이 불가능한 데이터이다.
③ 가역 데이터는 생산된 데이터의 원본으로 일정 수준 환원이 가능한 데이터이다.
④ 불가역 데이터는 원본 데이터의 내용이 변경되는 경우 변경사항을 반영할 수 있다.

05 다음 중 정량적 데이터와 정성적 데이터에 대한 설명으로 옳지 않은 것은?

① 정량적 데이터는 양적 데이터이다.
② 정성적 데이터는 질적 데이터이다.
③ 정량적 데이터 중 계수 데이터는 범주형 데이터로 변환 가능하다.
④ 정성적 데이터 중 변수 데이터는 연속형 데이터로 변환 가능하다.

06 다음 중 데이터 변환에 대한 예시로 옳지 않은 것은?

① YYYY년 MM월 DD일 → YYYY/MM/DD
② 10~30세는 청년, 40~60세는 중년 등으로 범주화
③ 1, 2, 3학년 값을 batch로 변환하여 데이터 분할
④ 키 수치를 평균 0, 표준편차 1로 표준화

07 다음 중 개인정보보호 관련 법률에 대한 설명으로 옳지 않은 것은?

① 개인정보 파기 시에 사유는 고지할 의무가 없다.
② 익명정보를 생성할 때 당사자의 동의를 구해야 한다.
③ 개인정보보호위원회는 개인정보보호 업무를 독립적으로 처리하기 위한 기관이다.
④ 데이터3법으로 개인정보보호법, 정보통신망 이용촉진 및 정보보호 등에 관한 법률, 신용정보의 이용 및 보호에 관한 법률이 있다.

08 다음 중 보기에서 설명하고 있는 비식별화 기법과 세부기술로 옳은 것은?

> 사용자에 대한 정보를 뒤섞어 정보의 손실 없이 특정 개인에 대한 추측을 할 수 없도록 한다.

① 총계처리 – 재배열
② 데이터 마스킹 – 잡음 추가
③ 가명처리 – 휴리스틱 익명화
④ 데이터 범주화 – 랜덤 라운딩

09 다음 중 비식별화 기법에 대한 설명으로 옳지 않은 것은?

① 데이터 마스킹 수준이 높으면 데이터를 식별, 예측하기 쉬워진다.
② 비식별 조치 방법은 여러 가지 기법을 단독 또는 복합적으로 활용한다.
③ 가명처리를 할 때 값을 대체 시 규칙이 노출되어 역으로 쉽게 식별할 수 없도록 주의해야 한다.
④ 총계처리 시 특정 속성을 지닌 개인으로 구성된 단체의 속성 정보를 공개하는 것은 그 집단에 속한 개인의 정보를 공개하는 것과 같다.

10 다음 중 내부 데이터와 외부 데이터에 대한 설명으로 옳지 않은 것은?

① 외부 데이터는 수집 시 법률이나 제도상 제약이 없는지 검토한다.
② 내부 데이터는 개인정보일 경우 비식별 조치방안을 함께 고려한다.
③ 외부 데이터는 보안을 크게 신경쓰지 않고 자유롭게 사용해도 된다.
④ 내부 데이터는 필요 데이터의 관리 권한이 다른 부서에 있는 경우 협의를 통해 공유 가능 여부를 확인한다.

11 다음 중 데이터 웨어하우스의 특징으로 옳지 않은 것은?

① 통합성(Integration)
② 휘발성(Volatilization)
③ 시계열성(Time-variant)
④ 주제지향성(Subject-orientation)

12 다음 중 분산 저장 방식으로 적절하지 않은 것은?

① GFS
② Ceph
③ HDFS
④ HBase

13 다음 중 Key-Value 데이터베이스에 대한 설명으로 옳지 않은 것은?

① 단순한 데이터 모델에 기반을 두기 때문에 복잡한 쿼리의 수행이 가능하다.
② 단순한 데이터 모델에 기반을 두기 때문에 쿼리의 질의 응답시간이 빠르다.
③ 단순한 데이터 모델에 기반을 두기 때문에 관계형 데이터베이스보다 확장성이 뛰어나다.
④ 데이터를 키(key)와 그에 해당하는 값(value)의 쌍으로 저장하는 데이터 모델에 기반을 둔다.

14 다음 중 Cassandra, MongoDB를 포함하는 반정형, 비정형 데이터 저장소로 옳은 것은?

① DFS
② NoSQL
③ RDBMS
④ In-memory DB

15 다음 중 비정형 데이터(Unstructured Data)로 보기 어려운 것은?

① 음성 데이터
② 메시지 데이터
③ 이미지 데이터
④ 거래(transaction) 데이터

16 다음 중 유의미한 변수를 선정하는 작업을 수행하는 단계로 옳은 것은?

① 분석 기획
② 데이터 준비
③ 데이터 분석
④ 시스템 구현

17 다음 중 하향식 문제 탐색 과정에 대한 설명으로 옳지 않은 것은?

① 문제 탐색은 개인이 생각하는 문제를 간단하게 나열한다.
② 타당성 검토는 경제적, 기술적 타당성을 분석하는 단계이다.
③ 문제 정의는 식별된 비즈니스 문제를 데이터 문제로 변환한다.
④ 해결방안 탐색은 과제 정의 후 어떻게 해결할 것인지 방안을 탐색한다.

18 다음 중 표준화에 대한 설명으로 옳은 것은?

① 두개의 샘플을 하나로 통합하는 작업이다.
② 표준화가 진행된 값은 단위가 존재하지 않는다.
③ 노이즈를 제거하여 추세를 부드럽게 하는 작업이다.
④ 데이터의 일반적인 특성이나 패턴을 추출하는 작업이다.

19 다음 중 텍스트 마이닝에 대한 설명으로 옳지 않은 것은?

① 사용하지 않거나 분석에 필요 없는 불용어를 제거해야 한다.

② Tokening은 예측해야 할 정보를 하나의 특정 기본 단위로 자르는 작업이다.

③ Stemming는 동일한 뜻을 가진 형태가 다른 단어들을 같은 형태로 바꾸는 작업이다.

④ POS tagging은 분류나 군집화 등 빅데이터에 숨겨진 의미 있는 정보를 발견하는데 사용하기도 한다.

20 다음 중 지도학습 모델 선정 시 고려요소로 옳지 않은 것은?

① 데이터

② 분석 목적

③ 자기상관성

④ 변수의 중요도

2과목 빅데이터 탐색

객관식 : 20문항

21 다음과 같이 주성분 분석(PCA) 표가 주어졌을 때 제3주성분은 전체분산을 몇 %까지 설명하는가?

Importance of Components :

Component	PC1	PC2	PC3	PC4
Standard Deviation	1.8159	1.2207	0.67716	0.61622
Proportion of Variance	0.5496	0.2483	0.07642	0.06329

① 87.432%

② 67.716%

③ 7.642%

④ 75.353%

22 다음 중 서열척도 변수들 간의 상관관계를 측정할 때 사용하는 값은?

① 피어슨 상관계수

② 스피어만 상관계수

③ Phi 계수

④ 자기 상관계수

23 점추정에 대한 설명으로 옳은 것을 고르시오.

$$S_1 = \frac{1}{n}\sum(x - \bar{x})^2$$

$$S_2 = \frac{1}{n-1}\sum(x - \bar{x})^2$$

① S_1은 모분산의 불편추정량이다.
② S_2는 일치추정량(consistent estimator)이 아니다.
③ S_2의 bias는 0이다.
④ MSE는 추정량의 분산과 편향 제곱의 합으로 이루어져 있다.

24 다음 중 파생변수에 대한 설명으로 옳지 않은 것은?

① 시간 수집 시점에 따른 파생변수를 만들 수 있다.
② 연속형 변수는 구간을 추려서 특정 조건의 파생변수를 만들 수 있다.
③ 독립변수와 종속변수의 교호작용을 이용하여 생성할 수 있다.
④ 좋은 파생변수는 모델의 예측력을 크게 향상시킬 수 있다.

25 오른쪽으로 꼬리가 긴 분포일 경우에 평균, 중앙값, 최빈값의 크기를 바르게 나타낸 것은?

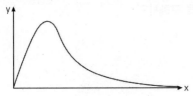

① 중앙값 = 평균값 = 최빈값
② 중앙값 〈 평균값 〈 최빈값
③ 최빈값 〈 중앙값 〈 평균값
④ 최빈값 〈 평균값 〈 중앙값

26 표본의 수가 많을수록 정규분포에 가까워지는 것을 무엇이라고 하는가?

① 중심극한정리
② 주성분 분석
③ 통계적 가설검정
④ 시계열 분석

27 보기에서 주성분 분석(PCA)에 대한 설명으로 옳은 것을 모두 고르시오.

> (가) 변수들은 정규분포 관계가 있다.
> (나) 차원축소는 변수들 간에 관계가 없어도 가능하다.
> (다) 분산이 큰 변수의 방향을 확인한다.

① 가
② 다
③ 가, 다
④ 가, 나, 다

28 A나라와 B나라가 투표 후 투표율에 대한 표본조사를 실시하였다. A나라에서는 100명을 조사하였는데 71명이 투표했다고 응답하였고, B나라는 200명을 조사하였는데 134명이 투표하였다고 응답하였다. A, B나라의 투표할 확률을 각각 P_1, P_2라고 할 때, $P_1 - P_2$의 추정값은?

① 0.71
② 0.67
③ 0.04
④ 0.46

29 어느 시험에서 학생의 점수가 각각 60, 70, 80점일 때 표본분산을 구하시오.

① 66.7
② 70
③ 100
④ 200

30 다음 중 기술통계량이 아닌 것은?

① 평균
② 최빈값
③ 분산
④ 이상값

31 다음 중 데이터가 얼마나 편중되어 있는지 확인할 수 있는 척도를 고르시오.

① 분산
② 표준편차
③ 왜도
④ 첨도

32 다음 ㄱ, ㄴ, ㄷ에 들어갈 단어로 맞는 것을 고르시오.

실제상황 / 통계적결정	H_0가 참	H_0가 거짓
H_0 채택	ㄱ	ㄴ
H_0 기각	ㄷ	옳은 결정

① ㄱ.옳은 결정, ㄴ.제1종 오류, ㄷ.제2종 오류
② ㄱ.옳은 결정, ㄴ.제2종 오류, ㄷ.제1종 오류
③ ㄱ.틀린 결정, ㄴ.제1종 오류, ㄷ.제2종 오류
④ ㄱ.틀린 결정, ㄴ.제2종 오류, ㄷ.제1종 오류

33 베르누이 시행 10번 중 7번 이상 성공할 확률에 대해 귀무가설(H_0)이 다음과 같을 때, 제2종 오류를 범할 확률을 구하시오.

$$H_0 = \frac{1}{2}, \qquad H_1 = \frac{2}{3}$$

① $\sum_{i=7}^{10} \left(\frac{2}{3}\right)^i \left(\frac{1}{3}\right)^{10-i}$

② $\sum_{i=0}^{6} \left(\frac{2}{3}\right)^i \left(\frac{1}{3}\right)^{10-i}$

③ $\sum_{i=7}^{10} \left(\frac{1}{2}\right)^i$

④ $\sum_{i=0}^{6} \left(\frac{1}{2}\right)^i$

34 모델의 편향과 분산 관계에 대한 설명으로 옳은 것은?

① 모델이 복잡하면 편향이 커지고, 분산이 작아진다.
② 모델이 단순하면 편향이 작아지고, 분산이 커진다.
③ 편향이 낮고 분산도 낮으면 좋은 모델이다.
④ 편향과 분산은 상충관계(trade-off)에 있지 않다.

35 데이터를 정규분포에 가깝게 변환하기 위한 통계적 기법으로 음수데이터에는 불가능하여 양수데이터만 가능한 방법은?

① Min-Max
② Z Score
③ Binning
④ Box-Cox

36 다음 설명 중 옳지 않은 것은?

① n의 개수(표본 크기)와 상관없이 표본의 평균은 모집단의 평균과 같다.
② 표본 통계량의 기대값이 모집단 모수와 같다면 이를 불편추정량이라고 한다.
③ 표본의 수가 커지면 표본의 오차가 줄어들고 결과의 신뢰성이 높아진다.
④ 표본의 수가 늘어나면 표본의 평균을 이용한 신뢰구간의 추정 정확도가 높아진다.

37 다음 중 차원축소를 통해 할 수 없는 것을 고르시오.

① 특징 추출
② 설명력 증가
③ 노이즈 제거
④ 데이터 정제

38 암 발생률과 소득의 상관관계를 다른 변수들을 제외하고 분석하고 싶을 때 사용하는 기법은?

① 군집분석
② 편상관계수
③ F분포
④ 카이제곱

39 다음 중 다변량분산분석(MANOVA)에 대한 설명으로 옳은 것은?

① 독립변수 1개 이상, 종속변수 1개이다.
② 독립변수 여러 개, 종속변수 1개이다.
③ 독립변수 1개 이상, 종속변수 여러 개이다.
④ 독립변수 1개, 종속변수 여러 개이다.

40 다음 중 결측값 대치에 대한 설명으로 옳지 않은 것은?

① 평균으로 대치하는 경우 통계량의 표준오차가 과소추정될 수 있다.
② 단순확률대치법은 확률추출에 의해 전체 데이터 중 무작위 대치하는 방법이다.
③ 최근접대치법은 결측치를 해당 데이터와 가장 유사한 값으로 대치하는 방법이다.
④ 자기회귀로 결측치를 대치하면 상관성이 낮아지고 분산이 커진다.

3과목 빅데이터 모델링
객관식 : 20문항

41 다음 중 다중공선성과 VIF(Variance Inflation Factor)에 대한 설명으로 옳은 것은?

① 다중공선성은 회귀계수의 분산을 증가시킨다.
② 다중회귀에서 독립변수간에 선형회귀가 있으면 다중공선성이 있다고 한다.
③ VIF 분산팽창지수가 5 미만이면 독립변수 간에 상관성이 존재한다.
④ 회귀분석을 적용하기 위해서는 다중공선성을 만족해야 한다.

42 다음 중 샘플링에 사용되지 않는 기법은?

① Metropolis-Hastings Algorithm
② Perfect Sampling
③ EM Algorithm
④ Rejection Sampling

43 다음 빈칸에 공통으로 들어갈 용어로 적절한 것은?

> 시퀀스투시퀀스(seq2seq)에서 인코더를 통해 (　　)가 만들어지고 디코더가 (　　)를 받아 출력시퀀스가 된다.

① 고유벡터
② 컨텍스트벡터
③ 공벡터
④ 기저벡터

44 다음 중 경사하강법에 대한 설명으로 옳은 것은?

① 확률적 경사하강법은 전체 데이터 중 일부를 랜덤추출하여 사용하는 방법이다.
② 모멘텀은 관성을 이용해 지역최소를 극복하고 전역최소를 찾아가는 방법이다.
③ Adaptive Gradient(AdaGrad)는 이전 기울기에 따라 속도가 달라진다.
④ Adam은 확률적 경사하강법과 모멘텀 방식의 장점을 합친 경사하강법이다.

45 매개변수와 초매개변수에 대한 설명으로 옳지 않은 것은?

① 매개변수는 학습하며 갱신된다.
② 매개변수는 경사하강법으로 추정할 수 있다.
③ 초매개변수는 학습이 진행되어도 바뀌지 않는다.
④ 은닉층의 수와 학습률은 초매개변수이다.

46 다음 중 서포트벡터머신(SVM)에 대한 설명으로 옳지 않은 것은?

① 과적합되는 경우가 적다.
② 학습속도가 느리다.
③ 초매개변수의 최적화는 필요 없다.
④ 커널 함수 여러 개가 존재할 수 있다.

47 다음은 어떤 거리에 관한 공식인지 고르시오.

$$D(X, Y) = \left(\sum_{i=1}^{n} |x_i - y_i|^p \right)^{\frac{1}{p}}$$

① 마할라노비스 거리(Mahalanobis Distance)
② 유클리드 거리(Euclidean Distance)
③ 맨해튼 거리(Manhattan Distance)
④ 민코프스키 거리(Minkowski Distance)

48 다음 보기에서 의사결정나무에 대한 설명으로 옳은 것을 모두 고르시오.

> (가) 의사결정나무는 설명력이 명확하다.
> (나) 의사결정나무는 동질성이 커지는 방향으로 분기한다.
> (다) 정규성 가정이 필요하다.
> (라) 교호작용 효과 해석이 어렵다.

① (가), (라)
② (가), (나)
③ (나), (다)
④ (나), (라)

49 부스팅(Boosting)에 대한 설명으로 옳지 않은 것은?

① 여러 개의 약한 학습기를 순차적으로 학습시키고 예측한다.
② GBM은 가중치 업데이트에 경사하강법을 이용한다.
③ XGBoost는 GBM을 개선한 방식이지만 GBM보다 속도가 늦다.
④ LightGBM은 기존 트리 방식과 다르게 leaf중심으로 분기한다.

50 인공신경망에서 마지막 은닉노드가 2개, 출력노드가 1개, 편향이 0.2일 때 출력값을 계산하시오. (은닉노드의 값은 각각 0.2, 0.1이고 가중치는 각각 0.4, 0.5이다)

① 0.33   ② 0.44
③ 0.55   ④ 0.64

51 앙상블 모델에 대한 설명으로 옳지 않은 것은?

① 앙상블 모델은 여러 개의 모델을 조합하여 하나의 최종 결과를 도출한다.
② 대표적인 앙상블 기법들로 배깅, 부스팅, 스태킹이 있다.
③ 앙상블 모델로 분석하는 것은 단일 모델로 분석하는 것보다 항상 좋다.
④ 여러 모델들을 결합하여, 과적합을 방지할 수 있다.

52 동일한 두 개의 공장 중 하나의 공장에 신기술을 적용하여, 신기술이 불량 감소에 효과가 있는지 확인하려 한다. 다음 중 신기술 적용 공정과 기존 공정간의 상대 위험도(RR)과 승산비(OR)로 가장 적절한 것은?

구분	불량 여부		합계
	불량	정상	
신기술 적용 공정	10	490	500
기존 공정	40	460	500
합계	50	950	1,000

① 상대 위험도 : 4, 승산비 : (0.02 x 0.98) / (0.08 x 0.92)
② 상대 위험도 : 4, 승산비 : (0.02 x 0.92) / (0.08 x 0.98)
③ 상대 위험도 : 0.25, 승산비 : (0.02 x 0.98) / (0.08 x 0.92)
④ 상대 위험도 : 0.25, 승산비 : (0.02 x 0.92) / (0.08 x 0.98)

53 다음 중 나이브 베이즈에 대한 설명으로 옳지 않은 것은?

① 각각이 독립인 것을 가정한다.
② 베이즈 룰을 사용해서 종속변수의 확률을 계산한다.
③ 나이브 베이즈는 사전확률과 사후확률을 토대로 우도를 계산한다.
④ 별도의 학습과정을 거치지 않는다.

54 비모수검정에 대한 설명으로 옳지 않은 것을 고르시오.

① 정규성 가정이 필요하지 않다.
② 이상치에 대한 민감도가 모수검정보다 덜하다.
③ 모수검정보다 검정력이 높다.
④ 직관적으로 이해하기 쉽다.

55 결정계수에 대한 설명으로 옳은 것은?

① 1은 종속변수의 변동이 독립변수에 의해 설명되지 않음을 의미한다.
② 0은 종속변수의 변동이 모두 독립변수에 의해 설명됨을 의미한다.
③ 결정계수 값의 범위는 0~1이다.
④ 회귀모형에 독립변수를 더 많이 추가하면 항상 결정계수 값이 높아진다.

56 다음의 앙상블 기법과 관련된 설명들 중 옳지 않은 것은?

① Voting – 투표를 통해 값을 결정한다.
② Batch – 샘플 집합으로서 주로 배깅에 활용된다.
③ Bagging – 샘플을 여러 번 뽑아 각 모델을 학습시켜 결과물을 집계한다.
④ Stacking – 동일한 샘플로 다양한 유형의 모델을 학습한다.

57 과적합 방지 규제항 적용 시 가중치 제곱합을 최소화하는 제약을 주는 기법은?

① Lasso
② Ridge
③ Elastic Net
④ Logistic Regression

58 다음 중 과적합 방지 방안으로 옳지 않은 것은?

① 가중치 규제
② 드롭아웃
③ 배치 정규화
④ 매개변수 증가

59 선형 회귀와 로지스틱 회귀에 대한 설명으로 옳지 않은 것은?

① 종속변수가 범주형인 경우 로지스틱 회귀를 사용한다.
② 선형, 로지스틱 회귀 모두 잔차 정규성을 가정한다.
③ 선형회귀 계수를 최소제곱량(LSE)으로 추정하면 불편추정량의 특성을 가진다.
④ 선형, 로지스틱 회귀 모두 MLE로 계수추정이 가능하다.

60 모델의 배치에 관한 설명으로 옳지 않은 것은?

① 배치 크기가 작으면 훈련속도가 빨라진다.
② 배치 크기는 훈련속도에 영향을 주지만 성능에 영향이 없다.
③ 배치 크기가 너무 크면 메모리 문제가 발생한다.
④ 배치 크기가 너무 작으면 노이즈가 생기며 모델의 학습에 악영향을 준다.

4과목 빅데이터 결과 해석 객관식 : 20문항

61 불균형 데이터에 대한 설명으로 옳지 않은 것은?

① 데이터 불균형이 있는 경우 최적화된 모델의 학습이 어려울 수 있다.
② 불균형 데이터 집합에서는 정확도보다는 정밀도를 평가지표로 설정해야 한다.
③ 학습 시 클래스의 개수보다는 클래스 간의 샘플 수 차이에 영향을 받는다.
④ 소수의 클래스는 언더샘플링을 적용해 해결한다.

62 결측값을 대치하는 방법 중 회귀대치법에 대한 설명으로 맞지 않는 것은?

① 대체할 결측값을 예측하기 위해 회귀분석을 사용한다.
② 데이터의 구조와 패턴을 반영하여 결측값을 대체할 수 있다.
③ 독립변수와 종속변수 간의 관계가 약할 경우에도 적용이 가능하다.
④ 결측값이 없는 다른 변수를 이용하여 결측값이 있는 변수를 예측한다.

63 시계열 자료에서 예측 정확도를 측정하는 지표에 대한 설명으로 적절하지 않은 것은?

d_t : 시간 t에서의 실제값	$\hat{d}_t$: 시간 t에서의 예측값
$e_t : d_t - \hat{d}_t$	n : 시계열 자료의 개수

① $MAE = \frac{1}{n} \sum_{t=1}^{n} |e_t|$로 표현되고, 실제값과 예측값 차이의 절대값을 평균한 것이다.

② $MSE = \frac{1}{n} \sum_{t=1} e_t^2$ 로 표현되고, 실제값과 예측값 차이의 제곱합을 평균한 것이다.

③ $MAPE = \frac{1}{n} \sum_{t=1} \left| \frac{d_t}{d_t} \right|$로 표현되고, 실제값과 예측값 비의 절대치를 평균한 것이다.

④ $MPE = \frac{100\%}{n} \sum_{t=1}^{n} \frac{e_t}{d_t}$로 표현되고, 상대적 예측 오차를 계산하는데 사용된다.

64 ROC 곡선에 대한 설명으로 옳지 않은 것은?

① FPR 값에 따른 TPR 값의 그래프이다.
② FPR이 작아도 TPR이 클 수 있다.
③ 무작위의 경우 TPR과 FPR은 같은 곳으로 수렴한다.
④ AUC 값이 작을수록 좋은 모델이다.

65 척도와 예시가 맞지 않게 연결된 것은?

① 비율 척도 – 나이
② 명목 척도 – 성별
③ 서열 척도 – 매출액
④ 등간 척도 – 온도

66 실제 Positive인 대상 중에서 Positive로 정확히 예측한 확률을 뜻하는 것은?

① 재현율(Recall)
② 정확도(Accuracy)
③ 정밀도(Precision)
④ 특이도(Specificity)

67 주어진 혼동행렬을 활용하여 평가지표를 계산한 결과로 적절하지 않은 것은?

		예측 결과	
		Positive	Negative
실제 값	Positive	48	12
	Negative	2	38

① 정확도 0.86
② 민감도 0.75
③ 특이도 0.95
④ 정밀도 0.96

68 아래 빈칸에 들어갈 내용으로 잘못된 것은?

요인	제곱합	자유도	평균제곱	F 값
회귀	18.667	2	(3)	(4)
잔차	2.78	(2)	0.31	
합계	(1)	11		

① (1) - 21.447
② (2) - 9
③ (3) - 6.222
④ (2) - 30.11

69 바이너리(binary) 변수에 대한 설명으로 맞지 않는 것은?

① 두 가지 값만 가질 수 있는 변수이다.
② 성별(남,여), 출석상태(출석,미출석) 등이 바이너리 변수이다.
③ 로지스틱 회귀와 같은 분류 모델에서 사용된다.
④ 원-핫 인코딩은 연속형 데이터를 이진 형식으로 변환한다.

70 k-fold 교차검증에 대한 설명으로 옳지 않은 것은?

① k-1개 데이터셋은 학습용으로 사용하고, 1개 데이터셋은 검증용으로 사용한다.
② 폴드(fold)의 크기가 작을수록 모델의 성능이 떨어진다.
③ 학습과 검증을 k번 반복해서 수행한다.
④ k개로 나누어진 데이터셋은 각각 한 번씩만 검증용으로 사용된다.

71 (가)와 (나)를 표현하기에 적합한 인포그래픽으로 가장 잘 연결된 것은?

> (가) 지역별 코로나 발생률
> (나) 코로나 발병 이후부터 월별 코로나 발생률

① (가) 지도 인포그래픽, (나) 타임라인 인포그래픽
② (가) 목록 인포그래픽, (나) 타임라인 인포그래픽
③ (가) 지도 인포그래픽, (나) 프로세스 인포그래픽
④ (가) 비교 인포그래픽, (나) 통계 인포그래픽

72 다음 그래프는 1998년부터 2020년까지의 출생자수와 주택매매가의 변동률을 보여준다. 그래프에 대한 해석으로 잘못된 것은?

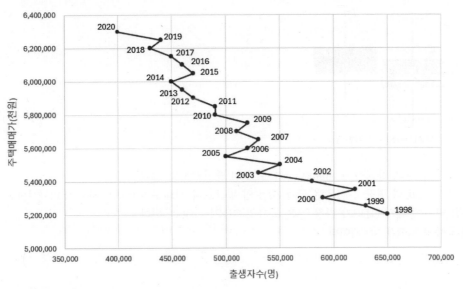

① 2000년 출생자는 600,000명을 초과했다.
② 2003년 주택매매가는 2004년보다 낮다.
③ 주택매매가가는 매년 상승하고 있다.
④ 출생자수와 주택매매가는 음의 상관관계가 있다.

73 다음 중 교차검증에 대한 설명으로 옳지 않은 것은?

① 시계열 데이터에서 학습데이터와 검증데이터는 같은 시간대에 있어야 한다.
② 학습 데이터에서의 평균제곱오차 값은 대개 검증 데이터에서의 평균제곱오차 값보다 작다.
③ k-폴드 교차검증은 k번의 학습과 검증을 진행한다.
④ 교차검증은 모델의 훈련시간이 증가한다.

74 다음은 OECD 국가 중 유럽과 그 외 국가의 GDP에 대한 박스 플롯이다. 해석으로 옳지 않은 것을 고르시오.

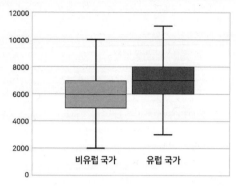

① 유럽 국가 GDP의 중앙값은 비유럽 국가 GDP의 중앙값보다 크다.
② 유럽 국가 GDP의 평균이 비유럽 국가 GDP의 평균보다 신뢰구간 95%에서 유의하게 높다.
③ 비유럽 국가 중에서 GDP가 가장 높은 국가의 GDP는 10000이다.
④ 유럽 국가의 IQR은 2000이다.

75 국회의원 선거에서 지역 면적이 아니라 지역구에 당선된 국회의원 수에 따라 시각화 할 때 적합한 시각화 도구는?

① 카토그램
② 단계구분도
③ 픽토그램
④ 하이퍼볼릭 트리

76 모자이크 플롯에 대한 설명으로 맞지 않은 것은?

① 변수에 속한 값의 분포를 시각적으로 표현한다.
② 두 개 이상의 범주형 데이터의 상관관계를 나타낸다.
③ 열의 너비는 가로 축에 표시된 관측치 수에 비례한다.
④ 히스토그램 안에 히스토그램이 있는 형식이다.

77 다음 중 기초통계량과 그래프로 확인할 수 없는 것을 고르시오.

① 결측치
② 이상치
③ 통계적 유의성
④ 데이터 분포

78 데이터 시각화의 순서로 옳은 것은?

① 데이터 획득 → 데이터 구조화 → 데이터 마이닝 → 시각화모델 선택 → 시각화 표현
② 데이터 획득 → 데이터 구조화 → 시각화모델 선택 → 시각화 표현 → 데이터 마이닝
③ 데이터 구조화 → 데이터 획득 → 시각화모델 선택 → 데이터 마이닝 → 시각화 표현
④ 데이터 구조화 → 데이터 획득 → 데이터 마이닝 → 시각화모델 선택 → 시각화 표현

79 지역별 매출과 수익을 시각화 하기에 가장 적절한 방법으로 짝지어진 것은?

① 매출: 버블차트, 수익: 코로플레스맵
② 매출: 코로플레스맵, 수익: 버블차트
③ 매출: 카토그램, 수익: 버블차트
④ 매출: 등치선도, 수익: 카토그램

80 분석 결과 활용 계획에 대한 설명으로 옳지 않은 것은?

① 내 · 외부 교육 훈련 방안도 포함한다.
② 분석 결과 활용 계획은 분석 모형 리모델링 후 수립한다.
③ 분석 결과 활용 효과 측정을 위한 성과지표도 마련되어야 한다.
④ 분석 결과에 대한 지속적인 모니터링이 필요하다.

1과목 빅데이터 분석 기획

객관식 : 20문항

01 다음 중 하둡분산파일시스템(HDFS: Hadoop Distributed File System)에 대한 설명으로 옳은 것은?

① 블록당 저장 가능한 크기는 10MB 이하이다.
② 다양한 데이터를 동일한 공간에 저장할 수 있다.
③ 네임노드가 손상되면 정상적으로 작동하지 못한다.
④ 범용 장비의 사용이 적합하지 않으며, 주로 고성능 컴퓨터를 사용한다.

02 다음 중 CRISP-DM 분석 방법론의 분석절차로 옳은 것은?

① 업무 이해 – 데이터 준비 – 데이터 이해 – 모델링 – 평가 – 전개
② 업무 이해 – 데이터 이해 – 데이터 준비 – 모델링 – 평가 – 전개
③ 데이터 이해 – 업무 이해 – 전개 – 데이터 준비 – 모델링 – 평가
④ 데이터 준비 – 데이터 이해 – 업무 이해 – 모델링 – 평가 – 전개

03 다음 중 정형 데이터의 품질검증방법으로 옳지 않은 것은?

① 업무규칙은 진단 비즈니스 특성만 알 수 있고, 데이터 오류는 검증할 수 없다.
② 진단 결과 분석을 통해 오류 원인을 분석하고, 업무 영향도를 분석하여 개선 과제를 정의할 수 있다.
③ 품질 진단 실시는 진단 대상에 대한 상세한 수준의 품질 진단 계획을 수립 후 품질 진단 영역별 진단을 실시한다.
④ 진단 대상 정의는 품질 이슈에 대한 수요와 현황을 조사하여 품질 진단 대상 데이터를 선정한 후 진단 방향성을 정의한다.

04 다음 중 비정형 데이터가 아닌 것은?

① 텍스트 데이터
② 오디오 데이터
③ 동영상 데이터
④ 판매가격 데이터

05 다음 중 빅데이터 분석기획 단계에서 수행하는 업무로 옳지 않은 것은?

① 데이터 준비
② 프로젝트 위험계획 수립
③ 프로젝트 정의 및 계획 수립
④ 비즈니스 이해 및 범위 설정

06 다음 중 빅데이터 분석 방법론의 데이터 분석 단계에서 수행하는 업무로 옳지 않은 것은?

① 모델 평가 및 검증
② 모델 발전계획 수립
③ 분석용 데이터 준비
④ 탐색적 분석과 모델링

07 다음 중 분석기획에서 우선순위 고려요소로 옳지 않은 것은?

① ROI
② 실행 용이성
③ 전략적 중요도
④ 분석 데이터 적용 수준

08 다음 중 기업 분석 수준 진단 항목으로 옳지 않은 것은?

① 분석 데이터
② 분석 인프라
③ 분석 조직의 규모
④ 분석 업무와 문화

09 다음 중 데이터 관련 3법으로 옳지 않은 것은?

① 개인정보보호법
② 신용정보의 이용 및 보호에 관한 법률
③ 공공데이터 제공 및 이용 활성화에 관한 법률
④ 정보통신망 이용촉진 및 정보보호 등에 관한 법률

10 다음 중 데이터의 누락 여부를 검증하는 데이터 품질 요소로 옳은 것은?

① 완전성
② 정확성
③ 일관성
④ 유효성

11 다음 중 데이터 사이언티스트가 갖추어야 할 소프트 스킬로 옳은 것은?

① 전문적인 지식
② 통찰력 있는 분석
③ 분석 기술에 대한 숙련
④ 빅데이터에 대한 이론적 지식

12 빅데이터의 특징 3V에 대한 설명으로 옳은 것은?

① 속도, 크기, 가치
② 크기, 다양성, 가치
③ 속도, 다양성, 가치
④ 크기, 속도, 다양성

13 다음 중 데이터 사이언티스트의 역할로 옳지 않은 것은?

① 분석 모델 선정 시 분석 모델에 대한 한계점은 배제하고 진행한다.
② 변환된 비즈니스 문제를 기술적 역량을 바탕으로 체계적으로 분석한다.
③ 비즈니스 문제를 새롭게 정의하고 이를 해결할 수 있는 문제로 변환한다.
④ 기술적 역량을 활용하여 문제 해결을 위한 데이터 수집 및 가공을 진행한다.

14 다음 중 데이터가 처리되는 과정에서 변경되거나 손상되지 않고, 유지함을 보장하는 특성으로 옳은 것은?

① 데이터 정확성
② 데이터 일관성
③ 데이터 무결성
④ 데이터 완전성

15 다음 중 데이터의 일부 또는 전부를 삭제하거나 노이즈를 추가하는 비식별화 기법으로 옳은 것은?

① 총계처리
② 가명처리
③ 데이터 범주화
④ 데이터 마스킹

16 다음과 같은 특성을 갖고 있는 반정형 데이터의 종류로 옳지 않은 것은?

데이터가 행과 열의 테이블 형태로 구조화되어 있지 않지만 스키마 및 메타데이터의 특성을 가고 있다.

① XML
② RDB
③ JSON
④ HTML

17 다음 중 수치적인 개인정보를 임의적으로 올림 또는 내림하는 개인정보 비식별화 기법은?

① 데이터 삭제
② 데이터 범주화
③ 데이터 암호화
④ 데이터 마스킹

18 다음 중 빅데이터 플랫폼에 대한 설명으로 옳지 않은 것은?

① 인프라스트럭처 계층은 데이터 처리, 분석, 수집 및 정제를 수행한다.
② 소프트웨어 계층, 플랫폼 계층, 인프라스트럭처 계층으로 구성되어 있다.
③ 소프트웨어 계층은 데이터 처리 및 분석과 이를 위한 데이터 수집, 정제를 한다.
④ 플랫폼 계층은 작업 스케줄링이나 데이터 및 자원 할당과 관리, 프로파일링 등을 수행한다.

19 다음 중 오토샤딩(Auto-Sharding)을 사용하며, 처리속도가 빠른 NoSQL DB의 종류로 옳은 것은?

① Redis
② CouchDB
③ MongoDB
④ DynamoDB

20 다음 중 데이터 분석가의 특징으로 옳지 않은 것은?

① 데이터를 다루는 다양한 도구와 기법을 익혀야 한다.
② 데이터 분석결과를 효과적으로 전달할 수 있어야 한다.
③ 데이터 수집 및 분석하여 통찰력을 얻을 수 있어야 한다.
④ 데이터 분석의 객관성을 위해 배경지식을 배제해야 한다.

2과목 빅데이터 탐색
객관식 : 20문항

21 중심 경향치를 나타내는 통계량으로 적합하지 않은 것은?

① 중앙값
② 최빈값
③ 기하평균
④ 표준편차

22 데이터의 분포가 오른쪽 또는 왼쪽으로 치우쳤는지 알 수 있는 것은?

① 첨도
② 왜도
③ 분산
④ 최빈값

23 다음 중 데이터 전처리에 대한 설명으로 거리가 먼 것은?

① 레거시 시스템에서만 전처리 작업을 진행해야 한다.
② 다른 측정값과 현저한 차이가 나는 값도 처리해야 한다.
③ 결측치의 대체는 임의로 하면 분석 결과의 신뢰성 저하가 발생한다.
④ 정규화를 통해서 이상치 영향 완화가 가능하다.

24 다음 중 파생변수를 생성하는 방법으로 적합하지 않은 것은?

① 칼럼명을 변경한다.
② 칼럼 데이터에 특정 값을 더한다.
③ 칼럼 데이터를 특정 값으로 나눈다.
④ 1대1 관계를 이용하여 데이터를 결합한다.

25 명목형 데이터를 시각화 할 때 사용할 수 있는 그래프가 아닌 것은?

① 히스토그램(Histogram)
② 파레토차트(Pareto Chart)
③ 트리맵(Tree Map)
④ 파이차트(Pie Chart)

26 다음 중 이산형 확률변수의 확률분포로 알맞은 것은?

① 이항분포
② 지수분포
③ F 분포
④ 정규분포

27 최빈값에 대한 설명으로 옳지 않은 것은?

① 이상치에 많은 영향을 받지 않는다.
② 연속형 자료의 대표값으로 적절하다.
③ 기초 통계량 중 하나이다.
④ 중심화 경향을 나타내는 대표적인 통계량이다.

28 다음 중 혈액형(A, B, AB, O) 데이터에서 결측치를 대체하는 가장 적합한 방법은?

① 최빈값
② 기하평균
③ 중앙값
④ 산술평균

29 다음 중 비모수 검정 방법은?

① 윌콕슨부호순위 검정
② F-검정
③ t-검정
④ Z-검정

30 다음 중 일변량 분석에서 이상치를 판단하는 방법으로 적절한 것은?

① 산포도 추세패턴에 포함된 데이터를 이상치로 판단한다.
② 상자 그림을 벗어난 영역을 이상치로 판별할 수 있다.
③ 데이터 차원이 작으므로 기술통계량을 고려하지 않아도 된다.
④ 데이터의 이해가 쉬우므로 도메인 지식이 필요없다.

31 데이터 정제 방법으로 옳은 것은?

① 구분자가 포함되어 있는 경우를 생각하여 처리한다.
② 소규모 데이터의 경우 이상치 데이터가 있으면 제거하여 처리한다.
③ 결측치가 발견되는 경우 임의제거 방식을 사용한다.
④ 일변량 데이터의 정제는 이상치와 결측치에 대한 처리만 하면 된다.

32 다음 그림에 해당하는 인코딩 방식은 무엇인가?

Id	color
1	red
2	blue
3	yellow

↓

id	color_red	color_blue	color_yellow
1	1	0	0
2	0	1	0
3	0	0	1

① count encoding
② label encoding
③ one-hot encoding
④ target encoding

33 다음 중 시공간 데이터에 대한 설명으로 옳지 않은 것은?

① 공간 데이터에 시간의 흐름을 결합한 데이터이다.
② 시간 데이터와 공간 데이터를 각각 추출할 수 있다.
③ 공간 데이터는 다차원 구조이다.
④ 공간 데이터에서 시간 데이터를 계산하여 추출할 수 있다.

34 다음 중 중심극한정리에 대한 설명으로 옳지 않은 것은?

① 중심극한정리는 이산형 변수에 적용이 안되고 연속형 변수에 적용 가능하다.
② 큰 표본을 사용할 경우 정규분포를 가정한 통계적 분석을 적용할 수 있다.
③ 독립적이고 동일하게 분포된 랜덤 변수의 합이나 평균이 충분히 큰 표본 크기 n에 대해 정규분포로 근사가 가능하다.
④ 10번 시행의 평균값 분포와 1000번 시행의 평균값 분포를 비교하면 1000번 시행의 분포가 정규분포에 가깝다.

35 다음 중 가설검정에 대한 내용으로 잘못된 것은?

① 귀무가설 한 개와 대립가설 한 개만 존재한다.
② "집단의 평균키는 175cm이다"를 귀무가설이라고 하면 단측검증 기준 대립가설은 "집단의 평균키가 175cm 보다 작다"로 설정할 수 있다.
③ 유의수준은 귀무가설을 기각할 기준을 설정하는 값이다.
④ 제1종 오류(Type I error)는 가설검정에서 실제로는 참인 귀무가설을 잘못 기각하는 오류를 말한다.

36 변수 선택에 대한 설명으로 옳지 않은 것은?

① 분산에 따른 변수 선택에서 분산이 낮은 것을 제거한다.
② 전진 선택법은 영모형에서 시작해 중요한 변수를 하나씩 추가하는 변수 선택이다.
③ 주성분 분석은 데이터의 특성을 잘 나타내는 특징성을 찾아내는 것이다.
④ 차원의 저주는 학습 데이터의 수가 차원의 수보다 커서 분석 성능이 저하되는 현상이다.

37 SVD(Singular Value Decomposition)에 대한 설명으로 옳지 않은 것은?

① 데이터 공간을 표시하는 행렬을 직교행렬 2개와 대각행렬 1개로 분해할 수 있다.
② m×m의 정방행렬에만 적용할 수 있다.
③ 몇 개의 특이값을 가지고도 충분히 유용한 정보를 유지할 수 있게 된다.
④ SVD를 통한 데이터 분석의 장점 중 하나는 차원축소에 있다.

38 표준편차가 10, 평균이 60인 정규분포를 따르는 모집단이 있다. 값 70에 대한 z-score는 얼마인가?

① −1   ② 0
③ 1   ④ 2

39 다음과 같은 X1~X3의 공분산 행렬을 보고 옳지 않은 설명을 고르시오.

	X1	X2	X3
X1	4	−0.7	1
X2	−0.7	0.3	0.02
X3	1	0.02	0.6

① X1과 X3 상관관계는 1이다.
② X1과 X2는 음의 상관관계를 가짐을 알 수 있다.
③ X2의 분산은 0.3이다.
④ X1의 표준편차는 2이다.

40 R로 데이터 분석한 결과가 아래와 같을 때 잘못된 해석은?

Min. : 1.00	1st Qu. : 2.00
Median : 3.00	Mean : 3.47
3rd Qu. : 4.00	Max. : 6.00
NA's : 2	

① 위 분포는 오른쪽으로 꼬리가 긴 분포이다.
② Max 값보다 큰 이상치가 존재한다.
③ 결측치는 2개이다.
④ IQR은 2이다.

3과목 빅데이터 모델링
객관식 : 20문항

41 다음 중 언어 모델로 보기 어려운 것은?

① GPT(Generative Pre-trained Transformer)
② BERT(Bidirectional Encoder Representations from Transformer)
③ BART(Bidirectional and Auto-Regressive Transformers)
④ YOLO(You Only Look Once)

42 자연어 처리를 위한 Transformer의 요소와 거리가 먼 것은?

① forget gate
② self attention
③ multi head attention
④ positional encoding

43 분석 모형 설계 절차로 가장 적절한 것은?

① 분석 목적 정의 → 모형 개발 → 분석 알고리즘 설계 → 검증 및 테스트
② 분석 목적 정의 → 분석 알고리즘 설계 → 모형 개발 → 검증 및 테스트
③ 분석 알고리즘 설계 → 분석 목적 정의 → 모형 개발 → 검증 및 테스트
④ 모형 개발 → 분석 알고리즘 설계 → 분석 목적 정의 → 검증 및 테스트

44 다음 중 가설검정에 대한 설명으로 옳지 않은 것은?

① 유의성 검정이라고도 한다.
② 귀무가설과 대립가설을 수립한다.
③ 양측 검정은 기각역이 양측에 나뉘어져 있다.
④ 귀무가설은 증명하고 싶은 가설이다.

45 다음의 수식이 설명하는 것은?

$$J(\theta) = MSE(\theta) + \alpha \sum_{i=1}^{n} |\theta_i|$$

① 릿지(Ridge)
② 라쏘(Lasso)
③ 엘라스틱넷(Elastic Net)
④ 로지스틱 회귀(Logistic Regression)

46 병렬화에 알맞은 모델 배합으로 적절한 것은?

① 배깅(Bagging) – 아다부스트(AdaBoost)
② 배깅(Boosting) – 랜덤포레스트(Random Forest)
③ 부스팅(Boosting) – 아다부스트(AdaBoost)
④ 부스팅(Boosting) – 랜덤포레스트(Random Forest)

47 다음 중 분류 모델을 적용할 수 있는 가장 적합한 경우는?

① 고등학교 내신점수로 수능점수 예측
② 제과점에서 날씨, 요일, 공휴일, 계절별 판매 분석으로 판매량을 예측
③ 배우, 감독, 배급사, 투자비 정보로 이익 예측
④ 카드사에서 가입정보로 신용등급 예측

48 어느 도시내 인구 중 여성의 비중은 40%이다. 여성 중에서 키가 180cm 이상은 2.5%, 남성 중에 키가 180cm 이상인 사람은 15%인 경우, 도시에서 한 명을 선택했을 때 여성이며 키가 180cm 이상일 확률은?

① 0.08   ② 0.1
③ 0.15   ④ 0.24

49 다음 중 사전에 군집 개수를 설정하지 않아도 되는 것은?

① 가우시안 혼합행렬
② 스펙트럼 군집분석
③ 계층적 군집분석
④ k-평균 군집분석

50 다음 중 잘못 분류된 데이터에 가중치를 부여하는 앙상블 기법은?

① 배깅(Bagging)
② 부스팅(Boosting)
③ 보팅(Voting)
④ 가지치기(Pruning)

51 인공신경망에서 다음과 같은 조건이 주어졌을 때 출력값은?

- 마지막 은닉층의 첫번째 노드 : 0.1   · 첫번째 노드의 가중치 : 0.2
- 마지막 은닉층의 두번째 노드 : -0.1   · 두번째 노드의 가중치 : 0.1
- 출력층의 bias : -0.1
- 출력함수 $f(x) = \begin{cases} x & (x \geq 0) \\ 0 & otherwise \end{cases}$

① 1   ② -1
③ 0.09   ④ 0

52 다음 중 보기의 설명에 들어가는 단어로 적절한 것은?

> 역전파 알고리즘은 출력부터 반대방향으로 순차적으로 (ㄱ)하면서 (ㄴ)을 증가시키는 방법이다.

① ㄱ.편미분, ㄴ.학습률
② ㄱ.정적분, ㄴ.가중치
③ ㄱ.내적, ㄴ.가중치
④ ㄱ.편미분, ㄴ.내적

53 다음 빈칸에 들어갈 알맞은 단어를 고르시오.

> (ㄱ)는 입력시퀀스를 단일벡터로 바꾸고, (ㄴ)는 단일벡터를 출력시퀀스로 바꾼다.

① ㄱ.인코더, ㄴ.디코더
② ㄱ.디코더, ㄴ.인코더
③ ㄱ.제네레이터, ㄴ.디제네레이터
④ ㄱ.디제네레이터, ㄴ.제네레이터

54 다음 중 k-폴드 교차검증에 대한 설명으로 옳지 않은 것은?

① k-폴드는 k개의 폴드를 학습데이터로 이용한다.
② 2번 나눈 k-폴드보다 k를 10으로 하면 더욱 신뢰할 수 있다.
③ k-폴드는 전체 데이터셋을 k개의 폴드로 나눈다.
④ k-폴드 교차 검증은 홀드아웃보다 학습 속도가 느리다.

55 다음의 데이터로 연관분석을 할 때 (사과→우유)의 향상도를 계산하시오.

> 1: (사과, 달걀, 우유)
> 2: (사과, 달걀, 우유)
> 3: (사과, 달걀)
> 4: (우유, 음료수, 커피)
> 5: (우유, 음료수, 커피, 사과)

① 0.7542　　　　② 1.125
③ 0.9375　　　　④ 1.752

56 확률변수 X의 분포가 정규분포일 때 크기가 n인 표본분산의 분포는?

① 항상 정규분포이다.
② 표본수에 따라 정규분포 또는 t 분포를 따른다.
③ 자유도 n−1의 카이제곱분포를 따른다.
④ 표본평균의 분포와 동일하다.

57 종속변수가 없을 때 사용하는 모델 유형으로 적절한 것은?

① k−평균 군집
② 의사결정나무
③ k−최근접 이웃
④ 나이브 베이즈 분류기

58 학습 데이터와 테스트 데이터에 대한 설명으로 적절하지 않은 것은?

① 테스트 데이터를 학습에 사용해 모델의 성능을 높인다.
② 학습 데이터와 테스트 데이터는 전체 데이터의 개수에 따라 나눈다.
③ 학습이 잘되었을 때 테스트 데이터와 학습 데이터의 성능 차이가 작으면 모델이 적합하다고 할 수 있다.
④ 모델을 구축할 때 학습 데이터를 사용한다.

59 다음 중 회귀분석의 잔차에 대한 설명으로 옳지 않은 것은?

① 잔차들의 평균은 0이다.
② 잔차들의 분산은 모두 같다고 가정한다.
③ 잔차의 자유도는 항상 표본의 크기 N − 1값이다.
④ 잔차의 제곱합은 작을 수록 좋다.

60 다음 중 소셜네트워크 분석할 때 가장 적합하지 않은 것은?

① 텍스트 마이닝
② 네트워크 분석
③ 워드클라우드 분석
④ 맵리듀스

61 다음 중 시간시각화에 대한 설명으로 잘못된 것은?

　① 점 그래프에서 점의 분포와 배치로는 데이터의 흐름을 파악하기 힘들다.
　② 주로 시계열 데이터(시간에 따라 측정된 데이터)를 다루는데 사용된다.
　③ 시간시각화 기법으로는 선그래프, 막대그래프 등이 있다.
　④ 시간시각화의 예로는 주식 가격 차트, 기상 예보, 교통 데이터 분석 등이 있다.

62 초매개변수(hyperparameter)에 대한 설명으로 잘못된 것은?

　① 초매개변수 선택은 모델 선택 전 데이터 집합 수준에서 결정 가능하다.
　② 사용자가 직접 수정할 수 있다.
　③ 모델의 성능은 미리 정의된 손실함수에 의해 결정된다.
　④ 적절한 튜닝으로 최적화된 하이퍼파라미터를 도출할 수 있다.

63 K-평균 군집분석에서 최적의 K값을 결정하는 방법으로 가장 적합한 것은?

　① 엘보우(Elbow) 기법
　② ROC 곡선
　③ 혼동행렬(Confusion Matrix)
　④ 특이도(Specificity)

64 적합도 검정에 대한 설명으로 잘못된 것은?

　① 귀무가설이 기각되더라도 기대도수 합과 전체도수의 합은 동일하다.
　② t-검정, F-검정, 카이제곱 검정이 대표적이다.
　③ 기대도수, 실제도수 차이가 커지면 카이제곱 통계량이 커진다.
　④ 범주형 데이터의 분포가 기대되는 분포와 일치하는지 검증하는 방법이다.

65 다음 중 명목형 데이터 요약 시 사용하는 그래프로 거리가 먼 것은?

① 막대그래프
② 원그래프
③ 점그래프
④ 히스토그램

66 비교시각화에 대한 내용으로 올바른 것은?

① 다양한 변수에 대한 특징을 한 번에 체크할 수 있다.
② 시간에 따른 데이터의 변화를 시각화한다.
③ 비교시각화 기법으로는 버블차트와 산점도가 있다.
④ 상관관계 분석을 할 수 있다.

67 의사결정나무의 정지 규칙으로 옳지 않은 것은?

① 깊이(뎁스)가 최대이면 멈춘다.
② 유의성이 임계치에 미달이면 멈춘다.
③ 가지 끝 노드에 속한 샘플 개수가 일정 개수 이하이면 멈춘다.
④ 가지에 남은 노드 개수가 0이면 멈춘다.

68 다음 보기에서 앙상블 기법이 적용된 것으로 적절하지 않은 것은?

가. KNN 기법에서 k를 1, 5, 7 값으로 바꿔주며 반복한 결과를 결합한다.
나. 로지스틱 회귀분석, 의사결정나무, 나이브베이즈 모형을 결합시킨다.
다. 선형회귀 모형을 결합시킨다.

---

① 가, 나
② 나
③ 가, 나, 다
④ 가, 다

69 다음의 혼동행렬을 참고하여 계산한 값으로 옳은 것을 고르시오.

		예측값	
		Negative	Positive
실제 값	Negative	3	4
	Positive	6	7

① 정분류율 = 7/11
② 민감도 = 6/13
③ 특이도 = 3/7
④ 정밀도 = 7/13

70 다음 중 ROC 곡선에 대한 설명으로 옳지 않은 것은?

① 머신러닝 모델을 평가하는데 사용된다.
② 임계값에 따른 민감도와 특이도의 변화를 볼 수 있다.
③ X축은 특이도, Y축은 민감도이다.
④ 곡선 아래 면적이 1에 가까울수록 좋은 모델이다.

71 분석 모형 성능 평가에 대한 설명으로 잘못된 것은?

① 학습 데이터가 적고 모형이 복잡한 경우 과적합 가능성이 높아진다.
② 군집분석의 대표적인 평가 지표로 실루엣 계수가 있다.
③ 분석 모형의 일반화를 위해서는 과적합보다는 과소적합이 적절하다.
④ 불균형 데이터는 정확도가 높아지는 경향이 있다.

72 다음의 Q-Q plot과 회귀선에 대한 설명으로 옳은 것을 모두 고르시오.

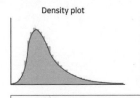

> (가) 왜도는 0보다 크다.
> (나) Positive Skew의 형태이다.
> (다) 종속변수를 로그 변환하면 정규화된 형태가 될 것이다.

① 가, 나
② 가, 나, 다
③ 나, 다
④ 가, 다

73 다음 중 정준상관분석(Canonical Analysis)을 적용할 수 있는 가장 적합한 경우는?

① 집단 1개일 때 여러 변수간 상관관계 분석
② 집단 2개일 때 두 집단 간의 상관관계 분석
③ 다수 집단일 때 상관관계 분석
④ 암묵적인 상관을 찾고 싶을 때 탐색적 분석으로 사용

74 다음 중 과적합에 대한 설명으로 잘못된 것은?

① 학습 데이터의 수를 늘리면 과적합이 된다.
② 과적합은 학습 데이터와 검증 데이터 간 성능 차이가 크지만, 과소적합은 그 차이가 적다.
③ 학습 데이터에 대한 성능은 매우 우수하지만 검증 데이터에 대한 성능은 크게 저하되는 경우를 말한다.
④ 과적합이나 과소적합 모두 모델의 일반화 능력을 저하시키므로 균형을 찾는 것이 중요하다.

75 다음 중 회귀와 분류 모델 평가지표에 대한 설명으로 옳지 않은 것은?

① 회귀와 분류는 종속변수가 다르지만 해석을 위해 동일한 지표를 사용한다.
② 대표적인 분류모델 평가지표로는 정확도, 정밀도, F1-score가 있다.
③ 평균제곱오차는 회귀모델의 평가지표이다.
④ 데이터와 모델의 특성에 따라 적절한 평가지표를 선택해야 한다.

76 전기 사용량을 계산할 때 회귀모델 평가지표로 적합하지 않은 것은?

① MAE (Mean Absolute Error)
② MAPE (Mean Absolute Percentage Error)
③ MSE (Mean Squared Error)
④ F1-score

77 F1-score를 올바르게 표현한 것은?

① F1_score = 2 × (Precision + Recall) / (Precision + Recall)
② F1_score = 2 × (Precision + Recall) / (Precision × Recall)
③ F1_score = 2 × (Precision × Recall) / (Precision + Recall)
④ F1_score = 2 × (Precision × Recall) / (Precision × Recall)

78 다음과 같은 자동차의 종류별 데이터를 시각화해서 표현할 때 가장 적합한 방법은?

종류	배기량(cc)	연비(Km/L)	가격(원)	보증기간(년)
경차	1000	30	20,000,000	3
소형차	1500	20	28,000,000	5
중형차	2000	15	35,000,000	5
대형차	3000	10	45,000,000	10

① 레이더 차트
② 산점도 행렬
③ 버블 차트
④ 모자이크 플롯

79 다음 중 과대적합의 경우를 가장 적절하게 나타낸 것은?

① 학습 데이터로 정확도 90%, 테스트 데이터로 정확도 90%
② 학습 데이터로 정확도 90%, 테스트 데이터로 정확도 70%
③ 학습 데이터로 정확도 70%, 테스트 데이터로 정확도 90%
④ 학습 데이터로 정확도 70%, 테스트 데이터로 정확도 70%

80 다음 중 k-fold에서 k=10일 때 옳지 않은 설명은?

① 각 폴드는 학습 데이터로 1번 사용한다.
② 각 폴드는 평가 데이터로 1번 사용한다.
③ 평가 데이터는 전체데이터의 10%를 차지한다.
④ k=2일 때보다 모델 성능이 향상된다.

1과목 빅데이터 분석 기획

객관식 : 20문항

01 다음 중 다른 데이터와 연결하여 분석하는 맵리듀스 패턴으로 옳은 것은?

① 조인 패턴   ② 요약 패턴
③ 디자인 패턴   ④ 필터링 패턴

02 다음 중 네트워크를 통해 공유하는 여러 호스트 컴퓨터의 데이터에 접근할 수 있는 파일 공유 방식은?

① 분산 파일시스템
② 공유 데이터베이스
③ 네트워크 데이터베이스
④ 파일 전송 프로토콜(FTP)

03 다음 중 공공데이터와 같은 외부데이터를 이용할 때의 장점으로 옳은 것은?

① 비용이 저렴한 편이다.
② 다양한 데이터를 선택할 수 있다.
③ 내부 데이터보다 보안이 우수하다.
④ 데이터에 대한 소유권을 가질 수 있다.

04 다음 중 데이터 정제에 대한 설명으로 옳지 않은 것은?

① 이상치 처리   ② 노이즈 처리
③ 데이터 변환   ④ 결측치 처리

05 다음 중 빅데이터 시대의 위기 요인으로 옳지 않은 것은?

① 사생활 침해로 인한 위기
② 데이터 오용으로 인한 위기
③ 인간과 인간의 상호작용 위기
④ 책임원칙의 훼손으로 인한 위기

06 다음 중 데이터 분석 수준진단 결과에 대한 설명으로 옳지 않은 것은?

① 정착형은 준비도는 높으나 조직, 인력, 분석업무, 분석기법 등을 기업 내부에서 제한적으로 사용하는 경우이다.
② 준비형은 기업에 필요한 데이터, 인력, 조직, 분석업무, 분서기법 등이 적용되어 있지 않아 사전 준비가 필요한 경우이다.
③ 도입형은 기업에서 활용하는 분석업무, 기법 등은 부족하지만 적용조직 등 준비도가 높아 바로 도입할 수 있는 경우이다.
④ 확산형은 기업에 필요한 6가지 분석 구성요소를 갖추고 있고, 현재 부분적으로 도입되어 지속적인 확산이 필요한 경우이다.

07 다음 중 분석 준비도(Readiness)의 진단 영역으로 옳지 않은 것은?

① 분석 문화　　　② 분석 결과
③ 분석 기법　　　④ 분석 데이터

08 다음 중 정형, 반정형, 비정형으로 구분하는 빅데이터 특성으로 옳은 것은?

① 가치　　　② 규모
③ 속도　　　④ 다양성

09 다음 중 데이터 전처리의 수행단계로 옳은 것은?

① 시스템 구현
② 데이터 준비
③ 데이터 분석
④ 평가 및 전개

10 다음 중 데이터 사이언스에 대한 설명으로 옳은 것은?

① 의학, 공학 등 다양한 연구 분야에서 적용되고 있다.
② 데이터 처리 시점이 사후 처리에서 사전 처리로 이동하였다.
③ 데이터의 가치 판단 기준이 양보다 질로 그 중요도가 달라졌다.
④ 단순한 상관관계 중심에서 이론적 인과관계로 변화되는 경향이 있다.

11 다음 중 데이터 거버넌스의 구성요소로 옳지 않은 것은?

① 원칙　　　　　　　② 조직
③ 프로세스　　　　　④ IT 인프라

12 다음 중 데이터 산업에 대한 설명으로 옳지 않은 것은?

① 데이터를 관리하고 분석하기 위한 소프트웨어 영역이 있다.
② 데이터 그 자체를 제공하거나 이를 가공한 정보를 제공한다.
③ 데이터 산업을 통해 Human to Human 상호작용이 높아진다.
④ 데이터 산업은 인프라 영역과 서비스 영역으로 구성되어 있다.

13 다음 중 빅데이터 플랫폼의 계층 구조에 대한 설명으로 옳지 않은 것은?

① 최상단에 소프트웨어 계층이 있으며, 아래로 플랫폼 계층, 인프라스트럭쳐 계층, 하드웨어 계층
이 존재한다.
② 소프트웨어 계층에서는 빅데이터 애플리케이션을 구성하며 데이터 처리 및 분석과 이를 위한
데이터 수집, 정제를 한다.
③ 인프라스트럭쳐 계층에서는 자원 배치와 스토리지 관리, 노드 및 네트워크 관리 등을 통해 빅데
이터 처리와 분석에 필요한 자원을 제공한다.
④ 플랫폼 계층에서는 빅데이터 애플리케이션을 실행하기 위한 플랫폼을 제공하며, 데이터 관리
모듈, 자원 관리 모듈, 서비스 관리 모듈, 보안 모듈 등으로 구성되어 있다.

14 다음 중 분석 마스터 플랜에 대한 설명으로 옳은 것은?

① 데이터 분석 기획의 특성을 고려하지 않는다.
② 분석 과제의 중요도나 난이도는 고려하지 않는다.
③ 중장기적 관점의 수행 계획을 수립하는 절차이다.
④ 그 과제의 목적이나 목표에 따라 부분적인 방향성을 제시한다.

15 다음 중 데이터 분석을 통한 개선사항을 도출하는 단계로 옳은 것은?

① 모델 개발
② 분석목표 수립
③ 도메인 이슈 도출
④ 프로젝트 계획 수립

16 다음 중 데이터 분석 조직에 대한 설명으로 옳지 않은 것은?

① 기능형은 특정 현업 부서에 국한된 협소한 분석을 수행할 가능성이 높다.
② 집중형은 전사 분석 업무를 별도의 전담조직에서 수행하므로 중복되지 않는다.
③ 분산형은 분석 전문 인력을 현업 부서에 배치하여 분석 업무를 신속하게 수행한다.
④ 조직구조는 집중형, 기능형, 분산형으로 구분할 수 있으며, 기능형은 DSCoE 조직이 없다.

17 다음 중 데이터를 추출하여 저장하는 기술로 옳은 것은?

① ETL
② OLAP
③ Hadoop
④ Data Mart

18 다음 중 탐색적 데이터 분석(EDA)에 대한 설명으로 옳지 않은 것은?

① 데이터 구조를 파악할 수 있다.
② 시각화 도구를 이용하여 수행할 수 있다.
③ 분석 모델을 선정하고 구성하기 위한 절차로 볼 수 있다.
④ 주성분분석(PCA)은 탐색적 데이터 분석에 포함되지 않는다.

19 다음 중 분산 파일 시스템에 대한 설명으로 옳지 않은 것은?

① 네트워크로 공유하는 여러 호스트의 파일에 접근할 수 있는 파일 시스템이다.
② 데이터를 분산하여 저장하면 데이터 추출 및 가공 시 빠르게 처리할 수 있다.
③ 대표적으로 GFS(Google File System), HDFS(Hadoop Distributed File System)가 있다.
④ 이기종 데이터 저장 장치를 하나의 데이터 서버에 연결하여 총괄적으로 데이터를 저장 및 관리하는 시스템이다.

20 다음 중 병렬 DBMS에 대한 설명으로 옳지 않은 것은?

① 분산 아키텍처를 가지고 있다.
② 데이터 중복의 최소화로 관계형 DBMS보다 성능이 우수하다.
③ 데이터 파티셔닝과 데이터 병렬 처리를 통해 고성능을 제공한다.
④ 데이터를 복제하여 분산한 관계로 데이터 변경에 따른 관리 비용이 발생한다.

21 다음 아래와 같은 분포함수를 가지는 확률분포의 정의로 옳은 것은?

$$p(x) = \frac{e^{-\lambda}\lambda^x}{x!}$$

$e = 2.718281\cdots$

① 기하 분포   ② 포아송 분포

③ 정규 분포   ④ 이항 확률 분포

22 2, 4, 6, 8, 10의 표본평균값과 표본분산을 구하시오.

① 평균 6, 분산 8

② 평균 6, 분산 10

③ 평균 5, 분산 8

④ 평균 6, 분산 7

23 아래 세 학생의 성적을 최대–최소 정규화하여 모두 합한 값은?

성적 60, 70, 80

① 0.5   ② 1

③ 1.5   ④ 2

24 다음 중 노이즈를 제거하는 방법이 아닌 것은?

① Smoothing

② 정규화

③ 이산화

④ 이동평균(Moving Average)

25 독립변수 12개와 절편을 포함하는 회귀 모델에서, 독립변수 1개당 범주 3가지를 가지면 회귀계수는?

① 24   ② 25

③ 36   ④ 37

26 원-핫 인코딩에 대한 설명으로 틀린 것은?

① 공간효율이 좋다.
② 범주형 변수를 수치형 변수로 변환하는 방법 중 하나이다.
③ 범주 간의 거리 계산이 의미가 없을 수 있다.
④ 각 범주를 명확하게 이진 변수로 표현하기 때문에 해당 범주가 모델의 결과에 어떤 영향을 미치는지 파악할 수 있다.

27 비정형 데이터의 특성에 대한 설명 중 맞는 것은?

① NoSQL만 사용한다.
② 데이터 레이크보다 데이터 웨어하우스를 사용한다.
③ 다양한 형식과 구조를 가진다.
④ 전통적인 정형 데이터보다 아직은 그 양이 상대적으로 적다.

28 클래스 불균형에 대해 옳지 않은 것은?

① Weight Balancing으로 처리가 불가능하다.
② 언더샘플링 혹은 오버샘플링으로 해결할 수 있다.
③ 클래스의 개수와는 무관하다.
④ 언더샘플링과 오버샘플링은 조합하여 사용이 가능하다.

29 파생변수에 대한 예시와 설명으로 옳지 않은 것은?

① 매출에서 총매출액을 계산한다.
② 결측치를 주변값으로 채운다.
③ 모델의 설명력을 향상시키며, 예측 능력을 개선하는 데 도움을 줄 수 있다.
④ 키와 몸무게 변수를 조합하여 체질량 지수(BMI)를 계산한다.

30 머신러닝과 딥러닝에 대한 설명으로 옳지 않은 것은?

① 머신러닝은 주어진 데이터 패턴을 학습하고 유추하는 것이다.
② 인공지능(AI)의 하위 집합이다.
③ 머신러닝은 딥러닝의 일부이다.
④ 컴퓨터 성능에 따라 처리 성능이 달라진다.

31 주성분 분석(PCA)에 대한 설명으로 옳지 않은 것은?

① 비정방행렬인 음상관행렬의 곱으로 바꾸어 주성분 분석의 대상으로 활용한다.
② 주성분 분석에서는 데이터 행렬을 비음수 행렬로 가정하는 경우도 있다.
③ 고유값이 큰 순서대로 주성분을 선택하여 데이터의 변동성을 가장 잘 설명하는 성분을 찾는다.
④ 주성분 분석은 차원 축소, 데이터 시각화, 변수 선택, 잡음 제거 등 다양한 분야에서 활용된다.

32 다음과 같이 통계 결과를 시각화한 그림의 정의로 옳은 것은?

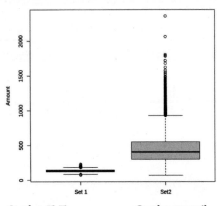

① 박스플롯　　　② 히스토그램
③ 산점도　　　　④ 막대그래프

33 다음 중 연속형 변수가 아닌 것은?

① 키　　　　　　② 실내 온도
③ 혈액형　　　　④ 책 두께

34 데이터 이상값 발생 원인으로 옳지 않은 것은?

① 측정 오류(Measurement Error)
② 처리 오류(Processing Error)
③ 표본 오류(Sampling Error)
④ 보고 오류(Reporting Error)

35 기초 통계량에 대해 옳지 않은 설명은?

① 사분위수는 3분위에서 1분위수를 뺀 것이다.
② 왜도는 분포의 기울어진 정도를 설명한 통계량이다.
③ 첨도 값이 3에 가까우면 정규분포와 비슷하다.
④ 변동계수는 측정단위가 서로 다른 자료를 비교하고자 할 때 쓰인다.

36 다음 보기 중 나머지와 성질이 다른 것은?

① 다항 분포　　　② 포아송 분포
③ 기하 분포　　　④ 지수 분포

37 다음 중 결측치를 처리하는 방법으로 적절하지 않은 것은?

① 단순 대체법　　　② 다중 대체법
③ 완전 삭제법　　　④ 회귀 대체법

38 이상치 처리 및 평가에 대한 설명으로 옳지 않은 것은?

① 이상치를 평균값으로 대체해도 결측값 대체와 같이 신뢰성이 저하되지는 않는다.
② Z-스코어, 사분위수범위(IQR), 표준편차 등의 기준을 사용하여 이상치를 평가하는 방법도 있다.
③ 도메인 전문가의 지식과 경험을 활용하여 데이터의 이상치를 식별할 수 있다.
④ 상자그림(Box Plot), 히스토그램, 산점도 등과 같은 기법을 사용하여 이상치를 확인할 수 있다.

39 다음 아래와 같은 시계열 분포도에 대해서 옳은 것은?

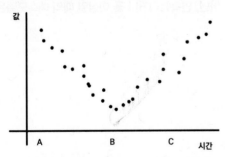

① A-B 구간을 1차식으로 근사하면 1차식 x의 부호는 플러스가 될 것이다.
② 전 구간을 2차함수로 근사하면 제곱항 x^2의 부호는 마이너스가 될 것이다.
③ A-B 구간은 상관 관계가 음이고 B-C 구간은 상관 관계가 양이다.
④ A-C 구간에서는 순환 성분을 보인다.

40 데이터 정제에 대한 설명으로 옳지 않은 것은?

① 데이터를 이해하기 쉽게 변환한다.
② 처리 데이터가 많은 경우 난수 발생 기법에 의한 임의의 데이터 축소를 실시한다.
③ 데이터가 다양한 형식으로 저장되어 있는 경우, 일관된 형식으로 표준화 과정이 필요하다.
④ 이상치를 탐지하고 적절한 처리 방법을 적용하여 제거하거나 보정한다.

3과목 빅데이터 모델링　　　　　　　　　　　　　　　　　객관식 : 20문항

41 인공 신경망 학습 모델 중 업데이트 게이트와 리셋 게이트를 사용하여 장기 의존성 문제를 보완한 모델은?

① RNN　　　　　　② CNN
③ GRU　　　　　　④ LSTM

42 다음 보기 중 혼동행렬에 관한 내용으로 옳지 않은 것은?

① 재현율은 TP / (TP+FN)이다.
② F1 score는 정밀도와 재현율의 기하평균이다.
③ 정확도는 (TP+TN) / (TP+TN+FP+FN)이다.
④ 정밀도는 TP / (TP+FP)이다.

43 흡연자 200명 중 폐암환자가 20명이고, 비흡연자 200명 중 폐암환자가 4명인 경우, 흡연 여부에 대한 폐암 오즈비 값은?

① 1　　　　　② 4.33　　　　　③ 5.44　　　　　④ 6.55

44 종속 변수가 범주형이고, 독립 변수가 범주형 변수 하나가 아닌, 연속형이거나 둘 이상일 때의 예측모델은?

① 다중 선형회귀
② 다중 로지스틱회귀
③ 서포트벡터머신
④ 다층 퍼셉트론

45 다음 중 시계열 데이터에서의 공분산 기법을 뜻하는 것은?

① 지니계수　　　　　② 엔트로피 계수
③ 실루엣 계수　　　　④ 자기상관

46 다중공선성을 평가하는 지표는?

① 분산팽창지수(VIF)
② Mallow의 Cp 통계량
③ 스튜던트 잔차
④ AIC

47 다음 중 의사결정나무의 알고리즘이 아닌 것은?

① CART   ② C45
③ CHAID   ④ C5.0

48 다음 중 다중선형회귀 평가지표에 가장 적합한 것은?

① MSE   ② AIC
③ BIC   ④ AUC

49 랜덤 포레스트 기법에 대한 설명으로 옳지 않은 것은?

① 약 분류기를 결합하여 강 분류기를 만드는 기법이다.
② 트리로 만든 예측은 다른 트리들과 상관 관계가 작아야 한다.
③ 부스팅을 사용하여 부트스트랩된 훈련 표본들에 대해 다수의 의사결정 트리를 만든다.
④ 알파컷을 사용한다.

50 다음의 의사결정나무에서 x_1, x_2에 해당하는 값을 구하시오.

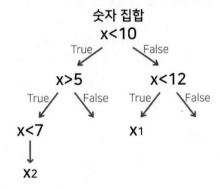

① $x_1 = 11$, $x_2 = 6$
② $x_1 = 10$, $x_2 = 5$
③ $x_1 = 9$, $x_2 = 6$
④ $x_1 = 11$, $x_2 = 5$

51 다음 보기 중 결정계수에 대한 설명으로 잘못된 것은?

① 독립변수의 수가 적어지면 수정된 결정계수 R^2는 커진다.
② 결정계수는 표본수가 증가하면 커지는 경향이 있다.
③ 결정계수는 독립변수 개수가 증가하면 커진다.
④ 모형에 적합하지 않은 독립변수가 투입되면 결정계수가 증가하는 반면 수정된 결정계수는 감소한다.

52 다음 보기 중 시계열 데이터 분석에 관한 것으로 옳지 않은 것을 모두 고른 것은?

> 가. 추세변동은 장기적인 추세경향이 나타나는 것이다.
> 나. 횡단면처럼 종단면은 관측값 간의 독립성이 중요하다.
> 다. 지수평활법은 과거값에 높은 가중치를, 최근값에 작은 가중치를 부여한다.
> 라. 이동평균법은 관측값 전부에 동일한 가중치를 부여하고 평균을 계산하여 예측한다

① 가, 나   ② 나, 다
③ 다, 라   ④ 가, 다

53 Causal Analysis 대한 내용으로 옳지 않은 것은?

① Causal Inference에서는 어떠한 사건의 원인을 알지만 원인이 되는지 아닌지를 의심이 되는 입력을 따로 정의할 수 있다.
② Causal Discovery는 어떤 현상 자체, 즉 Y를 스스로 정의할 수 있는 방법론이다.
③ Causal Discovery는 데이터 칼럼(column)을 독립변수 X와 종속변수 Y로 나누어 정의한다.
④ 인접 행렬(Adjacency Matrix)을 상호 연결성을 나타내는 지표로 사용된다.

54 다중선형회귀 모델에서 가정되는 내용이 아닌 것은?

① 오차항은 종속변수와 선형관계가 있다.
② 오차항은 각 독립변수와 독립적이다.
③ 각 독립변수는 종속변수와 선형관계에 있다.
④ 오차항은 평균이 0이고 분산이 일정한 정규분포를 갖는다.

55 다음 중 변동계수에 대한 설명으로 옳은 것은?

① 측정단위가 동일한 자료 간의 흩어진 정도를 상대적으로 비교한다.
② 분산을 중심으로 한 산포의 상대적인 척도를 나타내는 수치이다.
③ 변동계수가 클수록 상대적으로 분포가 넓어진다.
④ 값이 작을수록 상대적인 차이가 크다고 할 수 있다.

56 통계적 추론에 대한 설명으로 잘못된 것은?

① 모집단을 통해 표본집단을 추론한다.
② 통계적 추론의 목적은 추정과 가설검정에 있다.
③ 점추정은 모집단의 특성을 하나의 수치로 추정한다.
④ 신뢰구간을 추정할 때 모분산 σ^2을 알고 있다면 표본의 크기와 관계없이 정규분포를 사용한다.

57 회귀분석 모형의 구축 절차를 순서대로 맞게 나열한 것은?

① 독립변수와 종속변수 설정 – 회귀계수 추정 – 독립변수별 회귀계수 유의성 검정 – 모형 유의성 검정
② 회귀계수 추정 – 독립변수와 종속변수 설정 – 독립변수별 회귀계수 유의성 검정 – 모형 유의성 검정
③ 독립변수와 종속변수 설정 – 모형 유의성 검정 – 회귀계수 추정 – 독립변수별 회귀계수 유의성 검정
④ 독립변수와 종속변수 설정 – 독립변수별 회귀계수 유의성 검정 – 회귀계수 추정 – 모형 유의성 검정

58 인공신경망에서 학습 시에 과적합방지 방법으로 적절하지 않은 것은?

① 입력 노드수를 줄인다.
② 가중치 절대값을 최대로 한다.
③ epoch 수를 줄인다.
④ hidden layer 수를 줄인다.

59 부스팅에 대한 설명으로 옳지 않은 것은?

① 가중치로 약분류기를 강분류기로 만든다.
② 보팅에 비해 에러가 적다.
③ 동시 병렬적으로 학습한다.
④ 속도가 상대적으로 느리며 오버 피팅 될 가능성이 있다.

60 아래 이항로지스틱 회귀분석 모형의 회귀 계수에 대한 설명으로 옳은 것은? (단, $\beta_1 \rangle 0$)

$$\log\left(\frac{P(y = 1 \mid x)}{1 - P(y = 1 \mid x)}\right) = \beta_0 + \sum_{j=1}^{p} \beta_j x_j$$

$$P = \frac{1}{1 + e^{-(\beta_0 + \beta_1 x_1 + \beta_2 x_2 + \ldots + \beta_p x_p)}}$$

① x_j가 1 단위 증가하면 오즈는 e^{β_j} 배 증가한다.
② x_j가 1 단위 증가하면 오즈비는 e^{β_j} 배 증가한다.
③ x_j가 1 단위 증가하면 오즈는 e^y 배 증가한다.
④ x_j가 1 단위 증가하면 오즈비는 e^y 배 증가한다.

4과목 빅데이터 결과 해석

객관식 : 20문항

61 SVM의 하이퍼파라미터 최적화 과정에서 두 명의 분석가의 분석결과를 동일하게 하기 위한 방법으로 가장 적합한 것은?

① Leave-One-Out 교차 검증
② 5-fold 교차 검증
③ Train-Validation-Test Process
④ 부트 스트래핑

62 초매개변수 튜닝 알고리즘에 대한 설명으로 맞지 않은 것은?

① 그리드 서치(Grid Search)는 정해진 범위 내에서 가능한 모든 조합을 시도한다.
② 랜덤 서치(Random Search)는 정해진 범위 내에서 랜덤하게 초매개변수를 추출하여 시도한다.
③ 베이지안 최적화(Bayesian Optimization)는 이전에 학습한 결과를 참고하여 초매개변수를 설정한다.
④ AdaGrad는 분석가의 경험에 따라 값을 조절한다.

63 다음 혼동행렬을 보고 잘못된 것을 고르시오.

		실제 답	
		True	False
예측 결과	True	True Positive	False Positive
	False	False Negative	True Negative

① 정확도는 (TP+TN)/(TP+TN+FP+FN)이다.
② 정밀도는 TP/(TP+FP)이다.
③ F1 스코어는 정밀도과 재현율의 기하평균이다.
④ 재현율은 TP/(TP+FN)이다.

64 군집화 알고리즘 중에서 군집의 수를 지정하지 않아도 되는 것은?

① K-Means Clustering   ② DBSCAN
③ Gaussian Mixture Model   ④ K-Median Clustering

65 인포그래픽 유형 중 역사적 사건이나 프로젝트 진행 상황 등을 시간 순으로 나열하여 전달하는 데 적합한 것은?

① 프로세스 다이어그램
② 타임라인
③ 지도
④ 스토리텔링

66 인포그래픽 유형 중 주제, 내용의 연관성을 중요시 여기는 유형은?

① 타임라인   ② 콘셉트 맵
③ 스토리텔링   ④ 비교분석

67 비교시각화 도구에 대한 설명으로 맞지 않은 것은?

① 두 독립된 변수의 분포를 비교해서 보여줄 때 사용된다.
② 히트맵은 값의 분포를 색(온도)으로 표현하여 시각적인 효과를 준다.
③ 체르노프 페이스는 데이터 표현에 따라 달라지는 차이를 얼굴의 모양으로 나타낸다.
④ 스타차트는 하나의 공간에 각각의 변수를 표현하는 몇 개의 축을 그리고, 축에 표시된 해당 변수의 값들을 별들의 개수로 표현한다.

68 시간시각화에 대한 설명으로 맞지 않는 것은?

① 막대그래프는 가로축을 시간축으로 하여 시간시각화 도구로 사용할 수 있다.

② 점그래프는 시간시각화 도구로 사용할 수 없다.

③ 선그래프는 연속적인 데이터를 표현하는 시간시각화 도구로 사용할 수 있다.

④ 점그래프의 점과 점사이를 연결함으로써 선그래프로 변환할 수 있다.

69 다음 보기 중 ROC 곡선에 대한 설명으로 옳은 것은?

① 특이도가 증가할수록 민감도도 증가한다.

② 곡선 아래 면적이 0.5에 가까울수록 성능이 좋다.

③ 로지스틱 회귀분석 모형의 성능을 측정하는 데 사용할 수 있다.

④ 특이도는 음성인 케이스를 양성으로 잘못 예측한 비율이다.

70 Kolmogorov-Smirnov 검정에 대한 설명으로 맞지 않는 것은?

① 2개의 집단이 동일한 분포를 이루고 있는지를 검증한다.

② 비모수 검정방식이다.

③ 데이터가 정규분포를 따르는 지를 검증할 때 사용된다.

④ 확률밀도함수를 사용하여 두 분포의 차이를 측정한다.

71 변수 10,000개 중 1,000개를 선별해서 분석모형을 만드는 경우 가장 적합하지 않은 것은?

① 임의의 1,000개 변수를 선택하고 학습하는 과정을 100번 반복한다.

② 1,000개의 변수를 선택한 후 학습데이터와 검증데이터로 분할해서 평가한다.

③ 변수들 사이의 상관 관계를 분석하여 종속변수와 관련이 있는 독립변수를 선택한다.

④ 분석 대상 도메인에 대한 전문지식을 활용하여 변수를 선택한다.

72 k-fold 교차 검증 학습 과정 중 올바르지 않은 것은?

① 데이터셋을 k개의 폴드로 나누고, 이 중 하나를 학습 데이터셋으로 선택하고 나머지 k-1개의 폴드를 검증 데이터셋으로 사용한다.

② 학습과 검증을 k번 반복하여 평균 값으로 모델의 성능을 평가한다.

③ 반복으로 얻은 성능 지표들을 평균하여 최종 성능 지표를 계산한다.

④ k값이 클수록 더 정확한 성능 지표를 추정할 수 있다.

73 병원 서비스 만족도에 영향을 미치는 요인을 조사하기 위해서 평가 의견에서 키워드를 추출해서 다중회귀 분석을 실시하였다. 회귀분석 결과 해석으로 맞는 것을 모두 고르시오.

〈키워드 분류〉	〈분석결과〉		
유형성 – 시설, 설비		회귀계수	오차범위
대응성 – 응대, 친절	상수	3.23	
신속성 – 시간, 예약	유형성	0.37**	0.0012
경제성 – 비용, 시간	대응성	0.39***	0.0005
효과성 – 호전, 완치	신속성	0.42**	0.0026
	경제성	0.47**	0.0021
	효과성	0.29	0.0733
	*** 오차범위 <= 0.001, ** 오차범위 <= 0.01		

가. 시설, 설비가 들어가는 평가 의견은 만족도 유형 중 유형성에 영향을 미친다.
나. 신속성과 경제성이 서비스 만족도에 주요 영향을 미친다.
다. 유형성, 대응성, 신속성, 경제성, 효과성 모두 서비스 만족도에 영향을 미친다.

① 가 　　　　　　　② 가, 나
③ 가, 나, 다 　　　　④ 가, 다

74 데이터 분할 방법에 대한 설명으로 틀린 것은?

① 홀드아웃(Holdout)은 데이터를 훈련 데이터셋과 테스트 데이터셋으로 분할한다.
② 훈련 데이터셋으로 학습한다.
③ 스트라티파이드(Stratified) 방법은 데이터를 여러 개의 세트로 나누고, 각 그룹을 한 번씩 검증 세트로 사용한다.
④ 테스트 데이터셋으로 성능을 확인한다.

75 도표 위에 두 변수 X와 Y값이 만나는 지점을 표시한 그림으로 두 변수 사이의 관계를 알 수 있는 것은?

① 산점도
② 스타 차트
③ 히트맵
④ 원그래프

76 학습률에 대한 설명으로 맞지 않는 것은?

① 머신러닝 알고리즘에서 조정할 수 있는 하이퍼파라미터의 하나이다.
② 학습률은 0과 1사이의 값으로 설정된다.
③ 학습률이 작으면 학습 시간이 오래 걸린다.
④ 학습률이 크면 반복 횟수도 많아진다.

77 배깅에 관련된 내용으로 옳지 않은 것은?

① 부트스트랩(Bootstrap) 샘플링을 이용한 앙상블 기법이다.
② 불안정한 모형일수록 더 좋은 성능을 발휘한다.
③ 별도의 검증 데이터 없이 out of bag 데이터를 초매개변수를 최적화 하거나 성능 검증을 할 수 있다.
④ 모델의 편향과 분산을 줄일 수 있다.

78 데이터 시각화에 대한 설명으로 옳지 않은 것은?

① 대규모 데이터의 특징을 설명하기 위해 사용된다.
② 인포그래픽을 위해서는 시각화 소프트웨어를 설치하여야 한다.
③ 박스플롯은 데이터의 이상치를 식별할 수 있다.
④ 히스토그램은 연속적인 변수의 분포를 막대 형태로 표현한다.

79 매개변수와 초매개변수에 대한 설명으로 맞는 것은?

① 둘 다 학습을 시작하기 전에 정해야 한다.
② 매개변수는 모델에서 학습의 결과로 정해진다.
③ 선형회귀 모델에서 매개변수는 기울기이고, 초매개변수는 절편이다.
④ 초매개변수는 학습 데이터에 의해서 모델 내부에서 조정되는 값이다.

80 기계학습과 통계분석에 대한 내용 중 옳지 않은 것은?

① 기계학습은 통계분석과 다르게 결과물에 대한 공식을 도출할 수 없다.
② 기계학습은 주어진 데이터로부터 패턴을 학습하고 예측하는 모델을 개발하는 것이 주요 목적이다.
③ 통계분석은 데이터를 통해 추론과 결론을 도출하는 것을 주요 목적으로 한다.
④ 통계분석은 가설 설정, 검정 및 신뢰구간 추정을 통해 모델을 선택하고 결과를 해석한다.

1과목 빅데이터 분석 기획

객관식 : 20문항

01 다음 중 빅데이터 분석 기획 과정에서 WBS(Work Breakdown Structure)를 작성하는 단계로 옳은 것은?

① 분석 주제 정의
② 모델링 방안 수립
③ 프로젝트 계획 수립
④ 도메인 및 프로세스 이해

02 다음 중 CRISP-DM 방법론의 프로세스로 옳은 것은?

① 비즈니스 이해 → 데이터 준비 → 데이터 처리 → 모델링 → 평가 → 전개
② 비즈니스 이해 → 데이터 이해 → 데이터 준비 → 모델링 → 평가 → 전개
③ 비즈니스 이해 → 데이터 준비 → 데이터 처리 → 모델링 → 전개 → 평가
④ 비즈니스 이해 → 데이터 준비 → 데이터 이해 → 모델링 → 전개 → 평가

03 다음 중 인공지능, 머신러닝, 딥러닝의 상호관계를 설명한 것으로 옳은 것은?

① 머신러닝과 딥러닝의 교집합은 인공지능이다.
② 머신러닝은 딥러닝을 포함하고 있으며, 딥러닝은 인공지능을 포함하는 개념이다.
③ 인공지능은 머신러닝을 포함하고 있으며, 머신러닝은 딥러닝을 포함하는 개념이다.
④ 머신러닝과 딥러닝은 상호 독립적인 관계이며, 인공지능은 이 둘을 포함하는 개념이다.

04 다음 중 관계형 데이터베이스를 하둡 기반으로 전환하고자 할 때, 이를 수행하기에 가장 적절한 직무로 옳은 것은?

① Data Analyst
② Data Architect
③ Data Engineer
④ Data Modeler

05 다음 중 개인정보 비식별화 조치에 대한 설명으로 옳지 않은 것은?

① 데이터 범주화는 개인정보 중 주요한 식별정보들을 삭제하는 것이다.
② 총계 처리는 개별 데이터의 값들을 그들의 총합으로 대체하는 것이다.
③ 가명 처리는 개인정보 중 주요한 식별정보를 다른 값으로 대체하는 것이다.
④ 데이터 마스킹은 개인정보 중 주요한 식별정보의 전체를 대체값으로 변환하거나 부분적으로 대체하는 것이다.

06 다음 중 데이터 품질 진단 절차에서 데이터를 측정하고 분석하여 수치를 산출하는 단계로 옳은 것은?

① 데이터 품질 측정
② 품질 진단 계획 수립
③ 데이터 품질 측정 결과 분석
④ 품질기준 및 진단 대상 정의

07 다음 중 개인정보보호법과 관련된 데이터 3법에 대한 설명으로 옳지 않은 것은?

① 데이터 처리 사실 및 목적 등 공개를 통해 투명성을 제공해야 한다.
② 데이터 3법 개정으로 인해 가명처리 후 활용 시 정보주체의 동의가 필수적이다.
③ 개인정보가 재식별될 경우 즉시 파기하거나 비식별화 조치를 추가로 진행하여야 한다.
④ 데이터 3법은 개인정보보호법, 정보통신망이용촉진및정보보호등에관한법률, 신용정보의이용및보호에관한법률의 개정안을 말한다.

08 다음 중 테이블 형태로 구조화되어 있지 않지만 메타데이터의 특성을 갖고 있는 데이터로 옳은 것은?

① 파일 데이터
② 비정형 데이터
③ 스트림 데이터
④ 반정형 데이터

09 다음 중 총계처리 기법의 단점으로 옳지 않은 것은?

① 총계처리는 비식별화가 불가능하다.
② 집계 처리되어 정밀한 분석이 힘들다.
③ 재배열 방법의 경우 개인의 특성을 파악하기 어렵다.
④ 데이터양이 적을 경우 데이터 결합 과정에서 개인정보에 대한 예측이 가능하다.

10 다음 중 자료 수집 방법에 대한 설명으로 옳은 것은?

① 스캠퍼(Scamper)는 이해관계자와 대화하는 방식을 사용한다.
② 브레인스토밍(Brainstorming)은 두 후보간 차이점을 비교하는 방법이다.
③ 인터뷰(Interview)는 다수의 사람들에게 질문지를 배포하여 응답을 회수한다.
④ FGI(Focus Group Interview)는 전문가의 설문조사 후 온-오프라인 면담을 수행한다.

11 다음 중 데이터 수집 기술에 대한 설명으로 옳지 않은 것은?

① 크롤링(Crawling)은 웹사이트에서 뉴스 등 웹 문서나 콘텐츠를 수집할 수 있는 기술이다.
② FTP(File Transfer Protocol)는 여러 서버로부터 로그 파일 등을 실시간으로 수집할 수 있는 기술이다.
③ 스쿱(Sqoop)은 관계형 DBMS로부터 HDFS로 커넥터를 이용하여 데이터를 수집할 수 있는 기술이다.
④ API(Application Programming Interface)는 시스템 간 연동을 통해 실시간으로 데이터를 수집할 수 있는 기술이다.

12 다음 중 특정 분야에서 학습된 신경망을 다른 분야의 신경망 학습에 활용하기 위한 방법으로 옳은 것은?

① GAN(Generative Adversarial Network)
② CNN(Convolution Neural Network)
③ LSTM(Long Short-Term Memory)
④ Transfer Learning(전이학습)

13 다음 중 데이터 분석 방법론에서 데이터에 대해 이해하고 수집하기 위한 단계로 옳은 것은?

① 분석 기획   ② 데이터 준비
③ 데이터 분석   ④ 시스템 구현

14 다음 중 데이터 및 자원 할당 관리, 빅데이터 어플리케이션 실행을 위한 서비스 제공을 하는 빅데이터 플랫폼 계층 구조로 옳은 것은?

① Platform Layer
② Software Layer
③ Hardware Layer
④ Infrastructure Layer

15 다음 중 병렬 DBMS의 특성으로 옳지 않은 것은?

① 다수의 마이크로 프로세서를 동시에 사용한다.
② 데이터 처리가 신속하다는 장점이 있다.
③ 데이터 중복 저장의 단점이 있다.
④ 시스템 용량 확장이 용이하다.

16 다음 중 빅데이터 분석에 대한 설명으로 옳지 않은 것은?

① 정부에서 비용을 절감할 수 있다.
② 신제품의 판매량을 예측할 수 있다.
③ 개인의 프라이버시를 침해 받을 수 있다.
④ 차이는 있지만 항상 경제적 이익을 얻을 수 있다.

17 다음 중 여러 시스템으로부터 필요한 원천 데이터를 추출, 변환하여 적재하기 위한 기술로 옳은 것은?

① ETL(Extract, Transform, Load)
② SCM(Supply Chain Management)
③ ERP(Enterprise Resource Planning)
④ CRM(Customer Relationship Management)

18 다음 중 예측을 위한 분석 방법으로 가장 옳은 것은?

① 군집 분석(Clustering Analysis)
② 예측 분석(Predictive Analysis)
③ 연관 분석(Association Analysis)
④ 판별 분석(Discriminant Analysis)

19 다음 중 분석 기획 단계에서 비즈니스 계획 수립 절차 과정에 해당하지 않는 것은?

① 비즈니스 이해 및 범위 설정
② 프로젝트 정의 및 계획 수립
③ 프로젝트 위험 계획 수립
④ 모델 발전 계획 수립

20 다음 중 데이터 저장 기술로 옳지 않은 것은?

① DFS(Distributed File System)
② Relational Database
③ Text Mining
④ NoSQL

2과목 빅데이터 탐색

21 전체 모집단에서 100명의 표본을 추출하여 조사를 한 결과 평균이 35가 나왔다. 모표준편차가 1인 경우 해당 결과를 이용하여 모평균의 95% 신뢰구간을 구하는 식으로 맞는 것은?

① $35 - 1.645 \dfrac{1}{\sqrt{10}} \leq \mu \leq 35 + 1.645 \dfrac{1}{\sqrt{10}}$

② $35 - 1.645 \dfrac{1}{\sqrt{100}} \leq \mu \leq 35 + 1.645 \dfrac{1}{\sqrt{100}}$

③ $35 - 1.960 \dfrac{1}{\sqrt{10}} \leq \mu \leq 35 + 1.960 \dfrac{1}{\sqrt{10}}$

④ $35 - 1.960 \dfrac{1}{\sqrt{100}} \leq \mu \leq 35 + 1.960 \dfrac{1}{\sqrt{100}}$

22 단위 시간 안에 발생한 특정 사건의 수를 표현하는 이산확률 분포로 옳은 것은?

① 포아송 분포   ② 기하 분포
③ 정규 분포   ④ 이항 분포

23 다음 중 공분산에 대한 설명으로 옳지 않은 것은?

① Cov(a, b)가 0이 아니면 변수 간의 상관관계를 가진다.
② Cov(a, b)가 0이면 두 변수 a, b는 항상 상호 독립이다.
③ 변수 a, b가 독립이면 항상 Cov(a, b)=0이다.
④ Cov(a, b) 〈 0이면, a가 커질 때 b가 작아질 수 있다.

24 다이어트를 위한 신약이 개발되었다. 임의로 추출된 20명의 사람에게 체중감량 약을 투여한 후 약의 전후 효과를 비교하고자 한다. 약 투여 후 체중이 줄었는지 검정하기 위한 분포로 옳은 것은?

① 대응표본 단측 검정
② 대응표본 양측 검정
③ 독립표본 단측 검정
④ 독립표본 양측 검정

25 다음 중 모집단의 표준편차를 알지 못하는 경우, 평균의 차이에 대한 검정을 수행하는 분포로 옳은 것은?

① 자유도 N, Z 분포
② 자유도 N-1, Z 분포
③ 자유도 N, t 분포
④ 자유도 N-1, t 분포

26 다음 중 클래스 불균형 데이터 처리에 대한 내용으로 옳지 않은 것은?

① 다수 클래스의 샘플을 제거한다.
② 소수 클래스의 샘플을 복제하거나 새로운 샘플을 추가한다.
③ 모델 학습 시 소수 클래스에 높은 가중치를 부여한다.
④ 불균형 데이터에서 정확도가 높게 나타난다면, 좋은 성능의 모델로 평가한다.

27 아래와 같이 분포하는 산점도 자료에 대한 피어슨 상관계수로 옳은 것은?

① -0.9
② -0.1
③ 0.1
④ 0.9

28 다음 아래의 분포 형태를 가지는 데이터를 정규분포에 근접한 분포 형태로 변환을 하고자 할 때 적합한 변환식은 무엇인가?

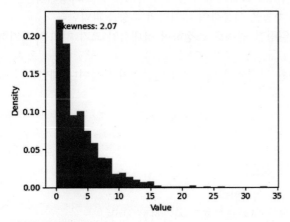

① 지수 변환
② Min-Max 변환
③ 제곱 변환
④ 로그 변환

29 데이터의 양이 아래 그래프와 같을 때 전처리 기법으로 적절한 것은?

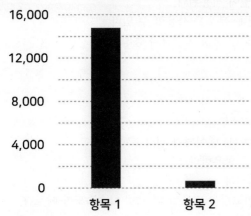

① 이상치 제거
② 클래스 불균형 처리
③ 정규화
④ 차원축소

30 다음 데이터 변환 기술에 대한 설명으로 옳지 않은 것은?

① 집계(Aggregation)는 데이터를 요약하거나 그룹화하여 통계적 정보를 얻는 과정이다.
② 평활화(Smoothing)는 분산과 표준편차 등을 이용하여 데이터의 특성을 파악한다.
③ 정규화(Normalization)는 데이터를 일정한 범위로 조정하여 상대적인 크기 차이를 제거하고 데이터를 표준화하는 작업이다.
④ 일반화(Generalization)는 데이터 변환 과정에서 데이터의 일반적인 특성이나 패턴을 추출하는 작업을 의미한다.

31 다음 중 데이터 탐색에 대한 설명으로 옳지 않은 것은?

① 박스플롯 제1사분위는 75백분율 데이터를 의미한다.
② 히스토그램은 도수분포표를 이용하여 표본의 자료분포를 시각화한 것이다.
③ 산점도를 이용 시 이상치를 확인할 수 있다.
④ 파이차트의 원의 면적표시는 상대도수를 이용한다.

32 다음 중 표본분포에 대한 설명으로 옳지 않은 것은?

① 표본의 크기가 클수록 표본평균의 분산이 0에 가까워진다.
② 중심극한의 정리는 모집단의 분포와 상관없이 적용된다.
③ 모분산의 정보를 모를 경우 정규분포 대신 t-분포를 사용할 수 있다.
④ 표본의 크기와 상관없이 표본평균의 기댓값은 항상 모평균과 동일하다.

33 다음 중 인코딩 기법에 대한 설명으로 옳지 않은 것은?

① 원핫 인코딩을 적용하면 sparse(드문, 희박한) 데이터가 된다.
② 타깃 인코딩은 종속변수 값들의 표준편차를 활용한다.
③ 레이블 인코딩은 각 범주를 숫자에 대치시킨다.
④ 원핫 인코딩을 적용할 때 보다 바이너리 인코딩을 적용할 때 모델 학습속도가 빠르다.

34 아래 표는 4개 변수간의 피어슨 상관계수 산출결과이다. 피어슨 상관계수를 기반하여 변수를 제거하는 경우 중복되어 변수를 제거하는 경우로 옳은 것은?

	X_1	X_2	X_3	X_4
X_1	1.0	0.2	0.96	−0.15
X_2	0.2	1.0	0.47	0.19
X_3	0.96	0.47	1.0	0.3
X_4	−0.15	0.19	0.3	1.0

① X_1 또는 X_4 제거
② X_2 또는 X_3 제거
③ X_1 또는 X_3 제거
④ 제거할 변수 없음

35 특정 지역의 소득 분포를 조사하였더니 아래 그래프와 같은 분포를 가진다. 일부 응답 값이 누락되어 대치를 하는 경우 대표값으로 옳은 것은?

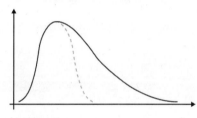

① 평균값
② 최빈값
③ 표준편차
④ 중앙값

36 정규분포를 다루는 확률분포에서, 크기가 4인 확률변수를 모집단으로부터 추출하였다. X_1, X_2, X_3, X_4에 대한 설명으로 옳지 않은 것은?

① 확률변수 X_1, X_2는 서로 종속이다.
② 추출된 표본은 정규분포를 따른다.
③ 표본표준편차는 모표준편차를 2로 나눈 값이다.
④ 표본의 크기를 늘리면 표본평균은 모집단의 평균에 가까워진다.

37 데이터의 변수 척도에 대한 설명으로 옳지 않은 것은?

① 회귀분석을 위해 명목형 척도를 더미 변수화 한다.
② 크기(소형, 중형, 대형) 구분은 순서형 척도이다.
③ 연속형 척도와 범주형 척도는 평균, 표준편차와 같은 기술 통계량을 구할 수 있다.
④ 데이터 값이 정수인 경우 수치형 척도에 해당한다.

38 다음 그림이 나타내는 시각화 기법은 무엇인가?

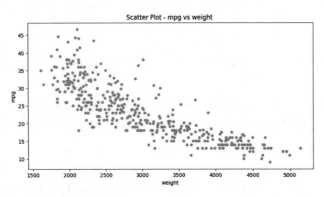

① 히스토그램(Histogram)
② 매핑(Mapping)
③ 파이차트(Pie Chart)
④ 산점도(Scatter Plot)

39 다음 중 확률분포에 대한 설명으로 옳지 않은 것은?

① 확률질량함수는 이산확률변수에서 특정값에 대한 확률을 나타내는 함수이다.
② 확률밀도함수는 면적이 그 구간에 해당하는 확률값이다.
③ 이산확률분포에는 이항분포, 포아송분포가 있다.
④ 연속확률분포에는 초기하분포, 지수분포가 있다.

40 상자그림(Box Plot)과 이상치에 대한 설명으로 옳지 않은 것은?

① IQR의 1.5배 이내의 관측치는 이상치가 아니라고 볼 수 있다.
② 수염보다 바깥쪽에 존재하는 데이터들은 모두 이상치이므로 제거해야 한다.
③ 상자그림을 통해 중앙값을 확인할 수 있다.
④ 제1사분위수에서 제3사분위수까지가 상자의 범위이다.

41 다음 보기 중 드롭아웃 효과와 동일한 효과를 가져올 수 있는 기법은?

① 학습률 조정   ② 부트스트랩
③ 활성함수 변경   ④ 데이터 증강

42 다음 중 텍스트 마이닝 기법으로 단어를 벡터화하는 Text To Vector 변환이 아닌 것은?

① TF−IDF
② POS−tagging
③ 원핫 인코딩
④ Bag of Words

43 다음 중 k−fold 교차 검증에 대한 설명으로 옳지 않은 것은?

① 데이터셋을 k개로 나눈다.
② k개 중 하나만 검증셋으로 활용한다.
③ 데이터 양이 충분하지 않을 때 사용되는 편이다.
④ 훈련, 검증, 테스트 데이터셋을 2:3:5 비율로 구성한다.

44 각 클래스별 데이터 양의 차이가 큰 경우 데이터 불균형이 발생하는데 이를 해소하기 위한 방법으로 옳은 설명은?

① 오버샘플링은 높은 비율을 차지하는 클래스 데이터 수를 줄인다.
② 언더샘플링은 낮은 비율을 차지하는 클래스 데이터 수를 늘린다.
③ SMOTE 오버샘플링은 분류 알고리즘을 사용한다.
④ 비용민감학습은 소수 클래스의 비용 함수에 높은 가중치를 부여한다.

45 다음 중 시간에 따른 일별 기온 변화를 표현할 수 있는 분석 기법으로 옳은 것은?

① 상관 분석   ② 시계열 분석
③ 주성분 분석   ④ 군집 분석

46 아래 덴드로그램 그래프에서 h4 기준으로 군집을 분리할 때 묶이는 군집의 개수는?

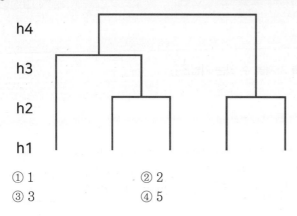

① 1 　　　　　② 2
③ 3 　　　　　④ 5

47 다음 중 인공신경망 모형에서 과적합을 방지할 수 있는 기법으로 옳지 않은 것은?

① 정규화 　　　　② 가지치기
③ 드롭아웃 　　　④ 조기 종료

48 다음 중 모형 선정에 대한 설명으로 옳지 않은 것은?

① 부적절한 데이터 유형을 보유한 모형은 적합하지 않다.
② 요구성능이 높을 경우 모델이 단순할수록 적합하다.
③ 데이터 크기가 적을 경우 모델이 단순할수록 적합하다.
④ 신경망 모델은 시간 복잡도와 분류 성능이 비례관계에 있다.

49 다음 중 회귀 분석 모형에서 변수 선택 방법이 아닌 것은?

① 전진 선택법 　　　② 후진 제거법
③ 단계적 선택법 　　④ 차수 선택법

50 연관규칙 척도 중 하나로, A항목이 포함된 거래 중 A와 B항목이 동시에 포함된 거래의 비율을 나타내는 지표는?

① 신뢰도 　　　　② 조건부 확률
③ 지지도 　　　　④ 향상도

51 다음 표는 암 환자에게 신약의 효과를 조사한 결과이다. 보기 중 옳은 설명은?

	초기		말기		합계	
	생존	사망	생존	사망	생존	사망
A약	16	4	4	16	20	20
B약	7	3	9	21	16	24

① 초기암 생존율은 A약보다 B약이 높다.
② A약이 B약보다 효과적이다.
③ A약 환자의 생존률은 50%, B약 환자의 생존률은 40%이다.
④ 말기암 생존율은 B약보다 A약이 높다.

52 다음 중 중위수를 통한 비모수 검정에 대한 설명으로 옳지 않은 것은?

① 윌콕슨 순위합 검정은 중위수를 검정하는 방법으로 모수적 방법에서의 t-test와 같다.
② 크루스칼-왈리스는 분산분석(ANOVA)에서 정규성 가정이 만족되지 않을 때 사용하는 비모수 검정이다.
③ 만-휘트니 검정은 양측 모수 검정이다.
④ 표본 크기가 매우 작을 경우 중위수를 통한 비모수 검정력은 더 약화된다.

53 다음 중 회귀 모형에 대한 설명으로 옳은 것은?

① 독립변수가 2개 이상이고, 회귀계수가 2차 이상이면 다항 회귀 모형이다.
② 단순 회귀는 1개의 독립변수로 1개의 종속변수를 설명하는 모형이다.
③ 곡선 회귀는 독립변수와 종속변수의 관계를 선형적으로 가정한다.
④ 다중 회귀는 연속형 자료인 2개의 독립변수가 범주형 종속변수에 미치는 영향을 검증하는 모형이다.

54 로지스틱 회귀와 관련된 설명으로 옳은 것은?

① 종속변수가 범주형 변수인 경우는 부적합하다.
② 음성과 양성을 0과 1로 분류하는 기법으로도 적용할 수 있다.
③ 회귀계수의 해석이 어렵다.
④ 이상치에 민감하지 않다.

55 요인분석과 관련된 설명으로 옳지 않은 것은?

① 요인회전으로 직각회전방식과 사각회전방식이 있다.
② Varimax는 열을 단순화하는 방식으로 직각회전방식에 속한다.
③ 요인분석의 공분산 행렬은 대칭행렬의 조건을 만족한다.
④ 요인점수는 다수 변수들에 대한 응답을 소수의 요인으로 축약시킨 것이다.

56 다음 중 시계열 모형 기법인 ARIMA 모형에 대한 설명으로 옳지 않은 것은?

① AR(Autoregressive, 자기회귀) 모형과 MA(Moving Average, 이동평균) 모형을 합친 모형이다.
② 백색잡음의 경우 관측치 간 서로 독립적이지 않다.
③ 평균, 분산이 시간에 따라 일정한 성질인 정상성을 가정한다.
④ 계절성을 매개변수로 ARIMA 모형이 확장된 것인 SARIMA(계절적 자기회귀통합이동평균) 모형이다.

57 다음 중 의사결정나무 분석 결과에서 뿌리노드에서 분할을 시작하지 못하는 가장 적절한 이유는?

① 데이터가 서로 비슷하기 때문이다.
② 데이터 유형이 잘못되어 있다.
③ 변별력 있는 변수가 없어 분리를 정지한다.
④ 데이터 수가 적다.

58 다음 중 주성분 분석에 대한 설명으로 옳지 않은 것은?

① 주성분끼리는 서로 직교한다.
② 주성분 분석을 하기 위해선 변수의 수가 표본의 수보다 항상 커야 한다.
③ 주성분 분석은 고차원 공간의 데이터를 저차원 공간의 데이터로 변환시킨다.
④ 주성분은 기존 변수들의 선형결합으로 이루어져 있다.

59 다음 중 독립 변수와 종속 변수 척도에 따른 통계분석 방법으로 옳지 않은 것은?

① t-검정은 수치형 종속변수와 2개 범주의 독립변수를 사용하여 분석하는 방법이다.
② 로짓모형은 범주형 종속변수와 범주형 및 수치형 독립변수를 사용하여 분석하는 방법이다.
③ 카이제곱 검정은 범주형 종속변수와 범주형 독립변수를 사용하여 분석하는 방법이다.
④ 공분산 분석(ANCOVA)은 종속변수가 범주형, 독립변수가 연속형인 분석 방법이다.

60 다음 중 머신러닝 기반 데이터 분석 결과를 공유 또는 유지보수를 위해 관리하는 산출물로 옳지 않은 것은?

① 분석 계획서
② 분석결과 및 예측 결과
③ 사용 및 유지보수 가이드
④ 알고리즘 보완 계획서

61 다음 중 모델 평가 기준으로 적합하지 않은 것은?

① 예측의 정확성
② 분류의 정확성
③ 표본의 충분성
④ 일반화 여부

62 보기 중 ROC 곡선의 축을 구성하는 지표로 맞게 구성된 것은?

① 정확도, 특이도   ② 민감도, 특이도
③ 정밀도, 정확도   ④ 민감도, 정확도

63 다음 중 ROC 곡선을 이용한 분류모델 평가에 대한 설명으로 옳지 않은 것은?

① AUC의 면적이 클수록 분류모델의 성능이 좋다.
② ROC 곡선으로 혼동행렬을 구할 수 있다.
③ 임계값을 변화시키면 곡선도 따라서 변화한다.
④ 세로축은 재현율을 나타낸다.

64 분석 결과 스토리텔링을 준비하는 과정에서 수행해야 하는 일로 적절하지 않은 것은?

① 스토리보드 도구 검증
② 사용자 데이터 정의
③ 사용자 시나리오 작성
④ 스토리보드 기획

65 다음 중 정규성 검정 기법 종류로 옳지 않은 것은?

① q-q플롯
② 카이제곱 검정
③ 샤피로-윌크 검정
④ 콜모고로프 스미르노프 검정

66 분석모형 평가지표에 대한 공식으로 표현한 것으로 옳지 않은 것은?

① $MAE = \dfrac{\sum |y - \hat{y}|}{n}$

② $MSE = \dfrac{\sum (y - \hat{y})}{n}$

③ $MAPE = \dfrac{\sum |\dfrac{y - \hat{y}}{y}|}{n} \times 100\%$

④ $RMSE = \sqrt{\dfrac{\sum (y - \hat{y})^2}{n}}$

67 다음 그림은 지역, 연령에 따른 월별 감염자 수를 보여준다. 그림과 같은 시각화 기법은 무엇인가?

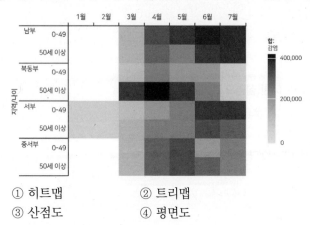

① 히트맵　　　　　② 트리맵
③ 산점도　　　　　④ 평면도

68 민감도가 0.6, 정밀도가 0.4인 경우 F1 Score를 산출하면 얼마인가?

① 0.12　　　　　② 0.24
③ 0.48　　　　　④ 1

69 다음 보기 중 일반화 선형 모형(GLM)에 대한 설명으로 옳은 것을 모두 고르시오.

> 가. 종속변수가 이항분포이면 연결함수로 로짓 함수를 사용한다.
> 나. 종속변수의 정규성이 성립하지 않아도 사용할 수 있다.
> 다. 로지스틱 회귀가 대표적인 일반화 선형 모형이다.

① 가, 나
② 가, 다
③ 나, 다
④ 가, 나, 다

70 다음 보기 중 앙상블 모형에 대한 설명으로 옳은 것을 모두 고르시오.

> 가. 랜덤포레스트가 대표적인 앙상블 모형이다.
> 나. 배깅은 훈련 데이터셋으로부터 부트스트랩을 통해 각각의 부분집합을 생성한 후 독립적인 모델을 학습시킨다.
> 다. 앙상블 모형은 직관적으로 이해하기 쉽다

① 가, 나
② 나, 다
③ 가, 다
④ 가, 나, 다

71 다음 중 비교시각화 기법으로 가장 거리가 먼 것은?

① 스타차트
② 체르노프페이스
③ 버블차트
④ 히트맵

72 다음 중 관계시각화 기법으로 가장 거리가 먼 것은?

① 산점도
② 히트맵
③ 누적막대그래프
④ 버블차트

73 신경망 모형에서 발생하는 Gradient Vanishing 문제에 대한 설명으로 옳은 것은?

① 신경망 학습 과정에서 기울기가 점차 커지다가 발산하는 경우이다.
② 오차 역전파 과정에서 기울기가 감소하여 가중치가 업데이트되지 않는 현상이다.
③ 기울기 소실을 방지하기 위해 활성화 함수로 시그모이드 함수를 사용할 수 있다.
④ 그래디언트 클리핑(Gradient Clipping)을 통해 해결할 수 있다.

74 다음 중 과적합에 대한 설명으로 옳지 않은 것은?

① 훈련 데이터에 대해서 높은 성능을 보여주지만, 실제 데이터에 대해서는 일반화 능력이 부족하다.
② 파라미터 수를 줄이거나 레이어 수를 감소시켜서 모형의 복잡도를 줄일 수 있다.
③ 규제 기법을 사용하여 모형의 가중치를 제한하는 방법으로 성능을 향상시킬 수 있다.
④ 과적합은 비선형 모형보다 선형 모형에서 더 쉽게 발생할 수 있다.

75 앙상블 모형의 베이스 모형들을 독립적으로 최적화시키는 방법으로 옳지 않은 것은?

① 평가 데이터셋을 다양화 한다.
② 학습 데이터셋을 다양화 한다.
③ 하이퍼파라미터 최적화 기법을 사용한다.
④ 각 베이스 모형에 맞는 최적화 알고리즘을 사용한다.

76 다음 중 과적합을 해결하기 위한 방지 기법으로 옳은 것은?

① 모델의 복잡성을 증가시킨다.
② 학습 시간을 늘린다.
③ 벌점화 회귀를 사용하여 모형에 제약조건을 추가한다.
④ 데이터의 양을 줄여서 학습한다.

77 다음 중 인포그래픽에 대한 설명으로 옳지 않은 것은?

① 정보를 빠르고 정확하게 전달할 수 있다.
② 데이터의 패턴을 발견할 수 있다.
③ 디자인적 요소를 고려해서 제작한다.
④ 텍스트와 그래픽을 사용하여 적절하게 구성한다.

78 다음 중 분석 모형 해석에 대한 설명으로 옳은 것은?

① 예측분석은 현재 분석결과를 통해 미래를 예측한다.
② 의사결정나무는 해석이 어렵다는 단점이 있다.
③ 연관성 분석을 통해 두 변수 간의 선형관계를 알 수 있다.
④ 분석 유형으로 설명적 분석, 진단적 분석, 예측적 분석, 현황적 분석이 있다.

79 다음 중 빅데이터 시각화 절차에 해당하는 요소로 옳지 않은 것은?

① 분석   ② 정제
③ 표현   ④ 지시

80 다음 중 재현율(Recall)에 대한 공식으로 옳은 것은?

① TN / (TN+FP)
② TP / (TP+FN)
③ TN / (TN+TP)
④ TP / (TP+TN)

기출문제 04회 (2022.04.09 시행)

▶ 합격 강의

1과목 빅데이터 분석 기획

객관식 : 20문항

---

01 다음 중 하둡 분산 파일 시스템(HDFS: Hadoop Distributed File System)에 대한 설명으로 옳은 것은?

① 복제 횟수는 내부에서 결정되며 사용자가 임의로 변경할 수 없다.

② EXT4, NTFS가 상위 시스템이다.

③ GFS와 동일한 소스코드를 사용한다.

④ 네임노드와 데이터노드의 개수는 항상 동일하다.

---

02 다음 중 인공지능 학습에 대한 설명으로 옳지 않은 것은?

① 강인공지능이란 다양한 분야의 문제를 실제 사고하고 학습하여 해결할 수 있도록 하는 컴퓨터 기반의 인공지능이다.

② 훌륭한 알고리즘을 보유하였다면 학습을 생략해도 된다.

③ 강화학습은 특정 조건에서 최적의 행동을 선택하도록 학습하는 방법이다.

④ 지도학습은 데이터에 정답지가 주어진 상태로 학습하는 방법이다.

---

03 다음 중 분산파일 시스템에 대한 설명으로 옳은 것은?

① 하나의 컴퓨팅 자원을 다수의 시스템이 사용하는 관계로 병목현상이 발생한다.

② 비관계형 데이터베이스와 같은 의미를 지니며 대표적으로 NoSQL이 있다.

③ 네트워크를 통해 여러 파일을 관리 및 저장한다.

④ 컴퓨터 네트워크를 통해 공유되는 여러 호스트 컴퓨터의 파일에 접근할 수 있다.

---

04 다음 중 분석 로드맵 설정 시 우선순위로 고려해야 할 사항이 아닌 것은?

① 비즈니스 성과 및 ROI

② 시급성

③ 전략적 중요도

④ 분석데이터 적용

05 다음 중 개인정보에 대하여 정보주체의 동의 없이 수집 및 이용 가능한 경우로 옳지 않은 것은?

① 데이터 이용 활성화를 위한 통계작성에 이용해야 할 경우 가능하다.
② 통신사에서 고객에게 요금을 부과하기 위해 조회할 수 있다.
③ 병원에서 환자의 진료기록부 작성을 위해 개인정보를 기입하는 경우 가능하다.
④ 아파트를 재건축하는 과정에서 조합원이 조합에 조합원 정보열람을 요청한 경우 가능하다.

06 다음 중 빅데이터 분석 기획 절차로 옳은 것은?

① 비즈니스 이해 및 범위 설정 → 프로젝트 정의 → 프로젝트 위험 계획 수립 → 프로젝트 수행 계획 수립
② 비즈니스 이해 및 범위 설정 → 프로젝트 정의 → 프로젝트 수행 계획 수립 → 프로젝트 위험 계획 수립
③ 프로젝트 정의 → 비즈니스 이해 및 범위 설정 → 프로젝트 수행 계획 수립 → 프로젝트 위험 계획 수립
④ 프로젝트 정의 → 비즈니스 이해 및 범위 설정 → 프로젝트 위험 계획 수립 → 프로젝트 수행 계획 수립

07 다음 중 개인정보 비식별화에 대한 설명으로 옳지 않은 것은?

① 비식별 정보는 제3자 제공이 가능하며, 원칙적으로 불특정 다수에게 공개 또한 가능하다.
② 비식별 정보는 비식별 조치를 취한 이후에도 모니터링과 기술적 보호조치를 하여야 한다.
③ 비식별화는 개인을 식별할 수 없도록 하는 조치이다.
④ 비식별 정보는 사전에 개인정보 해당 여부에 대하여 검토하고, 개인정보가 아닌 경우 활용 가능하도록 한다.

08 다음 중 개인정보 비식별화 기술에 대한 설명으로 옳지 않은 것은?

① 총계처리 : 데이터의 총합 값으로 처리하여 개별 데이터의 값을 보이지 않도록 하는 방법
② 가명처리 : 개인 식별에 중요한 데이터를 식별할 수 없는 다른 값으로 변경하는 방법
③ 범주화 : 데이터의 값을 범주의 값으로 변환하여 값을 변경하는 방법
④ 데이터 마스킹 : 개인 식별에 중요한 데이터 값을 삭제하는 방법

09 다음 중 가트너에서 정의한 빅데이터 처리 플랫폼의 특징 중 3V에 대한 것으로 옳지 않은 것은?

① 가치(value)
② 규모(volume)
③ 속도(velocity)
④ 다양성(variation)

10 다음 중 1제타바이트에 1byte의 아스키 코드를 넣을 경우 저장 가능한 용량으로 옳은 것은?

① 2의 70승
② 2의 50승
③ 2의 30승
④ 2의 10승

11 다음 중 인메모리(in-memory) 기반의 데이터 처리 오픈소스 플랫폼으로 옳은 것은?

① 맵리듀스(Map Reduce)
② 하이브(Hive)
③ 아파치 스파크(Apache Spark)
④ 피그(Pig)

12 다음 중 데이터 분석(Analyzing) 단계에서 수행하는 업무로 옳지 않은 것은?

① 데이터 분할
② 데이터 모델링
③ 모델 적용 및 운영 방안 수립
④ 프로젝트 성과 분석 및 평가 보고

13 다음 중 정형데이터와 비정형데이터에 대한 설명으로 옳은 것은?

① 동영상, 오디오 데이터는 정형데이터이다.
② JSON은 반정형데이터이다.
③ 형태소는 정형데이터를 분석하기 위한 단위이다.
④ 정형데이터와 반정형데이터의 성질을 모두 갖고 있는 것을 비정형데이터라고 한다.

14 다음 중 데이터의 품질 지표로 옳지 않은 것은?

① 정확성(Accuracy)
② 불편성(Unbiasedness)
③ 적시성(Timeliness)
④ 일관성(Consistency)

15 다음 중 시스템의 전방에 위치하여 클라이언트로부터 다양한 서비스를 처리하고, 내부 시스템으로 전달하는 미들웨어인 것은?

① PaaS
② 데이터베이스
③ API 게이트웨이
④ ESB

16 다음 중 데이터 3법에 포함되는 법으로 옳지 않은 것은?

① 정보통신산업 진흥법
② 신용정보의 이용 및 보호에 관한 법률
③ 정보통신망 이용촉진 및 정보보호 등에 관한 법률
④ 개인정보보호법

17 다음 중 공공데이터에서 제공하는 파일의 형식으로 옳지 않은 것은?

① XML   ② SQL
③ JSON   ④ CSV

18 다음 중 빅데이터 저장소를 지칭하는 표현으로 옳지 않은 것은?

① Data Lake
② Data Mining
③ Data Warehouse
④ Data Dam

19 다음 중 데이터에 노이즈를 추가함으로써 개인정보를 보호하면서 데이터분석을 진행할 수 있는 방법으로 옳은 것은?

① K-익명성
② L-다양성
③ 개인정보 차등 보호
④ 가명화

20 다음 중 빅데이터 저장 기술로 옳은 것은?

① Map Reduce
② 직렬화
③ 시각화
④ NoSQL

2과목 빅데이터 탐색

객관식 : 20문항

21 다음 중 대표값 관련 설명으로 옳지 않은 것은?

① 평균은 중앙값보다 이상값의 영향을 더 적게 받는다.
② Q3-Q1은 사분위수 값을 이용하여 산출한다.
③ 변동률 등은 기하 평균으로 구한다.
④ 변동계수는 산점도와 관련이 있다.

22 제주시의 1인당 1일 생활폐기물량은 표준편차가 0.5킬로그램인 정규분포를 이루고 있다. 제주시 주민들의 평균 생활폐기물량이 1킬로그램이라는 가설을 검정하기 위해 시민 25명을 뽑아 실제 1일 생활폐기물량을 조사하였더니 1.3킬로그램이었다. 1인당 1일 생활폐기물이 1킬로그램이라는 주장에 대해서 5% 유의수준에서 가설검정할 때, 다음 중 옳은 것은? (《부표 2》 표준화 정규분포표의 확률변수 U가 Uα값 이하가 될 확률 α를 구하는 표 참고)

> • 귀무가설 : 제주시의 1인당 1일 평균 생활폐기물량은 1킬로그램이다.
> • 대립가설 : 제주시의 1인당 1일 평균 생활폐기물량은 1킬로그램이 아니다.

① 검정통계량은 $z=2$, 귀무가설 채택
② 검정통계량은 $z=2$, 귀무가설 기각
③ 검정통계량은 $z=3$, 귀무가설 채택
④ 검정통계량은 $z=3$, 귀무가설 기각

23 다음 중 이상값을 찾는 방법에 대한 설명이 아닌 것은?

① 박스플롯과 스캐터플롯 등에서 멀리 떨어진 값
② 정규분포에서 표준편차가 3이상인 값
③ 도메인 지식에서 이론적이나 물리적으로 맞지 않는 값
④ 가설 검정의 노이즈 값

24 다음 중 시공간데이터가 아닌 것은?

① 지도 데이터
② 패턴 데이터
③ 패널 데이터
④ 격자 데이터

25 다음 중 주성분분석에 대한 설명으로 잘못된 것은?

① 선형 결합하여 새로운 변수를 만든다.
② 분산이 커지도록 한다.
③ 데이터가 연속형인 경우에 사용한다.
④ 직관적으로 이해할 수 있다.

26 상관관계에 대한 설명 중 틀린 것은?

① −1부터 1이다.
② 0에 가까우면 상관성이 낮다.
③ 상관계수는 결정계수의 제곱이다.
④ 관계를 산점도로 알 수 있다.

27 평균이 150, 표준편차가 4인 실험용쥐 분포 X에 대해서 다음 아래와 같이 변화하였다. Y는 어떤 분포를 따르는가?

$$Y = \frac{X - 150}{4}$$

① $N(150, 6)$
② $N(0, 1)$
③ $N(0, 1/10)$
④ $N(0, 1/100)$

28 박스플롯에서 3Q보다 작은 것은?

① 90분위수　　　② 중앙값
③ 80분위수　　　④ 최대값

29 a에서 다음 주어진 점들까지 맨하튼거리를 구할 때 두번째로 먼 곳까지의 거리는?

$a(1,1)$　$b(1,2)$　$c(2,2)$　$d(4,1)$

① 1　　　② 2
③ 3　　　④ 4

30 다음은 확률에 대한 성질들을 설명한 것이다. 잘못된 것은?

① $P(A \cup B) = P(A) + P(B)$이면, $A \cap B = \emptyset$이다.

② $P(A|B) = \dfrac{P(A \cap B)}{P(B)}$, $P(B) > 0$는 사건 B가 일어났다는 조건하에서 다른 사건 A가 일어날 확률을 말한다.

③ A, B가 서로 독립이면 둘 사이의 조건부 확률은 $P(A|B) = P(B)$가 된다.

④ $P(A^c) = 1 - P(A)$이다.

31 분포 X에 대해서 표준편차를 σ라고 할 때 Y = 2X+1의 표준편차는 얼마인가?

① 2σ　　　② 2σ+1
③ 4σ　　　④ 4σ+1

32 다음 중 비정형 텍스트 데이터 전처리 기법이 아닌 것은?

① 토크나이징　　　② 어간추출
③ POS tagging　　　④ stemming

33 자료의 분포가 오른쪽으로 긴꼬리일 경우에 대한 설명으로 맞는 것은?

① 왜도 〉0, 최빈값 〈 중앙값 〈 평균
② 왜도 〉0, 평균 〈 중앙값 〈 최빈값
③ 왜도 〈 0, 중앙값 〈 최빈값 〈 평균
④ 왜도 〈 0, 최빈값 〈 중앙값 〈 평균

34 다음 중 포아송분포에 대한 설명으로 틀린 것은?

① 단위시간 안에 사건이 몇 번 발생하는 것을 표현하는 이산 확률분포이다.
② 기댓값과 분산이 동일한 확률분포이다.
③ 이항분포가 n(시행횟수)이 커지고 성공확률 p가 커져 1에 가까우면 포아송분포가 된다.
④ 특정 시간대에 은행창구에 도착한 고객수, 책 한페이지당 오탈자 수 등이 포아송의 대표적 예이다.

35 A와 지지도가 있으면 B와도 지지도가 있다의 개념을 기반으로 알고리즘하는 것은?

① APRIORI
② 인공신경망
③ N-gram
④ 어간추출

36 다음 중 빅데이터 탐색 단계에 대한 설명으로 적절하지 않은 것은?

① 빅데이터의 전체 분포를 검토하는 과정이다.
② 데이터 분석 모형을 평가한다.
③ 데이터 탐색 시 잠재적 문제를 발견하는 과정이다.
④ 데이터 탐색 시 패턴을 찾는 과정이다.

37 표준화와 점수분포에 관한 설명으로 적절한 것은?

① 표준화는 각 요소에서 평균을 뺀 값에 분산을 나눈다.
② 표준화한 데이터의 최대값은 1이다.
③ 표준화한 데이터의 표준편차는 0이다.
④ 정규분포를 표준화하면 표준정규분포가 된다.

38 소수의 극단값의 영향을 받지 않아 변동성 척도로서 적절한 것은?

① 범위
② 사분위범위
③ 변동계수
④ 표준편차

39 다음 중 초기하 분포의 설명으로 적절하지 않은 것은?

① 확률변수 값으로서 일정 횟수의 베르누이 시행에서 성공횟수를 가진다.
② 성공확률은 일정하지 않다.
③ 각 시행은 독립적이다.
④ 이산형 확률분포를 따른다.

40 다음과 같은 열이 4개인 박스플롯에 대한 설명으로 적절하지 않은 것은?

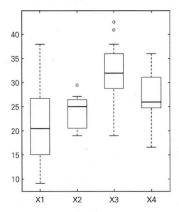

① X2의 분산은 X1보다 작다.
② X3의 평균은 10에 가깝다.
③ X1의 1사분위수는 15에 가깝다.
④ X2에 이상값이 존재한다.

3과목 빅데이터 모델링

41 다음 중 인공신경망의 특징으로 잘못된 것은?

① 두뇌 신경세포인 뉴런을 기본으로 한 학습 기법이다.
② 낮은 복잡성으로 모델 해석이 용이하다.
③ 다층 퍼셉트론의 문제점들을 해결하기 위해 등장한 딥러닝이 있다.
④ 딥러닝의 기본구조로 DNN(Deep Neural Netowrk)은 은닉층을 2개이상 가진다.

42 다음 의사결정나무에 대한 설명 중 틀린 것은?

① 나무 모양으로 조합하여 분류를 수행한다.
② 정지규칙은 현재 마디가 끝마디가 되게 한다.
③ 이산형 목표변수에만 적용이 가능하다.
④ 설명변수 간의 중요도를 판단하기 어렵다.

43 범주형 변수에 대한 분류기법이 아닌 것은?

① 로지스틱회귀분석
② 인공신경망
③ 선형회귀분석
④ 의사결정나무

44 다음 중 시계열 자료의 성분이 아닌 것은?

① 불규칙 성분   ② 추세성분
③ 계절성분   ④ 주기성분

45 앙상블 기법의 부스팅(Boosting)에 대한 설명으로 잘못된 것은?

① 가중치를 활용하여 약 분류기를 강 분류기로 만드는 방법이다.
② 가중치를 부여, 오차를 보완한다.
③ 순차적인 학습 기반으로 병렬처리가 어렵다
④ 학습 시간이 상대적으로 짧다.

46 과적합(과대적합)을 해결하기 위한 방법으로 맞지 않는 것은?

① 활성화함수 적용   ② 배치 정규화
③ 드롭아웃   ④ L2 규제

47 다음 중 오토인코더에 대한 설명으로 올바른 것은?

① 입력 수는 은닉층 수보다 항상 작다.
② 지도학습 기법으로 특징점을 찾는다.
③ 출력층과 입력층의 차원은 같다.
④ 하나의 신경망을 세 개 붙여놓은 형태이다.

48 군집분류 시 기본적인 가정으로 틀린 것은?

① 군집 내에 속한 개체들의 특성은 동일하다.
② 개체들의 속성을 기준으로 분류한다.
③ 군집 간 개체들의 특성은 서로 이질적이다.
④ 개별군집의 특성은 군집에 속한 개체들의 평균값으로 나타낸다.

49 비지도학습은 라벨링이 ( ) 것으로 예시로서 ( )이 있다. 괄호에 적합한 설명을 택한다면?

① 되어 있는, 분류분석
② 되어 있지 않은, 군집분석
③ 되어 있는, 연관분석
④ 되어 있지 않은, 선형회귀분석

50 군집분석의 척도로 2차원 공간에서의 피타고라스 정리로 측정하며 L2 거리로도 불리는 것은?

① 유클리드 거리
② 민코프스키 거리
③ 마할라노비스 거리
④ 맨해튼 거리

51 자료 형태에 따른 분석에서 독립변수가 범주형(세 개 이상 집단)이고 종속변수가 연속형인 경우 이들의 평균치에 대한 차이를 검정하는 통계기법은?

① 카이제곱검정
② 분산분석
③ T검정
④ 로지스틱회귀분석

52 회귀분석의 기본적인 가정으로 설명이 틀린 것은?

① 선형성 : 독립변수와 종속변수가 선형적이어야 함
② 잔차 등분산성 : 잔차들의 분산이 1로 일정해야 함
③ 잔차 정규성 : 잔차의 기댓값은 0이며 정규분포를 이루어야 함
④ 다중공선성 : 3개 이상의 독립변수간의 상관관계로 인한 문제가 없어야 함

53 텍스트 마이닝에서 문장을 2개 이상 단어로 분리, 비교하는 것은?

① TF-IDF
② 토픽모델링
③ N-gram
④ Tokenization

54 활성화함수 Relu에 대한 설명으로 틀린 것은?

① Sigmoid의 Gradient Vanishing 문제 해결한 활성화 함수이다.
② 결과로 0 또는 1을 반환한다.
③ sigmoid, tanh 함수보다 학습이 빠르고 연산비용이 적다.
④ 0 보다 크면 입력값을 그대로 출력한다.

55 단층퍼셉트론 계단함수(Step Function)에서 수행하지 못하는 것은?

① XOR   ② AND
③ OR   ④ NAND

56 범주 불균형 데이터에서 분류모델의 평가지표로 부적합한 것은?

① 민감도(Sensitivity)
② 특이도(Specificity)
③ 정확도(Accuracy)
④ ROC(Receiver Operating Characteristic) 곡선

57 모집단의 형태에 관계없이 주어진 데이터에서 직접 확률을 계산하여 통계학적 검정을 하는 분석인 비모수 통계 검정법에 해당되지 않는 것은?

① 윌콕슨 부호순위 검정
② 맥니마 검정
③ 부호검정
④ 크루스칼-왈리스 검정

58 혼동행렬로부터 계산 가능한 평가지표로 옳지 않은 것은?

① Precision   ② Mean Squared Error
③ Recall   ④ Accuracy

59 분석모형구축 절차에서 분석모형 설계의 세부 설명과 관계없는 것은?

① 분석 모델링 설계와 검정
② 분석 시나리오 작성
③ 모듈 개발 및 테스트
④ 분석 모델링에 적합한 알고리즘 설계

60 로지스틱 회귀분석에서 임의의 사건 A가 발생하지 않을 확률 대비 일어날 확률의 비율을 뜻하는 명칭은?

① 로짓(logit)   ② 엔트로피(entropy)
③ 유의수준(p-value)   ④ 승산(odds)

4과목 빅데이터 결과 해석　　　　　　　　　객관식 : 20문항

61 시공간 시각화 기법으로 적절하지 않은 것은?

① 히스토그램   ② 막대그래프
③ 지도 맵핑   ④ 카토그램

62 초매개변수 최적화를 위한 방법으로 가장 거리가 먼 것은?

① 베이지안 최적화
② 그리드 탐색
③ 랜덤 탐색
④ 경사 하강법

63 다음 그래프는 2012년 홍콩의 수출 품목 분포를 표현한다. 이러한 유형의 그래프를 무엇이라고 하는가?

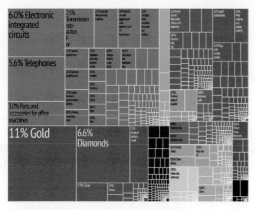

① 히트맵   ② 트리맵

③ 영역차트   ④ 박스플롯

64 민감도, 특이도, 정확도에 대한 설명으로 적절한 것은?

① 민감도와 특이도 둘 다 1일때 정확도는 1이다.

② 특이도가 1일 때 정확도는 1/2이다.

③ 민감도가 1/2일 때 정확도는 1/2이다.

④ 민감도와 특이도가 같을 때 정확도는 민감도의 1/2이다.

65 ROC 그래프의 설명으로 적절하지 않은 것은?

① 민감도가 1, 특이도가 0인 점을 지난다.

② 민감도가 0, 특이도가 1인 점을 지난다.

③ 가장 이상적인 그래프는 민감도가 1, 특이도가 1인 점을 지난다.

④ 특이도가 증가하는 그래프이다.

66 홀드아웃으로 나눌 수 있는 데이터가 아닌 것은?

① 테스트 데이터

② 검증 데이터

③ 학습 데이터

④ 오그먼트 데이터

67 다음 중 비교시각화 도구로 가장 거리가 먼 것은?

① 막대그래프
② 레이더차트
③ 히트맵
④ 산점도

68 숫자 1, 2, 2, 3, 3, 3이 하나씩 적혀 있는 6장의 카드가 들어있는 주머니에서 임의로 2장의 카드를 동시에 꺼 낸다. 꺼낸 2장의 카드에 적혀 있는 두 수의 합이 짝수일 때, 꺼낸 2장의 카드 중에 3이 적혀 있는 카드가 있 을 확률은?

① 4/7   ② 9/14
③ 11/14   ④ 6/7

69 어느 과목 수강생들의 점수는 평균이 100, 분산이 64인 정규분포를 보인다고 한다. 총 100명의 수강생 중에 서 어떤 학생이 90점에서 100점 사이의 점수를 받았을 확률은 얼마인가? (《부표》 표준정규분포표 참고)

① 0.3849
② 0.1915
③ 0.3944
④ 0.4332

70 선형회귀식과 관측값이 다음과 같이 주어졌을 때, MSE와 MAE의 차이는?

선형회귀식 : Y = 10*X + 2	
X	관측값
1	16
2	20
3	28
4	44
5	52

① 2.4   ② 5.6
③ 8   ④ 10.4

71 다음 중 회귀 모형 평가 지표에 대한 설명으로 옳지 않은 것은?

① 회귀 모형의 실제 값과 예측 값의 차이를 잔차라고 한다.
② 결정계수가 1에 가까울수록 회귀식이 실제 값을 정확히 표현함을 의미한다.
③ RMSE의 값은 0에 가까울수록 좋다.
④ 설명변수의 개수가 많아질수록 결정계수는 작아진다.

72 다음의 오차행렬에서 민감도는 얼마인가?

		실제 답	
		True	False
예측 결과	True	80	30
	False	20	70

① 0.2　　　　② 0.3
③ 0.7　　　　④ 0.8

73 효과적인 인포그래픽의 조건 중 가장 적절하지 않은 것은?

① 적절한 스토리를 만든다.
② 최대한 많은 정보를 담는다.
③ 데이터를 통해 메시지를 전달한다.
④ 차트나 다이어그램을 사용한다.

74 K-fold 교차 검증에 대한 설명 중 옳지 않은 것은?

① K번 반복한 후 평균을 내어 모델의 성능을 평가한다.
② 과대적합 방지를 위해 사용된다.
③ 전체 데이터를 K개의 서브셋으로 분리한다.
④ 하나의 데이터는 훈련데이터로 K번 사용된다.

75 히스토그램의 특징으로 거리가 먼 것은?

① 히스토그램이 왼쪽으로 치우쳐 있으면 데이터 값이 낮은 구간에 몰려있는 것이다.
② 정규분포를 이루는 데이터의 누적히스토그램의 기울기는 1이다.
③ 히스토그램을 도수분포표로 변환할 수 있다.
④ 누적히스토그램의 마지막 막데이터 전체 데이터의 총 수를 나타낸다.

76 상관분석에 관한 설명으로 옳지 않은 것은?

① 두 변수 사이의 연관성을 분석하기 위해 사용된다.
② 스피어만 상관계수는 −1에서 1 사이의 값을 갖는다.
③ 상관계수가 −1인 경우가 0인 경우에 비해 상관성이 작다.
④ 두 변수 사이의 상관관계는 산점도를 통해서 확인할 수 있다.

77 불균형 클래스에 대한 분류모델 측정 지표로 적절하지 않은 것은?

① F1-score
② 정확도
③ 재현율(recall)
④ 정밀도

78 오토인코더에 대한 설명으로 맞지 않는 것은?

① 차원축소에 사용되기도 한다.
② 입력층과 출력층의 차원은 같다.
③ 디코더는 고차원데이터를 저차원데이터로 바꾸는 역할을 한다.
④ 비지도학습 모델이다.

79 군집분석 모델을 시각화하는 방법으로 가장 알맞은 것은?

① 산점도
② 히트맵
③ 히스토그램
④ 네트워크 다이어그램

80 분석모형 리모델링에 대한 설명으로 가장 거리가 먼 것은?

① 일반적으로 전개(Deployment) 단계에서 이루어진다.
② 새로운 요구사항을 수용하는 경우 리모델링이 이루어진다.
③ 분석 알고리즘 개선 작업이 이루어진다.
④ 새로운 분석 과제를 발굴한다.

▶합격 강의

1과목 빅데이터 분석 기획　　　　　객관식 : 20문항

01 빅데이터 분석 방법론의 분석 절차에서 아래 설명에 해당하는 단계는 무엇인가?

> • 프로젝트 진행을 위한 방향성을 설정한다.
> • 비즈니스 문제에 대한 과제 현황을 파악한다.
> • 실제 분석을 수행하기에 앞서 분석을 수행할 과제를 정의한다.
> • 의도했던 결과를 도출할 수 있도록 이를 적절하게 관리할 수 있는 방안을 계획한다.

① 분석 문제 정의　　　② 분석 로드맵 설정
③ 분석 기획　　　　　④ 분석 마스터 플랜

02 다음 중 데이터 분석 시 고려사항으로 옳지 않은 것은?

① 분석 기술과 방법론을 기반으로 여러 형태의 데이터를 구축, 탐색, 분석 및 시각화까지 수행한다.
② 분석 결과를 사전에 가정하고 정의하여 목적에 맞는 탐색적 데이터 분석을 수행한다.
③ 규모가 아니라 어떠한 시각과 통찰을 얻을 수 있느냐의 문제이다.
④ 데이터 분석 방법과 성과에 대하여 충분히 이해하고 수행한다.

03 다음 중 하나 이상의 데이터 소스로부터 정형데이터를 추출 및 가공하여 데이터 웨어하우스 등 다양한 응용 시스템에 저장하는 기술은?

① FTP(File Transfer Protocol)
② RSS(Rich Site Summary)
③ ETL(Extract, Transform, Load)
④ Kafka

04 다음 중 재현자료(Synthetic Data)에 대한 설명으로 옳지 않은 것은?

① 실제로 측정된 데이터를 생성하는 모형이 존재한다고 가정하고 추정된 모형에서 새롭게 생성한 데이터이다.
② 모집단의 통계적 특성들을 유지하면서도 민감한 정보를 외부에 직접 공개하지 않는다.
③ 베이지안 방법이나 기계학습 모형을 통해 재현자료를 생성할 수 있다.
④ 개인이 제공한 데이터가 아닌 임의 생성 데이터로 개인정보보호 관련 법규의 규제 제약이 있다.

05 다음 중 분석 마스터 플랜에 대한 설명으로 옳은 것은?

① 전략적 중요도, 비즈니스 성과와 ROI, 분석 과제의 실행 용이성을 고려하여 과제의 우선 순위 기준을 설정한다.

② 단계별로 추진하고자 하는 목표를 명확하게 정의하고, 추진 과제별 선행 관계를 고려하여 단계별 추진 내용을 정의한다.

③ 분석 목표를 기반으로 분석 과제를 수행하기 위해 필요한 기준 등을 담아 만든 종합적인 계획이다.

④ 데이터 수집 및 확보와 분석 데이터 준비 단계는 순차적으로 진행하고 모델링 단계는 반복적으로 수행한다.

06 다음 중 빅데이터 분석 방법론의 데이터 분석 과정에서 수행하는 업무로 옳지 않은 것은?

① 데이터 수집, 저장 및 정합성 검증

② 텍스트 데이터 확인, 수집 및 데이터 분석

③ 모델 평가 및 모델 검증

④ 탐색적 데이터 분석 및 데이터 시각화

07 다음 중 기존 기계적 학습 알고리즘과 비교하여 빅데이터 기반 인공지능이 갖는 장점으로 옳지 않은 것은?

① 이종 문제 영역으로 확장 가능하다.

② 대규모 데이터 집합의 효율적 처리가 가능하다.

③ 인간의 통찰력을 활용하여 필요한 특징을 직접 설정할 수 있다.

④ 특정 영역에서는 인간 수준 또는 그 이상의 지식 체계 구현이 가능하다.

08 다음 중 개인정보보호법에 의한 개인정보처리 원칙으로 옳지 않은 것은?

① 개인정보처리자는 개인정보의 처리 방법 및 종류 등에 따라 정보주체의 권리가 침해 받을 가능성과 그 위험 정도를 고려하여 개인정보를 안전하게 관리하여야 한다.

② 개인정보처리자는 개인정보의 처리 목적을 명확하게 하여야 하고 그 목적에 필요한 범위에서 최소한의 개인정보만을 적법하고 정당하게 수집하여야 한다.

③ 개인정보처리자는 개인정보의 처리 목적에 필요한 범위에서 적합하게 개인정보를 처리하여야 하며, 그 목적 외의 용도로 활용해서는 아니 된다.

④ 개인정보처리자는 개인정보를 익명 또는 가명으로 처리하여도 개인정보 수집 목적을 달성할 수 있는 경우 익명에 의하여 처리하여야 한다.

09 다음 중 하둡 분산 파일 시스템(HDFS: Hadoop Distributed File System)에 저장된 빅데이터를 ETL(Extract, Transform, Load) 작업이 가능한 시스템은?

① Pig
② Tajo
③ Oozie
④ HBase

10 다음 중 데이터 분석가와 비교하여 데이터 사이언티스트가 갖추어야 할 역량으로 옳지 않은 것은?

① 데이터 가공 시 자동적으로 처리하고 필요한 데이터를 생성하기 위한 시스템을 개발하는 능력
② 변환된 비즈니스 문제를 기술적 역량을 바탕으로 체계적이고 자동적으로 분석 및 해결하는 능력
③ 비즈니스 문제를 새롭게 정의하고 이를 해결할 수 있는 문제로 변환하는 능력
④ 기술적 역량을 활용하여 문제 해결을 위한 데이터 수집 및 가공, 분석 프로세스를 설계하고 구현하는 능력

11 다음 중 2018년 5월 EU에서 시행된 법령으로, 정보주체의 권리와 기업의 책임성 강화 등을 주요 내용으로 하고 있는 개인정보보호 법령으로 옳은 것은?

① PPP
② DPA
③ PDA
④ GDPR

12 다음 중 가트너가 정의한 빅데이터 처리 플랫폼 특징 3V로 옳지 않은 것은?

① 규모(volume)
② 다양성(variety)
③ 속도(velocity)
④ 변환성(variation)

13 다음 중 민감정보로 옳지 않은 것은?

① 정치적 견해
② 사상과 신념
③ 취미생활
④ 건강정보

14 다음 중 데이터 분석 절차로 옳은 것은?

① 분석 기획 → 데이터 준비 → 데이터 분석 → 평가 및 전개 → 시스템 구현
② 분석 기획 → 데이터 준비 → 데이터 분석 → 시스템 구현 → 평가 및 전개
③ 데이터 준비 → 분석 기획 → 데이터 분석 → 시스템 구현 → 평가 및 전개
④ 데이터 준비 → 분석 기획 → 데이터 분석 → 평가 및 전개 → 시스템 구현

15 다음 중 분석 문제 정의 단계에서 고려해야 할 내용으로 옳지 않은 것은?

① 데이터의 크기나 유형을 고려한다.
② 데이터 분석을 통해 달성하고자 하는 목표를 고려한다.
③ 데이터 분석 주기는 분석 단계에서 결정될 수 있으므로 고려하지 않는다.
④ 분석 문제 정의의 주체로 개인과 조직을 나누어 고려한다.

16 다음 중 데이터웨어하우스의 특징으로 옳지 않은 것은?

① 주제정확성
② 시계열성
③ 통합성
④ 소멸성

17 다음 중 객관성, 정확성, 진정성 등 데이터 자체가 고품질임을 나타내는 데이터 품질 유형으로 옳은 것은?

① 유용성 품질
② 적시성 품질
③ 적합성 품질
④ 접근성 품질

18 다음 중 HBase, 카산드라와 같이 비정형 및 반정형 데이터 처리에 가장 유용한 시스템은?

① RDBMS
② 분산 파일 시스템
③ NoSQL
④ 인메모리(in-memory) 데이터 관리 기술

19 다음 중 개인정보 비식별화 방법으로 옳지 않은 것은?

① 데이터 마스킹
② 가명처리
③ 값 대체
④ 범주화

20 다음 중 아래에서 설명하는 내용으로 옳은 것은?

> 특정 기업이 가진 이용자 개인정보를 다른 기업에 제공하려면 이용자의 동의를 구해야 하는데, 이때 다른 기업이 이용자에게 직접 동의를 구해 특정 기업에 개인정보 제공을 요청할 수 있다.

① 개인정보 동의 간소화
② 기업간 정보 공유
③ 개인 정보 포털
④ 마이 데이터

2과목 빅데이터 탐색

객관식 : 20문항

21 데이터 정제에 관련한 설명으로 옳은 것은?

① 노이즈와 이상치는 비정형 데이터보다는 정형 데이터에서 자주 발생하므로 데이터 특성에 맞는 정제 규칙을 수립하여야 한다.
② 데이터 정제 과정은 데이터 분석 과정에서 반드시 필요하다.
③ 모든 데이터를 대상으로 정제 활동을 해야한다.
④ 데이터 정제는 결측값을 채우거나 이상치를 제거하는 과정을 통해 데이터의 신뢰도를 높이는 작업이다.

22 차원축소의 목적과 특징에 대한 설명으로 옳지 않은 것은?

① 차원축소의 목적은 데이터 분석의 효율성 측면에서 복잡도를 축소하고 과적합을 방지하며, 해석력을 확보하는 것에 있다.
② 작은 차원만으로 부스트한 결과를 도출할 수 있다면 많은 차원을 다루는 것보다 효율적이다.
③ 차원축소 기법에는 주성분 분석, 요인 분석, 특이값 분해, 다차원 척도법이 있다.
④ 알고리즘을 통한 학습에서 차원이 증가하면, 학습데이터의 수가 차원의 수보다 커지면서 차원의 저주 현상이 보인다.

23 이상치에 대한 설명으로 올바르지 않은 것은?

① 데이터 측정 중에 발생하는 오류로 인해 생성된 값은 이상치로 처리할 수 없다.
② 정규화를 통해 특정 구간을 벗어난 경우를 이상치로 판별할 수 있다.
③ 상자그림, 산점도 등과 같은 시각화를 통해 이상치의 검출이 가능하다.
④ 상한값과 하한값을 벗어나는 값들을 상한, 하한값으로 변경하여 활용하는 극단값 조정 방법이 있다.

24 차원축소 기법 중 하나인 요인분석에 대한 설명으로 틀린 것은?

① 모형을 세운 뒤 관찰 가능한 데이터를 이용하여 해당 잠재 요인을 도출하고 데이터 안의 구조를 해석하는 기법이다.
② 독립변수와 종속변수를 구분하고, 주로 기술통계에 의한 방법을 이용한다.
③ 변수를 축소하거나 변수의 특성을 파악하고 파생변수를 생성할 때도 용이하다.
④ 영향력이 큰 주요변수와 유사한 변수를 제거하면서 소수의 요인으로 축약하는 기법이다.

25 변수 변환 기법 중 Box-Cox 변환 기법에 대한 설명으로 올바르지 않은 것은?

① 데이터가 가진 스케일이 심하게 차이가 나는 경우 그 차이를 그대로 반영하기보다는 상대적 특성이 반영된 데이터로 변환하는 과정이다.
② 변수들의 분포가 오른쪽으로 꼬리가 긴 것을 감소시키기 위해 로그변환을 하기도 한다.
③ 기존 변수에 특정 조건 혹은 함수 등을 적용하여 새롭게 재정의한 통계량을 활용하여 분석을 수행한다.
④ 변수에 제곱근을 취하면 오히려 선형적인 특징을 가지게 되어 의미 해석이 쉬워진다.

26 다음 중 스케일링 방법에 해당하지 않는 것은?

① 최대-최소 정규화
② Z-score
③ Robust 스케일링
④ 변수범주화

27 상관관계에 대한 설명으로 올바른 것은?

① 한 변수의 값이 증가할 때, 다른 변수값이 감소하는 경향을 보이면 양의 상관관계가 있다.
② 한 변수의 값이 감소할 때, 다른 변수값이 감소하는 경향을 보이면 양의 상관관계가 있다.
③ 상관계수 값이 +1에 가까우면 강한 음의 상관관계가 있다.
④ 상관계수 값이 -1에 가까우면 강한 양의 상관관계가 있다.

28 주성분 분석에 대한 설명으로 옳은 것은?

① 분포된 데이터들의 특성을 설명할 수 있는 하나 또는 복수 개의 특징을 찾는 것을 의미한다.
② 변수들의 공분산 행렬 또는 상관 행렬을 이용하여 데이터의 변동성을 최소화한다.
③ 음수를 포함하지 않는 두 행렬의 곱으로 분해하는 알고리즘이다.
④ 행의 수와 열의 수가 같은 정방 행렬만 사용 가능하다.

29 다음 중 성격이 다른 기초통계량은?

① 평균
② 중앙값
③ 범위
④ 최빈값

30 평균에 대한 설명으로 올바르지 않은 것은?

① 일반적으로 모든 자료의 합을 구한 후 전체 자료수로 나눈다.
② 종류에는 산술평균, 기하평균, 조화평균이 있다.
③ 기하평균은 n개 자료의 곱의 결과를 n 제곱근으로 계산한다.
④ 평균 물가 상승률, 경제 상승률 등을 구할 때는 조화 평균을 사용한다.

31 모집단에 대하여 표본추출을 시행할 때, 전수조사를 시행해야 하는 것은?

① 바다에 사는 고래의 개체 수
② 우주선 부품 조사
③ 환자의 암 진단
④ 전구의 성능 조사

32 대푯값에 대한 설명과 특징으로 올바르지 않은 것은?

① 중앙값은 자료의 크기 순으로 나열하고 가운데 위치한 값이며 이상치에 덜 민감하다.
② 분산은 평균으로부터 얼마나 떨어져 있는지를 나타낸 값으로 표본분산은 자유도(n−1)로 나누어 계산한다.
③ IQR은 3분위수와 1분위수의 차의 값이며, 상자그림을 통해 직관적으로 파악할 수 있다.
④ 왜도는 데이터분포의 기울어진 정도를 설명하며, 왜도가 0보다 크면 최빈값〉중앙값〉평균의 특성을 가진다.

33 다음 중 점추정의 조건에 해당되지 않는 것은?

① 편이성(biasedness) ② 효율성(efficiency)
③ 일치성(consistency) ④ 불편성(unbiasedness)

34 시각적 데이터 탐색을 수행할 때, 활용하는 차트 또는 기법이 아닌 것은?

① 히스토그램
② 인코딩
③ 산점도
④ 박스플롯

35 표본분포에 대한 설명으로 올바르지 않은 것은?

① 표본분포는 모집단에서 추출한 일정한 개수의 표본에 대한 분포이다.
② 표본집단의 특성을 나타내는 특성값은 통계량라고 하며, 이를 통해 모집단의 모수를 추론한다.
③ 표본평균의 표준편차를 평균의 표준오차라고 하며, 표본의 퍼짐 정도를 나타낸다.
④ 모집단의 크기와 상관없이 표본평균의 표준오차는 동일하다.

36 다음 중 층화추출에 대한 설명으로 올바르지 않은 것은?

① 모집단을 여러 개의 층으로 나눈 뒤, 각 층에서 무작위로 표본을 추출한다.
② 모집단의 특성을 고려하여 표본을 추출하기 때문에, 편향된 결과를 얻을 가능성을 줄일 수 있다.
③ 각 층은 모집단의 크기에 상관없이 같은 크기를 가지게 된다.
④ 모집단의 크기가 클 때도 작은 표본으로 모집단을 대표할 수 있으므로 효율적인 표본 추출 방법이다.

37 어떤 실험에서 확률변수 X의 평균은 4이고 확률변수 Y의 평균은 9이며 X, Y 모두 포아송 분포를 따른다고 가정할 때, 다음에서 제시한 기댓값과 분산은 얼마인가?

$E[(3X+2Y)/6]$, $Var[(3X+2Y)/6]$

① 기댓값 2, 분산 2
② 기댓값 2, 분산 5
③ 기댓값 5, 분산 2
④ 기댓값 5, 분산 5

38 가설검정에 대한 설명으로 옳은 것은?

① 귀무가설은 연구자가 모수에 대해 새로운 통계적 입증을 이루어 내고자 하는 가설이다.
② 유의수준이 클수록 연구자는 귀무가설을 기각하고 자신의 주장에 대한 확신을 가질 수 있다.
③ 제1종오류는 귀무가설이 참일 때, 귀무가설을 기각하고 결정하는 오류이다.
④ 제2종오류는 귀무가설이 참일 때, 대립가설을 채택하도록 결정하는 오류이다.

39 모집단과 표본의 통계량에 대한 설명 중 잘못된 것은?

① 모집단의 분포와 상관없이 표준편차가 0.1이면 표본분포는 정규분포를 따른다.
② 표본분포의 표준오차는 표본의 크기(n)와 연계되어 모분산/n을 따른다.
③ 표본평균의 평균은 모집단의 평균과 동일하다고 가정한다.
④ 동일한 모집단의 표준편차에서 표본의 크기가 커질수록 표준오차는 줄어든다.

40 불균형 데이터를 분석하는 경우, 고려해야 할 사항으로 틀린 것은?

① 데이터에서 각 클래스가 갖고 있는 데이터양의 차이가 큰 경우 언더샘플링, 오버 샘플링, 앙상블 기법을 통해 불균형 데이터를 처리한다.
② 데이터 클래스 비율의 차이가 나면 큰 클래스를 선택할 가능성이 높아지므로 정확도를 우선적으로 고려한다.
③ 가중치가 더 높은 클래스를 더 예측하려고 하기 때문에 정확도는 높아질 수는 있지만 분포가 작은 클래스의 특이도가 낮아지는 문제가 발생할 수도 있다.
④ 훈련 데이터셋에서는 높은 성능을 보이지만 테스트 데이터셋에서는 예측 성능이 낮을 가능성이 높다.

3과목 빅데이터 모델링

객관식 : 20문항

41 불균형 데이터에 대한 분석 시 관련 설명으로 잘못된 것은?

① 샘플링 기법으로 불균형 데이터 처리를 한다.
② 언더샘플링은 불균형 데이터에서 높은 비율을 차지하는 클래스 데이터 수를 줄이는 기법이다.
③ 오버샘플링은 낮은 비율을 차지하는 클래스의 데이터 수를 늘리는 기법이다.
④ 오버샘플링 시 재현율은 감소하나 정밀도가 증가한다.

42 앙상블 기법에 대한 설명 중 옳은 것은?

① 보팅(Voting)은 서로 다른 모델들을 결합할 수 없다.
② 배깅(Bagging)에서 부트스트래핑(Bootstrapping)의 조건은 기초 데이터셋이 생성된 샘플 데이터셋 하나보다 크기가 작아야 한다.
③ 부스팅(Boosting)은 잘못 분류된 훈련 샘플에 대해 가중치를 높인다.
④ 스태킹(Stacking)은 단일 모델에 대한 연속 예측 결과를 다시 훈련 데이터로 사용한다.

43 활성화 함수 소프트맥스(Softmax)에 대한 설명으로 옳지 않은 것은?

① 세 개 이상으로 분류하는 다중 클래스 분류에서 사용된다.
② 시그모이드(Sigmoid)와 비슷하게 0~1사이에 변환하여 출력한다.
③ 신경망의 출력층에서 사용된다.
④ 출력값의 총합은 항상 1 이상인 특징을 가진다.

44 활성화 함수 설명 중에서 틀린 것은?

① 딥러닝 신경망 네트워크에 입력된 값들을 비선형 함수인 활성화 함수로 통과 뒤 다음 계층으로 전달한다.
② 시그모이드(Sigmoid)의 출력 값은 확률 값이다.
③ 렐루(Relu)는 기울기 소실(Gradient Vanishing) 문제를 해결할 수 있다.
④ 하이퍼볼릭탄젠트(Tanh)는 값이 작아질수록 −1, 커질수록 0에 수렴한다.

45 종속변수가 연속형 변수일 때 의사결정나무의 분류 기준으로 적합한 것은?

① 카이제곱 통계량
② 지니 지수
③ 분산분석
④ 엔트로피 지수

46 서포트벡터머신(SVM)의 커널함수인 RBF(Radial Basis Function)함수에 대한 설명으로 옳지 않은 것은?

① cost C와 gamma 값 조정으로 성능을 향상시킬 수 있다.
② RBF 커널을 이용하면 비선형 경계를 만들 수 있다.
③ 가우시안 커널로도 불리며 gamma는 데이터 샘플의 영향력을 행하는 거리를 비례적으로 결정한다.
④ C가 낮으면 과소적합이 될 수 있다.

47 주성분 분석(PCA)의 특징을 설명한 것으로 잘못된 것은?

① 주성분은 데이터들의 분산이 가장 큰 방향벡터이다.
② 분산을 최소화하는 축을 구축하는 과정이다.
③ 저차원의 초평면에 투영을 하게 되면 차원이 줄어드는 효과를 가진다.
④ 3차원 점들에 대해 주성분 분석을 수행하면 서로 수직인 3개의 주성분 벡터들이 반환된다.

48 주성분 분석과 요인 분석과의 공통점으로 잘못된 설명은?

① 변수들 중에서 개념적으로 비슷한 변수들을 잠재적인 요인으로 통합한다.
② 상관관계가 있는 변수들을 축소된 개수의 변수로 변환한다.
③ 전체 변수가 아닌 주성분/요인 분석으로 데이터에 대한 이해도가 높아진다.
④ 차원축소를 위한 기법에 속한다.

49 상관계수에 대한 설명으로 잘못된 내용은?

① 공분산과 상관계수 모두 두 변수 간 증가하거나 감소하는 관련성을 확인할 수 있는 지표이다.
② 공분산은 상관계수를 대체할 수 있다.
③ 상관계수 값의 범위는 −1과 +1 사이이다.
④ 간격 척도가 적용된 상관분석에는 피어슨 상관계수가 사용된다.

50 데이터 스케일링(Scaling)에 대한 설명으로 옳지 않은 것은?

① 정규분포화로 특성들의 평균을 0, 분산을 1로 스케일링한다.
② 정규화로 특성들을 [0, 1]로 스케일링한다.
③ 변수의 크기, 범위나 척도가 다르지 않은 경우 스케일링이 필요하다.
④ 수치형 변수에만 적용한다.

51 다음 보기 중 집단 간 동질성, 집단 내 이질성이 되도록 하는 표본추출 기법은?

① 계통추출법
② 군집추출법
③ 층화추출법
④ 단순랜덤추출법

52 로지스틱 회귀분석에 대한 설명으로 옳지 않은 것은?

① 종속변수가 범주형 데이터인 경우에 사용된다.
② 지도학습으로 분류된다.
③ 종속변수가 정규분포를 따른다.
④ 독립변수의 선형 결합을 이용하여 결과를 예측한다.

53 각 모델에 따른 현장 활용 설명으로 틀린 것은?

① 강화학습 : 연속적인 로봇의 움직임을 결정하고, 작업을 수행하도록 학습한다.
② CNN : 의료영상 분석으로 X-ray로 폐렴 또는 정상을 구분한다.
③ RNN : 과거 데이터를 기반으로 현 시각의 기온을 예측한다.
④ GAN : 순차 데이터를 이용한 언어 번역에 활용한다.

54 딥러닝 모델에서 초매개변수(Hyperparameter)의 특징이 아닌 것은?

① 초매개변수란 자동으로 정해지는 매개변수 값을 뜻한다.
② 미니배치 크기가 작으면 더 많은 가중치 업데이트를 할 수 있다.
③ 은닉층 수가 많을수록 특정 데이터에 더 최적화할 수 있다.
④ 모델 학습과정에 반영되므로 학습 시작전에 조정이 가능하다.

55 딥러닝에서 손실함수값을 최소화하는 파라미터를 찾는 최적화 방법 중 하나인 경사하강법(Gradient Descent) 기법에 속하지 않는 것은?

① Momentum
② AdaGrad
③ RMSProp
④ AdaBoost

56 신경망 과적합을 방지하는 방법으로 맞지 않는 것은?

① 가중치 감소(Weight Decay)
② 배치 정규화(Batch Normalization)
③ 드롭아웃(Dropout)
④ 가중치 초기화(Weight Initialization)

57 ROC 곡선에 대한 설명으로 맞지 않는 것은?

① 민감도(Sensitivity)와 1-특이도(Specificity)로 그려지는 곡선이다.
② AUC(Area Under the Curve) 면적값이 1에 가까울수록 우수한 분류 모델 성능을 나타낸다.
③ 민감도는 재현율(Recall)로 실제 True인 것 중에서 모델이 True라고 예측한 것의 비율이다.
④ 특이도에서 FP 비중이 클수록 좋다.

58 이진 분류의 성능을 평가하는 지표로 부적합한 것은?

① MSE
② Accuracy
③ Recall
④ AUC Score

59 선형회귀분석의 기본 4가지 가정에 속하지 않는 것은?

① 정규성 : 잔차가 평균이 0인 정규분포를 띈다.
② 독립성 : 잔차 간 또는 변수들 간 상관관계가 없어야 한다.
③ 비선형성 : 입력과 출력변수 또는 독립변수와 종속변수 간의 관계에는 선형성이 없어야 한다.
④ 등분산성 : 잔차의 분산은 일정해야 한다.

60 다음의 혼동행렬에서 민감도(Recall)와 정밀도(Precision)를 구하시오.

		실제	
		Positive	Negative
예측	Positive	20	20
	Negative	10	50

① 민감도 = 2/3, 정밀도 = 1/2
② 민감도 = 1/2, 정밀도 = 1/3
③ 민감도 = 1/5, 정밀도 = 1/2
④ 민감도 = 1/3, 정밀도 = 1/2

61 성과지표에 관한 설명으로 옳지 않은 것은?

① 정밀도(Precision)는 양성으로 예측한 샘플 중에서 실제 양성인 샘플의 비율을 나타낸다.
② 재현율(Recall)은 실제 양성인 샘플 중에서 양성으로 예측한 샘플의 비율을 나타낸다.
③ 데이터 시각화를 위해 새로운 지표를 생성하지 않아도 된다.
④ R^2 지표는 회귀 모델의 성능을 측정하는 지표로 예측값이 종속변수이다.

62 다음 중 데이터 시각화 방법으로 적절하지 않은 것은?

① 히스토그램   ② 산점도
③ 박스플롯   ④ 원핫 인코딩

63 다음 보기에서 설명하는 시각화 방법으로 적절한 것은?

> • 변수들 사이의 연관성이나 패턴 등을 파악한다.
> • 산점도, 버블차트 등을 활용한다.

① 관계시각화   ② 비교시각화
③ 공간시각화   ④ 시간시각화

64 분류 모델의 성과평가 방법 중 음성인 샘플 중에서 얼마나 많은 음성 샘플을 정확하게 찾아냈는지 나타내는 지표는?

① 민감도   ② 특이도
③ 정확도   ④ 정밀도

65 지도의 면적을 왜곡하여 특정 변수의 상대적인 크기 또는 중요성을 강조하는 시각화 도구는?

① 버블 차트
② 지형도
③ 카토그램
④ 히트맵

66 이진분류기의 평가지표로 적절하지 않은 것은?

① 정확도
② 민감도
③ 재현율
④ MAE(Mean Absolute Error)

67 다음 중 평균 절대 백분율 오차(MAPE)의 식으로 맞는 것은?

① $\dfrac{100}{n} \times \sum_{i=1}^{n} \left| \dfrac{Y_i - \hat{Y}_i}{Y_i} \right|$

② $\sqrt{\dfrac{1}{n} \sum_{i=1}^{n} (Y_i - \hat{Y}_i)^2}$

③ $\dfrac{\sum_{i=1}^{n} |Y_i - \hat{Y}_i|}{n}$

④ $\dfrac{1}{n} \sum_{i=1}^{n} (Y_i - \hat{Y}_i)$

68 모델의 성능을 평가하기 위해 데이터를 학습 데이터와 검증 데이터로 나누는 기법은?

① K-fold 교차검증   ② Holdout
③ Bootstrap   ④ Dropout

69 경사하강법(Gradient Descent)에 대한 설명으로 잘못된 것은?

① 비용 함수를 최소화하는 모델의 파라미터를 찾는데 사용된다.
② 기울기의 반대 방향으로 파라미터를 업데이트하여 진행한다.
③ 최적화 알고리즘으로서 모든 상황에서 수렴을 보장한다.
④ 학습률(learning rate)은 각 업데이트 단계에서 파라미터를 조정하는 비율이다.

70 관계시각화에 대한 설명으로 적절하지 않은 것은?

① 변수 간의 연관성을 분석한다.
② 산점도, 버블차트, 히스토그램 등이 대표적이다.
③ 그래프 시각화는 노드와 엣지로 데이터들 사이의 관계를 시각화한다.
④ 트리 시각화는 계층적인 관계를 가진 데이터를 표현하는데 사용한다.

71 데이터 분할 시 유의사항으로 적절하지 않은 것은?

① 검증 데이터와 테스트 데이터는 일부 겹칠 수 있다.
② 학습 데이터가 부족하면 모델의 성능이 떨어질 수 있다.
③ 학습 데이터와 테스트 데이터는 동일하게 사용할 수 있다.
④ 불균형 데이터의 경우 불균형 비율을 유지하면서 데이터를 분할하는 것이 좋다.

72 다음의 주성분 분석(PCA) 결과에서 5개의 주성분을 선택할 때 설명율은 얼마인가?

```
>summary(pca_result)
Importance of components :
                         PC1      PC2      PC3      PC4      PC5      PC6
Standard deviation     0.51681  1.6466   1.0457   0.8825   0.8489  0.65463
Proportion of Variance 0.4519   0.1822   0.1298   0.1201   0.07142 0.04451
Cumulative Proportion  0.4519   0.6342   0.7640   0.8841   0.95549 1.00000
```

① 100%
② 7.142%
③ 95.549%
④ 65.463%

73 다음과 같은 과일 판매 데이터셋이 주어졌을 때 연관규칙 '오렌지, 사과 ⇒ 키위'의 지지도와 신뢰도를 구하시오.

```
{오렌지, 사과, 키위},
{수박, 바나나},
{오렌지, 사과, 바나나, 키위},
{딸기, 수박, 사과, 바나나},
{딸기, 수박, 바나나, 키위},
{오렌지, 사과}
```

① 지지도=50%, 신뢰도=66%
② 지지도=50%, 신뢰도=33%
③ 지지도=33%, 신뢰도=66%
④ 지지도=33%, 신뢰도=50%

74 회귀분석 모형의 적합성을 평가할 때 적절하지 않은 것은?

① 잔차는 서로 상관성이 없고 동일한 분산을 가져야 한다.
② 잔차의 정규성 검정을 위해 QQ 플롯을 활용할 수 있다.
③ 회귀계수 추정값이 0이어도 y 절편 추정값이 0이 아니면 모형은 유의하다.
④ 결정계수 값이 1에 가까울수록 모형의 설명력이 높다.

75 회귀분석을 수행한 결과 도출된 분산분석표에 대한 설명으로 적절하지 않은 것은?

	Df	Sum Sq	Mean Sq	F value	Pr(>F)	
Species	2	(가) 63.21	31.60	(다) 119.3	(라) <2e-16	***
Residuals	147	(나) 38.96	0.26			

Signif.codes:　0 '***'　0.001 '**'　0.01 '*'　0.05 '.'　0.1 ' ' 1

① 결정계수(R^2)는 (가)와 (나)로 구할 수 있다.
② (다)는 F 통계량이며 주어진 표의 값들을 이용하여 직접 계산할 수 있다.
③ (라)는 (다)의 통계량보다 크거나 같은 값을 가질 확률을 의미한다.
④ 일반적으로 (라)의 값이 0.05보다 작으면 귀무가설을 기각하므로 그룹 간에 통계적으로 유의한 차이가 없다고 판단할 수 있다.

76 주로 다각형 형태로 표현하며 각 꼭지점이 특정 성과지표를 나타냄으로써, 여러 가지 요인 또는 성과지표를 한번에 시각화하여 쉽게 이해할 수 있도록 도와주는 것은?

① 히스토그램
② 스타차트
③ 파이차트
④ 스캐터플롯

77 특정한 데이터 값의 변화에 따라 지도의 면적이 달라지는 그림으로, 데이터의 크기가 왜곡되어 보이는 현상을 보완해주는 시각화 도구는 무엇인가?

① 카토그램
② 인포그래픽
③ 히트맵
④ 파이차트

78 다음 ROC 곡선에 대한 설명으로 적절하지 않은 것은?

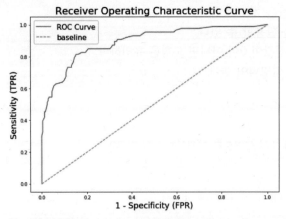

① 임계값 변화에 따른 민감도와 특이도를 기반으로 표현한 그래프이다.
② AUC는 ROC 곡선의 아래 면적으로, 면적이 작을수록 분류 성능이 높다.
③ 임계값이 1이면 확률이 1일 때 참으로 예측하므로 FPR이 0이다.
④ ROC가 베이스라인 밑으로 그려지면 성능이 떨어지는 것으로 해석한다.

79 하이퍼파라미터에 대한 설명으로 적절하지 않은 것은?

① 초기값을 사용자가 주지만, 데이터 학습을 통해 최종 결정된다.
② 그리드 서치, 랜덤 서치 등의 최적화 방법이 사용된다.
③ 서포트벡터머신의 C, kernel, gamma 등이 대표적인 하이퍼파라미터이다.
④ 하이퍼파라미터의 값에 따라 모델의 성능이 달라진다.

80 다음 중 인포그래픽에 사용되는 요소로 가장 거리가 먼 것은?

① 차트와 그래프
② 지도
③ 프로세스 플로우
④ 충실한 텍스트 설명

최신 기출문제
정답 & 해설

01 ③	02 ①	03 ②	04 ④	05 ④
06 ③	07 ②	08 ①	09 ①	10 ③
11 ②	12 ④	13 ①	14 ②	15 ④
16 ③	17 ①	18 ②	19 ④	20 ③
21 ③	22 ②	23 ③	24 ②	25 ③
26 ①	27 ②	28 ③	29 ③	30 ④
31 ③	32 ②	33 ③	34 ③	35 ④
36 ①	37 ④	38 ②	39 ③	40 ④
41 ②	42 ③	43 ②	44 ②	45 ③
46 ③	47 ④	48 ②	49 ③	50 ①
51 ③	52 ④	53 ②	54 ③	55 ③
56 ③	57 ②	58 ②	59 ②	60 ②
61 ④	62 ③	63 ③	64 ④	65 ③
66 ①	67 ②	68 ③	69 ④	70 ②
71 ①	72 ①	73 ①	74 ②	75 ①
76 ④	77 ③	78 ①	79 ②	80 ②

1과목 빅데이터 분석 기획

01 ③

빅데이터의 특징은 초기에 가트너 그룹에서 정의한 3V(규모, 유형, 속도)에 더해 최근에는 가치(Value)와 품질(Veracity) 요소가 추가된 5V로 정의되고 있다.

광의	협의	특징	내용
5V	3V	규모(Volume)	데이터 양이 급격하게 증가
		유형(Variety)	데이터의 종류와 근원 확대
		속도(Velocity)	데이터 수집과 처리속도의 고속화
	+2V	품질(Veracity)	데이터의 신뢰성, 정확성, 타당성 보장이 필수
		가치(Value)	대용량 데이터 안에 숨겨진 가치 발굴이 중요

02 ①

빅데이터 분석 방법론은 분석 기획, 데이터 준비, 데이터 분석, 시스템 구현, 평가 및 전개 5단계로 구성되어 있으며, 데이터 분석 단계에서는 분석용 데이터 준비, 텍스트 분석, 탐색적 분석, 모델링, 모델 평가 및 검증을 수행한다. 각 수행 작업별 상세한 내용은 다음과 같다.

데이터 분석	분석용 데이터 준비	• 비즈니스 룰 확인 • 데이터셋 준비
	텍스트 분석	• 텍스트 데이터 확인 및 추출 • 텍스트 데이터 분석
	탐색적 분석	• 탐색적 데이터 분석 • 데이터 시각화 스텝
	모델링	• 데이터 분할 • 데이터 모델링 • 모델 적용 및 운영 방안
	모델 평가 및 검증	• 모델 평가 • 모델 검증

03 ②

빅데이터 플랫폼은 빅데이터 수집부터 저장, 처리, 분석 등 전 과정을 통합적으로 제공하여 그 기술들을 잘 사용할 수 있도록 준비된 환경을 말한다.

04 ④

가역 데이터는 생산된 데이터의 원본으로 일정 수준 환원이 가능한 데이터로 원본과 1:1 관계를 갖는다. 이력 추적이 가능하여, 원본 데이터가 변경되는 경우 변경사항을 반영할 수 있다.
이에 반해 불가역 데이터는 생산된 데이터의 원본으로 환원이 불가능한 데이터이다. 원본 데이터와는 전혀 다른 형태로 재생산되기 때문에, 원본 데이터의 내용이 변경되었더라도 변경사항을 반영할 수 없다.

05 ④

정량적 데이터는 정형, 반정형 데이터이며 정성적 데이터는 비정형 데이터이다.
정형 또는 반정형 유형의 정량적 데이터를 비정형 유형의 정성적 데이터로의 변환은 가능할 수 있지만, 그 반대로의 변환은 어렵다.

06 ③

③은 데이터 변환이 아닌 데이터 추출 또는 데이터 분할이라 볼 수 있다.

07 ②

익명정보를 생성하고자 할 때는 그 당사자를 한정하기 어렵다.

08 ①

총계처리 기법 중 재배열(Rearrangement)은 기존 정보값은 유지하면서 개인이 식별되지 않도록 데이터를 재배열하는 방법이다. 개인의 정보를 타인의 정보와 뒤섞어서 전체 정보에 대한 손상 없이 특정 정보가 해당 개인과 연결되지 않도록 한다.

오답 피하기

• ② 데이터 마스킹 기법 중 임의 잡음 추가(Adding Random Noise)는 개인 식별이 가능한 정보에 임의의 숫자 등 잡음을 추가(더하기 또는 곱하기)하는 방법이다.
• ③ 가명처리 기법 중 휴리스틱 가명화(Heuristic Pseudonymization)는 식별자에 해당하는 값들을 몇 가지 정해진 규칙으로 대체하거나 사람의 판단에 따라 가공하여 자세한 개인정보를 숨기는 방법이다.
• ④ 데이터 범주화 기법 중 랜덤 라운딩(Random Rounding)은 수치 데이터를 임의의 수 기준으로 올림(round up) 또는 내림(round down)하는 기법으로 수치 데이터 이외의 경우에도 확장 적용 가능하다.

09 ①

데이터 마스킹 수준이 높으면 데이터를 식별, 예측하기 어려워져 특정 개인을 식별할 수 없게 되므로 비식별화 목적에 적합하게 이루어졌다 볼 수 있다.

10 ③

내부 데이터의 사용 시 필요 데이터에 대한 데이터 목록(변수 명칭, 설명, 형태, 기간, 용량, 권한 등)을 작성한다. 또한 필요 데이터에 대한 관련 법률이나 보안적인 요소들을 확인하고, 개인정보일 경우 비식별 조치방안을 함께 고려한다. 그리고 필요 데이터의 관리 권한이 다른 부서에 있는 경우 협의를 통해 데이터 공유 가능 여부를 확인한다. 다음으로 외부 데이터의 수집 시 필요 데이터에 대한 데이터 목록을 데이터를 보유한 기업의 이름과 데이터 제공 방법(Open API, 복제 등)까지 고려하여 작성한다. 또한 필요 데이터의 수집이 관련 법률이나 제도상 제약이 없는지 검토한다. 그리고 필요 데이터에 대하여 보유 기업으로부터 데이터 제공 가능여부와 구매비용 등을 협의한다.

11 ②

데이터 웨어하우스(Data Warehouse)는 사용자의 의사결정에 도움을 주기 위하여 기간시스템의 데이터베이스에 축적된 데이터를 공통의 형식으로 변환해서 관리하는 데이터베이스로, 주제지향성, 통합성, 시계열성, 비휘발성이라는 4가지 특징을 갖고 있다.
주제지향성은 고객, 제품 등과 같은 중요한 주제를 중심으로 그 주제와 관련된 데이터들로 구성된다.
통합성은 데이터가 데이터 웨어하우스에 입력될 때는 일관된 형태로 변환되며, 전사적인 관점에서 통합된다.
시계열성은 데이터 웨어하우스의 데이터는 일정 기간 동안 시점별로 이어진다.
비휘발성은 데이터 웨어하우스에 일단 데이터가 적재되면 일괄 처리 작업에 의한 갱신 이외에는 변경이 수행되지 않는다.

12 ④

분산 파일 시스템은 네트워크로 공유하는 여러 호스트의 파일에 접근할 수 있는 파일 시스템으로 데이터를 분산하여 저장하면 데이터 추출 및 가공 시 빠르게 처리할 수 있다. GFS(Google File System), HDFS(Hadoop Distributed File System), 아마존 S3 파일 시스템이 대표적이다.
또한 Ceph는 단일 분산 컴퓨터 클러스터에 오브젝트 스토리지를 구현하는 오픈 소스 소프트웨어 정의 스토리지 플랫폼으로, 누구나 사용할 수 있으며, 완전히 분산된 작업을 목적으로 한다.
반면, HBase는 하둡 파일 시스템 위에 설치되며, 데이터 모델은 열 집합 기반의 저장소로 구성되는 하둡 데이터베이스이다.

13 ①

키-값(Key-Value) 데이터베이스는 데이터를 키와 그에 해당하는 값의 쌍으로 저장하는 데이터 모델에 기반을 둔다. 단순한 데이터 모델에 기반을 두기 때문에 관계형 데이터베이스보다 확장성이 뛰어나고 질의 응답시간이 빠르다. 아마존의 Dynamo 데이터베이스가 효시이며, Redis와 같은 In-memory 방식의 오픈소스 데이터베이스가 대표적이다.

14 ②

NoSQL(Not-only SQL)은 전통적인 관계형 데이터베이스와는 다르게 데이터 모델을 단순화하여 설계된 비관계형 데이터베이스로 SQL을 사용하지 않는 DBMS와 데이터 저장장치이다. 기존의 RDBMS 트랜잭션 속성인 원자성(Atomicity), 일관성(Consistency), 독립성(Isolation), 지속성(Durability)을 유연하게 적용한다. Cloudata, Hbase, Cassandra, MongoDB 등이 대표적이다.

15 ④

비정형 데이터(Unstructured Data)는 구조가 정해지지 않은 대부분의 데이터이며, 연산이 불가능하다. 대표적으로 동영상, 이미지, 음성, 문서, 메일 등이 있다.
참고로 트랜잭션 데이터(Transaction Data)는 상점에서 고객의 주문이나 판매, 은행에서 고객의 입금이나 출금 등과 같은 거래를 기록하기 위해 단말기 등에서 생성하여 컴퓨터 시스템으로 전송하는 데이터를 의미하는데, 마트에서 여러 물품들을 구입하고서 받은 영수증이 그 예라 볼 수 있다.

16 ③

유의미한 변수를 선정하는 작업은 데이터 분석 단계에서 텍스트 분석이나 탐색적 분석, 모델링을 수행하는 과정에서 주로 이루어진다.

17 ①

하향식 접근 방식(Top Down Approach)은 문제가 주어지고 이에 대한 해법을 찾기 위하여 각 과정이 체계적으로 단계화되어 수행하는 방식이다. 문제 탐색, 문제 정의, 해결방안 탐색, 타당성 평가 총 4단계로 구성되어 있다.
문제 탐색 단계에서는 현황 분석, 인식된 문제점, 전략에서 기회나 문제를 탐색한다.
문제 정의 단계에서는 해당 현실 문제를 데이터 관점의 문제로 정의한다.
해결방안 탐색 단계에서는 데이터 관점의 문제를 해결하기 위한 방안을 탐색한다.
마지막으로 타당성 평가 단계에서는 데이터 분석의 타당성을 평가한다.

18 ②

데이터 정규화(Normalization)라고도 불리는 표준화는 데이터를 일정한 범위로 조정하여 상대적인 크기 차이를 제거하는 작업이다. 따라서 원래의 단위를 잃게 된다.

오답 피하기

- ① 두 개의 샘플을 하나로 통합하는 작업은 데이터 통합이다.
- ③ 노이즈를 제거하여 추세를 부드럽게 하는 작업은 평활화(Smoothing)이다.
- ④ 데이터의 일반적인 특성이나 패턴을 추출하는 작업은 일반화(Generalization)이다.

19 ④

POS(Part Of Speech) tagging은 문장 내 단어들의 품사를 식별하여 태그를 붙여주는 것을 말한다. 튜플(tuple)의 형태로 출력되며 (단어, 태그) 형태로 출력된다. 여기서 태그는 품사(POS) 태그이다.

20 ③

자기상관성(Autocorrelation)은 시계열 데이터에서 시차값들 사이에 선형 관계를 보이는 것을 뜻하며, 지도학습 모델 선정 시 고려요소가 아니다.

2과목 빅데이터 탐색

21 ③

표에서 Standard Deviation은 각 주성분의 표준편차이며, Proportion of Variance는 각 주성분이 데이터의 전체 분산을 얼마나 설명하는지 비율로 나타낸다.
제3주성분이 전체분산을 몇%까지 설명하는지 확인하려면 PC3의 Proportion of Variance를 보면 되고 이 값은 0.076420이다. %로 환산하면 약 7.64%가 된다.

22 ②

스피어만 상관계수(Spearman's Rank Correlation Coefficient)는 변수들이 서열척도로 측정될 때 그들 간의 순위 상관관계를 측정하는 비모수적 방법이다. 이는 순위 변수를 다루기 때문에 서열척도에 적합하다.

오답 피하기

① 피어슨 상관계수는 두 변수 간의 선형 관계를 측정하는 통계량이다. −1과 1 사이의 값을 가지며, 그 값은 두 변수 간의 관계 강도와 방향을 나타낸다.

③ Phi 계수(Φ 계수, Phi Coefficient)는 두 이진 변수 간의 상관 관계를 측정하는 통계량이다. 이는 2x2 교차표(또는 혼동 행렬)로 표현된 데이터에 대한 상관계수의 특별한 경우이다.

척도	척도설명	상관계수
명목척도	데이터가 이름이나 범주로 구분되는 척도	Phi 계수, 크래머의 V
서열척도	데이터에 순서가 있지만, 순서 간의 간격이 일정하지 않은 척도	스피어만 상관계수, 켄달의 타우
등간척도	데이터 간의 순서와 간격이 일정하고, 절대적인 영점이 없는 척도	피어슨 상관계수
비율척도	데이터 간의 순서와 간격이 일정하고 절대적인 영점이 있는 척도	피어슨 상관계수

23 ③

점추정은 모집단의 모수를 추정하는 과정이며, 불편추정량은 추정량의 기댓값이 실제 모수와 같을 때를 의미한다.

일치추정량은 표본의 크기가 무한히 커질 때 추정량이 참값에 수렴하는 특성을 가진 추정량으로 표본평균, 표본분산 등이 그 예이다.

S1은 표본분산의 편향된 추정량이다. S1은 표본분산의 기대값이 모분산보다 작다.

S2는 모분산의 불편추정량이며, 일치추정량이다. 따라서 bias는 0이다.

MSE(Mean Squared Error, 평균제곱오차)는 추정량의 분산과 편향의 제곱의 합으로 이루어져 있다.

$$MSE = VaR(\hat{\theta}) + [Bias(\hat{\theta})]^2$$

24 ③

파생변수(Derived Variable)는 기존 데이터에서 새로운 의미 있는 변수를 생성하는 것으로 데이터 분석과 모델링의 성능을 향상시키기 위해 자주 사용된다. 파생변수로 데이터의 특성을 더 잘 표현하거나, 숨겨진 패턴을 발견할 수 있다.

파생변수를 만들 때 종속변수를 사용하면 모델이 예측해야 할 정보를 미리 사용하는 것이 되어 데이터 누설(data leakage)이 발생할 수 있다. 따라서 독립변수와 종속변수의 교호작용(interaction, 데이터 분석에서 변수 간 상호작용)을 이용해 파생변수를 만드는 것은 일반적으로 피해야 한다.

종속변수와 독립변수의 교호작용을 사용하는 것은 옳지 않지만, 독립변수 간의 교호작용을 파생변수로 만드는 것은 일반적인 기법이며, 이 교호작용을 포함한 파생변수는 독립변수 간의 상호작용 효과를 모델에 반영하는 중요한 방법 중 하나이다.

25 ③

오른쪽 꼬리가 긴 분포(Positive Skew)에서는 데이터의 높은 값들이 평균에 더 큰 영향을 미치기 때문에, 평균이 중앙값보다 크고, 최빈값(가장 빈도가 높은 값)은 가장 작게 위치하는 경향이 있다.

따라서, 최빈값 〈 중앙값 〈 평균값의 형태이다.

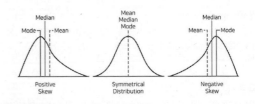

26 ①

중심극한정리(Central Limit Theorem)는 충분히 큰 표본 크기를 가지는 경우, 표본의 합이나 평균이 정규분포에 가까워진다는 통계 이론이다. 즉, 동일한 확률분포를 가진 독립확률변수 n개의 평균의 분포는 n이 적당히 크다면 정규분포에 가까워진다는 정리이다.

가장 많이 쓰이는 중심극한정리로 린데베르그−레비(Lindeberg−Lévy) 중심극한정리가 있다. 이는 같은 분포를 가지는 독립 확률변수에 대해 다룬다.

만약 확률변수 X_1, X_2, …, X_n들이 서로 독립적이고, 같은 확률분포를 가지고, 그 확률분포의 기댓값 μ와 표준편차 σ가 유한하다면,

평균 $S_n=(X_1+X_2+\cdots+X_n)/n$의 분포는 기댓값 μ, 표준편차 σ/√n인 정규분포로 분포수렴한다.

$$\sqrt{n}\left(\left(\frac{1}{n}\sum_{i=1}^{n} X_i\right) - \mu\right) \xrightarrow{d} N(0, \sigma^2)$$

27 ②

가. PCA는 정규분포를 가정하지 않으며 정규분포가 아니어도 PCA를 수행할 수 있다.

나. PCA는 변수들 간의 상관관계를 기반으로 작동한다. 변수들 간 관계가 없으면 PCA를 통한 유의미한 차원 축소가 어려워질 수 있다.

다. PCA는 데이터를 설명하는데 중요한 방향을 찾기 위해 분산이 큰 방향을 확인한다. 분산이 크다는 것은 그 방향으로 데이터의 변동이 많다는 것이며, 중요한 패턴이나 구조를 잘 나타낼 가능성이 크다. 즉 주성분은 데이터의 분산이 최대가 되는 방향을 나타낸다.

28 ③

A나라 투표율 추정값 :

$$\hat{P}_1 = \frac{71}{100} = 0.71$$

B나라 투표율 추정값 :

$$\hat{P}_2 = \frac{134}{200} = 0.67$$

따라서 $\hat{P}_1 - \hat{P}_2 = 0.04$

29 ③

표본분산은 모분산과 달리 전체 표본수 n이 아닌 n−1로 나누는 것에 유의한다.

평균 $\bar{x} = \frac{60 + 70 + 80}{3} = 70$

표본분산

$$= \frac{1}{n-1}\sum_{k=1}^{n}(x_k - \bar{x})^2$$

$$= \frac{1}{3-1}((60-70)^2 + (70-70)^2 + (80-70)^2) = \frac{1}{2}(100 + 0 + 100) = 100$$

30 ④

이상값은 다른 값들과 현저하게 다른 값이며, 기술통계량에 해당하지는 않는다.

대분류	기술통계량	설명
중심 경향성 측도	평균	데이터의 산술적 평균으로, 모든 관측값의 합을 관측값의 개수로 나눈 값
	중앙값	데이터의 중간값으로, 데이터를 크기순으로 정렬했을 때 가운데 위치하는 값
	최빈값	가장 자주 발생하는 값
변동성 측도	범위	데이터의 최댓값과 최솟값의 차이
	분산	데이터 값에서 평균을 뺀 값을 제곱한 후 평균을 구한 값
	표준편차	분산의 제곱근으로, 데이터 값들이 평균으로부터 얼마나 떨어져 있는지를 나타냄
비대칭성 및 첨도	왜도	데이터의 비대칭성을 나타내는 지표
	첨도	데이터의 뾰족한 정도를 나타내는 지표
분위수	백분위수	데이터 집합을 100개로 나눈 지점으로, 예를 들어 90백분위수는 데이터의 90%가 이 값보다 작음을 의미
	사분위수	데이터 집합을 4개로 나눈 지점으로, 1사분위수(Q1), 2사분위수(Q2, 중앙값), 3사분위수(Q3)로 구분
	사분위수범위	Q1과 Q3의 차이로, 데이터의 중간 50%의 범위를 나타냄

31 ③

왜도(skewness)는 데이터의 비대칭성을 나타내는 척도이며, 분포의 꼬리가 어느 방향으로 더 긴지, 즉 데이터가 얼마나 편중되어 있는지를 측정한다.

오답 피하기

- ① 분산(Variance)은 데이터의 흩어짐 정도를 나타내는 통계량이며, 데이터 값들이 평균으로부터 얼마나 떨어져 있는지를 측정한다.
- ② 표준편차(Standard Deviation)는 데이터의 흩어짐 정도를 나타내는 통계량으로, 분산의 제곱근이다.
- ④ 첨도(Kurtosis)는 데이터 분포의 꼬리의 두께와 중심 피크의 높이를 측정하는 통계량이며, 데이터가 평균 주위에 얼마나 몰려 있는 지와 극단적인 값이 얼마나 자주 발생하는지를 나타낸다.

32 ②

통계적결정 \ 실제상황	H₀가 참	H₀가 거짓
H₀ 채택	옳은 결정	제2종 오류
H₀ 기각	제1종 오류	옳은 결정

제1종 오류(Type I Error)는 귀무가설(H0, null hypothesis)이 참일 때, 이를 기각하는 오류로서 실제로 효과나 차이가 없는데, 데이터 분석 결과 효과나 차이가 있다고 잘못 결론짓는 오류이다.
제2종 오류(Type II Error)는 대립가설(H1, alternative hypothesis)이 참일 때, 귀무가설을 기각하지 못하는 오류 즉, 귀무가설이 거짓인데 이를 채택하는 오류로서, 실제로 효과나 차이가 있는데, 데이터 분석 결과에서 효과나 차이가 없다고 잘못 결론짓는 오류이다.

33 ②

제2종 오류의 확률은 대립가설이 참일 때 귀무가설을 기각하지 못하는 확률이다. 주어진 조건으로 귀무가설(H0)이 참인 상황에서 대립가설 H1을 채택할 확률을 계산해야 한다.
10번의 시행 중 7번 이상 성공할 확률을 기준으로 제2종 오류를 범할 확률 계산은 다음과 같다.

- 대립가설 H1이 참일 때 확률 계산
  성공확률 : p=2/3
  실패확률 : q=1−p=1/3
- 성공 횟수 i가 0부터 6까지인 경우의 확률 계산

$$\sum_{i=0}^{6} \left(\frac{2}{3}\right)^{i} \left(\frac{1}{3}\right)^{10-i}$$

34 ③

편향은 모델의 예측이 얼마나 실제 값과 다른지를 나타낸다. 편향이 높은 모델은 데이터의 패턴을 충분히 학습하지 못해, 과소적합 되는 경향이 있다.
분산은 모델이 학습 데이터의 변동에 얼마나 민감한지를 나타낸다. 분산이 높은 모델은 데이터의 노이즈까지 학습해버려 과대적합 되는 경향이 있다. 편향과 분산이 모두 낮으면 모델은 데이터를 잘 일반화할 수 있으며, 이는 좋은 모델의 특성이다.

오답 피하기

- ① 모델이 복잡하면 분산이 커지고 편향이 작아지는 경향이 있다.
- ② 모델이 단순하면 편향이 커지고 분산이 작아지는 경향이 있다.
- ④ 편향과 분산은 일반적으로 trade-off 관계이므로 적절한 균형이 중요하다.

35 ④

양수 데이터에만 적용되며, 정규분포에 근사하게 변환하는 방법은 Box-Cox 변환이다.

오답 피하기

- ① Min-Max 스케일링은 데이터의 최소값과 최대값을 사용하여 데이터를 특정 범위(예: 0과 1)로 변환하는 방법으로 음수 데이터에도 적용 가능하며, 정규분포로의 변환은 아니다.
- ② Z-Score 스케일링은 데이터의 평균을 0으로, 표준편차를 1로 변환하는 표준화 방법으로 음수 데이터에도 적용 가능하며, 정규분포로의 변환은 아니다.
- ③ Binning은 데이터를 여러 개의 구간(bin)으로 나누어 각 구간에 속하는 값을 하나의 대표값으로 변환하는 방법으로 음수 데이터에도 적용 가능하며, 정규분포로의 변환은 아니다.

36 ①

표본의 평균은 모집단 평균의 추정치일 뿐이며, 표본의 크기가 커질수록 표본의 평균은 모집단 평균에 가까워지지만, 항상 같지는 않다.

37 ④

데이터 정제는 데이터의 오류 수정, 누락된 값 처리, 부정확한 데이터 제거 등을 포함하는 과정이다.

차원 축소는 주로 데이터의 구조를 단순화하고 패턴을 추출하는 데 사용된다. 따라서 데이터 정제는 차원 축소를 통해 할 수 없다.

오답 피하기

차원 축소(Dimensionality Reduction)의 주요 목적으로 특징 추출, 설명력 증가, 노이즈 제거가 있다.

- ① 특징 추출(Feature Extraction) : 차원 축소 기법은 데이터의 중요한 특성을 추출하여 새로운 저차원 공간에 투영한다. 주성분 분석(PCA) 같은 기법은 데이터의 주요 성분(특징)을 추출하는 데 사용된다.
- ② 설명력 증가(Increased Interpretability) : 차원 축소를 통해 데이터의 설명력을 증가시킬 수 있다. 고차원 데이터에서 주요 구성 요소만을 남겨 더 쉽게 해석할 수 있도록 한다.
- ③ 노이즈 제거(Noise Reduction) : 차원 축소는 데이터의 주요 패턴을 유지하면서 노이즈(불필요한 변동)를 줄이는 효과가 있다. 예를 들어, PCA는 데이터의 주성분을 사용하여 노이즈를 제거한다.

38 ②

편상관계수는 두 변수 간의 순수한 상관관계를 구하는 기법으로, 다른 변수들의 영향을 통제한다. 즉, 암 발생률과 소득의 상관관계를 구할 때, 다른 변수(예: 나이, 성별, 생활습관 등)의 영향을 제거하고 분석하고자 할 때 사용한다.

오답 피하기

- ① 군집분석(Cluster Analysis)은 데이터의 군집(클러스터)을 찾기 위해 사용되는 기법이며, 주로 유사한 특성을 가진 데이터 포인트를 그룹화하는데 사용한다.
- ③ F분포(F-distribution)는 주로 분산분석(ANOVA)에서 사용되는 통계 분포로, 두 개 이상의 그룹 간의 분산의 차이를 분석할 때 사용한다.
- ④ 카이제곱(Chi-square)은 주로 범주형 데이터의 독립성이나 적합성을 검정하는 데 사용되는 통계 방법이다.

39 ③

1개의 독립변수를 측정하여 집단 간 평균 비교를 하는 경우 일변량 분산분석(ANOVA)을 수행하며, 1개 이상의 독립변수를 측정하여 집단 간 평균벡터에 대한 비교를 하는 경우 다변량 분산분석(Multivariate ANOVA)을 수행한다. 즉, 하나 이상의 독립변수와, 여러 개의 종속변수이다.

40 ④

자기회귀(AR) 모델로 결측치를 대치한다는 것은 과거의 관측값을 기반으로 대치하는 것이다. 이는 데이터의 시간적 상관성을 유지하거나 강화하는 경향이 있으며, 분산은 줄어들 수 있다.

3과목 빅데이터 모델링

41 ②

다중공선성은 독립변수들 간에 높은 상관성이 존재하는 문제이며, 클수록 회귀계수 추정에 부정적인 영향을 미친다.

다중공선성은 회귀계수의 분산과 관계가 없으며 VIF 분산팽창지수가 10 이상이면 독립변수 간에 상관성이 존재한다.

회귀분석을 적용하기 위해서는 선형성, 잔차의 등분산성, 잔차의 정규성을 만족해야 하며, 다중공선성을 만족하지 않아야 한다.

42 ③

EM(Expectation-Maximization) 기법은 Latent 변수를 활용하여 최대우도 추정량(표본 기반 확률밀도함수에서의 모수적인 데이터 밀도 추정)을 구하는 방법이다.

오답 피하기

샘플링 기법에는 다음과 같은 방법들이 있다.

- 마르코프 체인(Markov Chain) : 상태 전이 확률에 따라 다음 상태를 결정하는 방법이다.
- Metropolis-Hastings Algorithm : 마르코프 체인과 몬테 카를로(Monte Carlo) 특징을 기반한 기법으로 특정 분포에서 샘플을 생성한다.
- Perfect 샘플링 : 마르코프 체인의 정상 분포에서 과거로부터의 결합하여 정확한 샘플을 생성한다.
- Rejection 샘플링 : 특정 확률 분포에서 샘플링이 어려울 때, 제안 분포에서 후보 샘플링 뒤 무작위로 Reject하거나 수락하여 원하는 분포에서 샘플링한다.

43 ②

시퀀스투시퀀스(seq2seq) 모델은 인코더와 디코더로 구성되며 입력 문장의 모든 단어들이 인코더로 들어가면 압축되어 하나의 컨텍스트벡터(context vector)로 출력된다. 이를 디코더에서 받아 번역된 단어를 한 개씩 순차적으로 출력한다.

벡터공간의 주요 요소로는 선형변환 후 방향이 유지되는 고유벡터, 모든 성분이 0인 공벡터, 선형 독립이고 벡터 공간에 걸쳐 있는 벡터 집합인 기저벡터 등이 있다.

44 ②

모멘텀은 관성을 적용해 진행하던 속도로 진행하고자 하므로 지역최소에 빠지더라도 가속도를 더해 해당 지점을 벗어나 속도를 유지하며 이동할 수 있다.

오답 피하기

- ① 확률적 경사하강법은 학습 데이터 중 일부를 랜덤 선택 손실 함수의 경사를 따라 최적의 모델을 찾는 방법이다.
- ③ AdaGrad는 가중치의 업데이트 횟수에 따라 학습율을 조절하여 속도가 달라진다.
- ④ Adam은 AdaGrad와 모멘텀 방식의 장점을 합친 경사하강법이다.

45 ③

초매개변수는 사용자 경험에 의해 설정되는 데이터와 모델을 위한 입력값으로 학습을 진행하면서 조정하고 변경할 수 있다.

46 ③

서포트벡터머신은 선형과 비선형 분류에 이용되며 일반화 성능이 높아 신규 데이터에도 잘 동작한다. 또한 선형 커널, 다항식 커널, 시그모이드 커널, 가우시안 커널, 쌍곡탄젠트 커널 등 여러 커널 함수가 존재한다.

SVM의 단점으로는 계산량이 많아 학습속도가 느려 모델에 대한 초매개변수 튜닝 등 최적화가 중요하다.

47 ④

민코프스키 거리는 p-norm으로 유클리드 거리와 맨해튼 거리를 하나의 거리로 표현하고, p를 통해 거리척도로 활용한다.

유클리드 거리는 유클리드 공간에서의 최단거리이다.

$$D(x, y) = \sqrt{\sum_{i=1}^{n}(y_i - x_i)^2} = \sqrt{(x-y)(x-y)^T}$$

맨해튼 거리는 실수 값 벡터 간의 절대값 거리이다.

$$D(x, y) = \sum_{i=1}^{n}|x_i - y_i|$$

마할라노비스 거리는 정규분포에서 관측치 X가 얼마나 평균에서 떨어져 있는지에 대한 표준편차와의 비교 거리척도이다.

$$D(x, y) = \sqrt{(x-y)\sum^{-1}(x-y)^T} \ (\sum^{-1} : 공분산 행렬의 역행렬로 맥락 정규화)$$

48 ②

의사결정나무는 독립변수의 조건에 따라 종속변수의 값을 예측하는 수학적 가정이 불필요한 비모수적 모형이며 분류나무와 회귀나무가 있다. 노드 내에서는 동질성이 커지는 방향으로 분기하며 교호작용 효과 해석이 용이하다.

49 ③

부스팅은 약한 학습기(weak learner)들을 여러 개 결합하며 순차적으로 학습, 예측하는 기법이다.

이 중 GBM(Gradient Boosting Machine)은 가중치 업데이트를 경사하강법(Gradient Descent)을 이용하며, XGBoost는 이에 정규화식을 추가한 개선된 모델로서 병렬 수행, 메모리 최적화 등으로 상대적으로 속도가 빠르다.

LightGBM은 일반적인 레벨 중심의 트리 분할과 달리 리프 중심(leaf-wise)의 트리 분할로서 최대 손실값을 가진 리프 노드를 분할한다. 트리의 특정 부분이 더 깊어지고 비대칭적 트리가 생성될 수 있게 되며, 효율적으로 복잡한 데이터 패턴을 학습하고 오류 손실을 줄일 수 있다.

50 ①

은닉 노드의 값과 가중치를 곱하여 합산한 다음 편향을 더한다.

$0.2 \times 0.4 + 0.1 \times 0.5 + 0.2 = 0.33$

51 ③

앙상블 모델은 모델 예측의 분산과 편향을 줄이려는 목표를 가지며, 단일 모델보다는 대체적으로 높은 성능을 나타낸다. 다만 이미 높은 성능을 내고 있는 단일 모델에 앙상블 기법을 적용하면, 추가적인 모델의 복잡성이 오히려 성능 저하를 가져올 수도 있다.

52 ④

상대 위험도(Relative Risk)는 일정 시점에서 발생하는 사건의 비율로서 신기술 적용 공정 시 불량이 발생할 확률에서 기존 공정 시 불량이 발생할 확률을 나눈 값이다. (10/500) / (40/500) = 0.25

승산비(Odds Ratio)는 두 사건 A, B 사이의 연관 강도를 정량화하는 통계식으로서 A가 있을 때 B의 승산과 A가 없을 때 B의 승산의 비율로 정의된다. (10/490) / (40/460) = (0.02×0.92) / (0.08×0.98)

53 ③

베이즈 정리는 특정 사건이 주어졌을 때 다른 사건이 발생할 조건부확률을 구하는 수학적 공식이다. 이를 기반으로 한 분류 알고리즘이 나이브 베이즈이며 데이터 속성/특징들이 각각 독립적인 것을 가정한다.

나이브 베이즈는 사전확률과 우도를 이용하여 사후확률을 계산한다. 데이터에 대한 학습과정 대신 확률모형의 모수를 정확하게 추정하는 과정을 가진다.

54 ③

통계적 해석을 모수를 통해 검정하는 모수검정과 비교했을 때 비모수검정은 정규성을 가정하기 어렵거나 표본 집단의 크기가 작은 경우 활용되어 비교적 검정력이 낮은 편이다.

비모수검정은 데이터의 순위나 비율에 기반하여 수행되기 때문에 이상치에 대한 민감도가 덜하다. 또한 많은 경우에서 통계량 계산이 단순하며 직관적으로 이해하기 쉽다.

55 ③

결정계수의 값은 0과 1사이에 있다.

> **오답 피하기**
>
> - ① 1은 종속변수의 변동이 모두 독립변수에 의해 설명된다는 것을 의미한다.
> - ② 0은 종속변수의 변동이 독립변수에 의해 설명되지 않음을 뜻한다.
> - ④ 회귀모형에 독립변수를 더 많이 추가하면 항상 결정계수를 향상시킬 수 있으나 관련 없는, 영향력이 적은 변수를 추가하면 결정계수 값이 낮아질 수 있다.

56 ②

배치는 샘플의 집합이며 미니배치, Stochastic 배치 등으로 나뉜다. 배깅에는 활용하지 않는다.

앙상블 학습의 한 유형인 확률적(Stochastic) Gradient Boosting에서는 각 단계에서 미니배치나 확률적으로 선택된 샘플을 사용하여 모델을 학습시킨다.

57 ②

보기들은 머신러닝 모델에서 과적합을 방지하기 위한 규제 기법들이다.

선형회귀에서 L1 규제를 주는 것은 Lasso, L2 규제를 주는 것은 Ridge이다.

L1 규제는 가중치의 절대값을 규제 항으로 추가한다. 가중치가 0에 수렴하도록 유도하여 특성 선택을 수행하는 효과를 가진다. 이는 모델의 복잡성을 줄이고 불필요한 특성을 제거하는 역할을 한다.

L2 규제는 가중치의 제곱합에 비례하는 패널티를 부여한다. 가중치가 커지지 않도록 유도하여 모든 특성을 고려한 상태에서 모델을 단순화하는 효과가 있다.

엘라스틱넷(Elastic Net)은 L2 규제와 L1 규제를 결합한 형태이다.

58 ④

매개변수를 늘릴수록 훈련데이터에 쉽게 과적합 되는 경향이 나타날 수 있다.

과적합 방지를 위해 정규화로써 비용함수에 매개변수 가중치에 대한 패널티를 추가하는 L1, L2 규제와 은닉층의 입력 노드에 적용하는 배치 정규화 기법, 각 층마다 일정 비율의 뉴런을 0으로 만들어(drop) 나머지 뉴런들만 학습하는 드롭아웃 기법 등을 활용할 수 있다.

59 ②

로지스틱 회귀모형은 독립 변수들로부터 두 범주만을 가지는 종속변수를 예측하는데 사용한다.

선형 회귀와 로지스틱 회귀 모두 MLE(Maximum Likelihood Estimation, 최대우도추정)로 계수추정이 가능하며 선형 회귀에서 최소제곱추정량(LSE)의 통계적 특성으로 불편추정량, 선형성, 일관성 및 효율성을 지닌다.

선형 회귀만 선형성(독립변수와 종속변수 간에 선형적인 관계가 있음), 독립성(관측치들 간에 상관관계가 없음), 등분산성(잔차의 분산이 독립변수의 값에 상관없이 일정), 정규성(잔차가 정규분포를 따름) 조건을 가진다.

60 ②

배치의 크기는 각 배치의 샘플 수로서 훈련속도와 모델성능, 메모리 문제에 영향을 주는 하이퍼파라미터이다.

배치 크기가 커지면 학습 시간이 빨라지나 높은 메모리를 요구하며 모델의 정확도가 상대적으로 낮아질 수 있다.

반대로 배치 크기가 작아지면 더 정확한 모델로 훈련되나 모델 매개변수에 대한 반복적인 업데이트로 메모리 성능이 저하되며 또한 학습 데이터의 분포와 차이가 크므로 노이즈가 커지면서 모델의 학습에 악영향을 줄 수 있다(경우에 따라 적당한 노이즈는 규제효과로서 과적합을 방지할 수 있다).

4과목 빅데이터 결과 해석

61 ④

클래스 간 데이터 양의 차이가 있는 경우, 소수의 클래스에는 데이터를 복제하거나 합성하여 데이터셋을 확장하는 오버샘플링을 적용할 수 있다.

클래스 불균형이 있는 데이터는 정확도가 높게 나오는 경향이 있기 때문에, 정밀도(참으로 예측한 대상 중에서 실제 참인 값의 비율), 재현율(실제 참인 값들 중에서 참으로 예측한 값의 비율), F1-score 등의 지표를 고려해서 평가해야 한다.

62 ③

회귀대치법(Regression Imputation)은 결측값을 예측하여 대치하기 위해 회귀분석을 사용하는 방법이다. 결측값이 없는 다른 변수(독립변수)를 이용하여 결측값이 있는 변수(종속변수)를 예측하는 회귀모델을 구축한다.

장점	• 데이터의 구조와 패턴을 반영하여 결측값을 대체한다. • 통계적 분석에서 예측된 값을 사용하므로, 데이터의 변동성을 반영한다.
단점	• 회귀모델의 정확도에 따라 대체된 값의 정확도의 변화가 발생할 수 있다. • 독립변수와 종속변수 간의 관계가 약할 경우, 예측값의 신뢰성이 저하된다. • 결측값이 많을 경우, 회귀모델의 구축이 어렵다.

63 ③

MAE(Mean Absolute Error)는 평균절대오차, MSE(Mean Squared Error)는 평균제곱오차, MPE(Mean Percentage Error)는 평균백분율오차이다.
MAPE(Mean Absolute Percentage Error)는 MAE를 퍼센트로 변환한 값으로, $MAPE = \frac{100\%}{n}\sum_{t=1}^{n}\left|\frac{e_t}{d_t}\right|$로 표현되고, 실제값과 예측값의 차이를 실제값으로 나누어 도출한 확률값이다.

64 ④

ROC 곡선은 FPR(False Positive Rate, 1 − 특이도)이 변할 때 TPR(True Positive Rate, 민감도)이 어떻게 변화하는지를 나타내는 곡선으로서 분류모델의 성능을 나타낸다. FPR이 커지면 TPR도 증가한다.
AUC는 ROC 곡선의 아래 면적이며, 1에 가까울수록 즉, ROC 곡선은 왼쪽 상단 모서리에 가까울수록(값이 클수록) 좋은 성능을 가지는 모델이다(높은 재현율과 높은 특이도를 동시에 갖는 모델을 의미).
ROC 곡선이 45도 직선에 가까울수록 성능이 낮은 모델을 나타낸다(재현율과 특이도가 비슷한 수준으로 유지되는 모델을 의미).

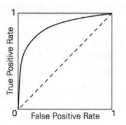

65 ③

질적 척도	명목 척도 (Nominal Scale)	단지 분류만을 위해 사용된 척도로 숫자로 변환되어도 그 자체는 전혀 의미가 없는 측정단위이다. (예: 남자는 1, 여자는 2로 구분, 혈액형 등)
	순위(서열) 척도 (Ordinal Scale)	선호되는 순위를 나타낸 숫자로서 숫자 자체는 의미를 가지나 간격이나 비율이 의미를 가지지 못한다. (예: 시험 성적순으로 1등, 2등, 3등으로 구분하는 경우)
양적 척도	등간 척도 (Interval Scale)	측정된 숫자 자체와 숫자의 차이는 의미를 가지나 숫자의 비율은 의미를 가지지 못한다. (예: 특정 상품의 선호도를 1점~5점으로 주는 경우, 온도의 비교 등에 사용)
	비율 척도 (Ratio Scale)	측정된 숫자와 그 간격이 의미를 가질 뿐만 아니라 숫자의 비율도 의미를 가지는 가장 높은 측정단위이다. (예: 자녀의 수, 거리, 무게, 시간, 나이 등)

66 ①

재현율(Recall, 민감도)은 실제값이 참인 것 중에서 예측값이 참인 것의 비율이다.

> **오답 피하기**
> • ② 정확도(Accuracy)는 전체 샘플 중 맞게 예측한 샘플의 수의 비율이다.
> • ③ 정밀도(Precision)는 참으로 예측한 것 중에서 실제 참인 것의 비율이다.
> • ④ 특이도(Specificity)는 실제값이 거짓인 것 중에서 예측값이 거짓인 것의 비율이다.

67 ②

TP=48, TN=38, FP=2, FN=12
정확도 = (TP+TN) / (TP+TN+FP+FN) = (48+38) / (48+38+2+12) = 86/100 = 0.86
민감도 = TP / (TP+FN) = 48 / (48+12) = 48/60 = 0.8
특이도 = TN / (TN+FP) = 38 / (38+2) = 38/40 = 0.95
정밀도 = TP / (TP+FP) = 48 / (48+2) = 48/50 = 0.96

68 ③

회귀평균제곱(MSR)은 회귀제곱합(SSR)을 자유도로 나눈 값이다. 18,667/2 = 9,334
F 값은 회귀평균제곱(MSR)을 잔차평균제곱(MSE)으로 나눈 값이다.
9,334/0.31 = 30.11

69 ④

바이너리 변수는 두 가지 값만 가지는 변수이며, 분류모델에서 주로 사용된다.
원-핫 인코딩은 범주형 데이터를 이진 형식으로 변환하는 방법이다.

70 ②

k-fold는 전체 데이터를 k개로 나누고, k번을 반복해서 학습하고 검증한다. 이때, k-1개의 폴드는 학습데이터로 나머지 하나의 폴드는 검증데이터로 사용한다.
따라서, 각 폴드는 학습데이터로 k-1번, 검증데이터로 한번 사용된다.
K가 클수록 폴드의 크기는 작아지며, 여러 번 학습과 검증을 수행하기 때문에 더욱 일반화된 모델의 생성이 가능하다(성능이 좋아진다).

71 ①

주요 인포그래픽	설명
통계(정보) 인포그래픽	차트, 그래프, 표 등을 활용하여 통계, 숫자 데이터를 쉽게 이해할 수 있도록 한다.
과정(프로세스) 인포그래픽	복잡한 과정이나 단계를 표현하는데 유용하다. 제조과정, 요리순서, 제품사용방법 등을 설명할 때 사용한다.
비교 인포그래픽	두 개 이상의 항목을 비교하기 위해 사용된다.
지도(지리) 인포그래픽	지리 정보와 관련된 데이터를 시각화 한다. 지도 위에 데이터 나 통계정보를 표현한다.
목록 인포그래픽	여러 항목을 리스트로 보여줄 때 사용하며, 각 항목에 관련된 이미지나 짧은 설명이 포함되는 경우가 많다.
타임라인 인포그래픽	시간의 흐름에 따른 사건이나 정보를 보여주는데 사용된다.

(가)의 지역별 코로나 발생률을 표현하기 위해서는 지도(지리) 인포그래픽이 유용하다.
(나)의 코로나 발병 이후부터 월별 코로나 발생률을 표현하기 위해서는 타임라인 인포그래픽이 적합하다. 프로세스 인포그래픽도 순서를 표현하기는 하지만 시간에 따른 사건이나 정보의 표현은 타임라인 인포그래픽을 사용한다.

72 ①

그래프 상에서 2000년 출생자는 600,000명 미만이다.
주택매매가는 지속적으로 상승하고 있으며, 2003년보다 2004년이 높다.
출생자수가 높을수록 주택매매가는 낮기 때문에 음의 상관관계가 있다.

73 ①

시계열 데이터는 시간적인 순서를 고려해야 하기 때문에, 시간 순으로 데이터를 나누어야 하며, 학습 데이터는 항상 검증 데이터보다 시간상 앞에 있어야 한다.

• ② 모델의 학습과정에서 학습 데이터에 맞추어 학습이 이루어지기 때문에, 일반적으로 학습 데이터에서의 평균제곱오차 값이 검증 데이터에서의 오차값보다 작다.
• ③ k-폴드 교차검증은 데이터를 k개로 나누고, k-1개의 데이터는 학습용으로, 나머지 1개는 검증용으로 사용해서 학습하는 과정을 k번 진행한다.
• ④ 교차검증은 데이터를 여러 번 학습시켜야 하기 때문에, 모델의 훈련 시간이 증가한다.

74 ②

그래프상 유럽 GDP의 평균이 비유럽 국가의 평균보다 높아 보이기는 하지만 박스 플롯에서 신뢰구간을 알 수는 없다.
박스 플롯에서 중앙값은 박스의 중앙에 가로선으로 표시되며, 유럽 국가가 비유럽 국가보다 높다.
박스 플롯 맨 위의 가로선은 최대값, 맨 아래 가로선은 최소값을 표현하며, 비유럽 국가의 최대값은 10000, 최소값은 20000이다.
IQR은 3사분위수 − 1사분위수로 구하며, 유럽 국가의 3사분위수는 8000, 1사분위수 6000으로 IQR은 20000이다.

75 ①

카토그램은 지도 면적을 실제 데이터에 크기에 비례하여 표현함으로써, 지도 면적에 따라 왜곡해서 보이는 현상을 방지한다.

• ② 단계구분도는 여러 지역에 걸친 정량 정보를 나타낼 때, 데이터가 분포된 지역별로 색을 다르게 칠한 지도이다.
• ③ 픽토그램은 그림을 뜻하는 picto와 전보를 뜻하는 텔레그램(tele-gram)의 합성어로 사물, 시설, 행위 등을 누가 보더라도 그 의미를 쉽게 알 수 있도록 만들어진 그림문자를 말한다.
• ④ 하이퍼볼릭 트리(Hyperbolic tree)는 하이퍼트리라고도 하며, 트리를 원의 형태로 표현한 것이다.

76 ④

모자이크 플롯은 두 개 이상의 범주형 데이터의 상관관계를 보여주고자 할 때 사용하는 것으로, 변수에 속한 값의 분포(빈도)를 시각적으로 표현한다.
모자이크 플롯에서 사각형 평면의 너비는 가로 축에 표시된 관측치의 수에 비례하며, 높이는 세로 축에 표시된 관측치의 수에 비례한다.

77 ③

기초통계량은 데이터의 특성을 요약하고 설명하기 위해 통계적인 지표를 의미하며, 기초통계량만으로도 데이터를 이해하고 데이터 간의 패턴을 파악하거나 비교를 할 수 있다.
평균, 중앙값, 최빈값, 분산, 표준편차, 범위, 사분위수 등이 숫자형 변수의 기초통계량이며, 범주형 변수의 기초통계량의 경우에는 빈도수, 백분율, 상대 빈도 등이 있다.
통계적 유의성은 모집단을 추정하기 위한 가설이 가지는 통계적 의미를 말한다. 통계적 유의성을 판단하기 위해서는 그래프를 눈으로 보는 것보다 p값과 같이 유의성을 정확하게 측정하기 위한 지표가 필요하다.

78 ①

정형화된 데이터 시각화 절차와 기법이 존재하지는 않지만, Ben Fry의 시각화 절차와 기법을 참고해서 순서를 정리한다.
1. 획득(Acquire) : 다양한 소스로부터 데이터 얻기
2. 분석(Parse) : 데이터의 의미에 대한 구조를 제공하고 카테고리별로 정렬
3. 필터(Filter) : 관심 있는 데이터를 제외한 모든 데이터 제거
4. 마이닝(Mine) : 패턴을 식별하거나 수학적 문맥에 데이터를 배치하는 방법으로 통계 또는 데이터 마이닝 방법 적용
5. 표현(Represent) : 막대 그래프, 목록 또는 트리 같은 기본 시각적 모델 선택
6. 정제(Refine) : 기본 표현을 개선하여 보다 선명하고 시각적으로 매력적이게 보이도록 함
7. 소통(Interact) : 데이터를 조작하거나 볼 수 있는 기능을 제어하는 방법을 추가
보기에서 데이터 구조화는 분석 단계에 해당하며, 시각화모델 선택과 시각화 표현은 표현 단계에 해당한다.

79 ②

코로플레스맵(choropleth map, 단계구분도)은 지역별 수치를 표현하는데 적합하며, 매출액 중 일부인 수익은 버블차트로 표현하는 것이 적절하다. 만약 지역의 넓이 차이가 큰 경우는 매출액이 왜곡되어 보일 수 있는데, 이 경우에는 카토그램을 사용해서 표현하는 것이 적절하다. (특별한 언급이 없어서 2번을 정답으로 함)
등치선도는 같은 수치가 나타나는 지점을 선으로 연결한 지도로 등고선, 등온선 등이 있다.

80 ②

빅데이터 분석 과제를 계획하는 단계에서 활용 방안을 미리 수립하게 되며, 전개 단계에서는 계획단계에서 수립된 활용 방안을 시나리오 수준까지 구체화한다.
분석 결과를 현업에서 적극적으로 활용해야 하며 계획대로 잘 수행되고 있는지 모니터링해야 한다. 빅데이터 분석 및 활용에 대한 이해를 제고하기 위해 내·외부 교육 훈련 방안을 수립한다

---

01 ③	02 ②	03 ①	04 ④	05 ①
06 ②	07 ④	08 ③	09 ③	10 ①
11 ②	12 ④	13 ①	14 ④	15 ④
16 ②	17 ②	18 ①	19 ③	20 ④
21 ④	22 ②	23 ①	24 ④	25 ①
26 ①	27 ②	28 ①	29 ③	30 ②
31 ①	32 ③	33 ④	34 ③	35 ①
36 ④	37 ③	38 ③	39 ①	40 ②
41 ④	42 ①	43 ②	44 ④	45 ②
46 ②	47 ④	48 ②	49 ③	50 ②
51 ④	52 ①	53 ①	54 ①	55 ③
56 ③	57 ①	58 ①	59 ③	60 ④
61 ①	62 ③	63 ①	64 ①	65 ④
66 ①	67 ④	68 ④	69 ①	70 ③
71 ③	72 ②	73 ②	74 ①	75 ①
76 ④	77 ③	78 ①	79 ②	80 ①

1과목 빅데이터 분석 기획

01 ③

네임노드에 오류가 발생하면 전체 시스템에 오류가 발생하여 정상적으로 작동되지 않는다. 따라서 네임노드의 장애복구 기능을 제공하기 위해 파일 시스템의 메타데이터를 파일로 백업하거나 네임스페이스 이미지를 복제하여 보조 네임노드를 운영하는 두 가지 메커니즘을 제시하고 있다.

오답 피하기
- ① HDFS 1.0에서 한 블록의 크기는 64MB이다.
- ② HDFS는 데이터를 동일한 공간이 아닌 여러 공간에 분산하여 저장하고 있다.
- ④ 고성능 컴퓨터가 아닌 범용 장비를 사용할 수 있도록 구성되었다.

02 ②

CRISP-DM 분석 방법론의 분석절차는 업무 이해(Business Understanding), 데이터 이해(Data Understanding), 데이터 준비(Data Preparation), 모델링(Modeling), 평가(Evaluation), 전개(Deployment) 순으로 수행된다.

03 ①

정형 데이터의 품질 진단은 진단 대상 정의, 품질 진단 실시, 진단 결과 분석으로 진행되며, 업무규칙은 비즈니스 관점의 업무규칙과 정보시스템 관점의 업무규칙으로 구분된다.

04 ④

텍스트 데이터, 오디오 데이터, 동영상 데이터는 비정형 데이터라 할 수 있으나, 판매가격 데이터의 경우 데이터 포맷에 따라 달라질 수는 있겠지만 통상적으로 보았을 때 정형 데이터에 더 가깝다고 볼 수 있다.

05 ①

빅데이터 분석기획은 분석하려는 비즈니스를 이해하고 분석 목표와 범위를 설정하는 단계이다. 비즈니스 이해 및 범위 설정, 프로젝트 정의 및 계획 수립, 프로젝트 위험계획 수립 등의 작업을 수행한다.

06 ②

데이터 분석 단계에서는 분석용 데이터 준비, 텍스트 분석, 탐색적 분석, 모델링, 모델 평가 및 검증을 수행하며, 모델 발전계획 수립이나 프로젝트 평가 및 보고는 평가 및 전개 단계에서 수행한다.

07 ④

분석기획에서 우선순위 고려요소로는 크게 3가지 관점에서 접근해볼 수 있다.

먼저 IT 프로젝트의 과제 우선순위 평가기준으로는 전략적 중요도와 실행 용이성 관점으로 살펴볼 수 있으며, 데이터 분석 프로젝트의 우선순위 평가기준으로는 투자비용 요소, 비즈니스 효과 요소로 살펴볼 수 있고, 분석 ROI 요소를 고려한 과제 우선순위 평가기준으로는 시급성과 난이도를 관점으로 살펴볼 수 있다.

그리고 이와 별개로 적용 범위 및 방식 고려 요소로는 업무 내재화 수준, 분석 데이터 적용 수준, 기술 적용 수준으로 구분하여 살펴볼 수 있다.

08 ③

기업 분석 수준 진단은 분석 준비도(Readiness)를 이용하여 진단할 수 있다.

분석 준비도는 조직 내 데이터 분석 업무 도입을 목적으로 현재 수준을 파악하기 위한 진단방법으로, 분석 업무, 분석 인력 및 조직, 분석 기법, 분석 데이터, 분석 문화, 분석 인프라 총 6가지 영역을 대상으로 현재 수준을 파악한다. 이때 조직의 규모는 파악하지 않는다.

09 ③

데이터 관련 3법은 개인정보보호법, 정보통신망 이용촉진 및 정보보호 등에 관한 법률, 신용정보의 이용 및 보호에 관한 법률이다.

10 ①

- 완전성 : 필수항목에 누락이 없어야 한다.
- 정확성 : 실세계에 존재하는 객체의 표현 값이 정확히 반영되어야 한다.
- 일관성 : 데이터가 지켜야 할 구조, 값, 표현되는 형태가 일관되게 정의되고, 서로 일치해야 한다.
- 유효성 : 데이터 항목은 정해진 데이터 유효범위 및 도메인을 충족해야 한다.

11 ②

데이터 사이언티스트는 소프트 스킬과 하드 스킬을 두루 갖추어야 한다. 소프트 스킬은 통찰력 있는 분석, 설득력 있는 전달, 다분야 간 협력을 말하며, 하드 스킬은 빅데이터에 대한 이론적 지식과 분석 기술에 대한 숙련을 말한다.

12 ④

빅데이터의 일반적인 특징은 3V로 정의할 수 있으며, 3V는 크기(Volume), 속도(Velocity), 다양성(Variety)으로 정의된다.

13 ①

데이터 사이언티스트는 분석 능력(Analytics), 기술 능력(IT), 비즈니스 능력(Business)을 요구하며, 분석 모델을 선정할 때에는 분석 모델의 한계점을 배제하는 것이 아닌 고려하여 수행하여야 한다.

14 ③

데이터 무결성은 데이터가 처리되는 과정에서 변경되거나 손상되지 않고, 유지함을 보장하는 특성이다.

데이터 정확성(Accuracy)은 실세계에 존재하는 객체의 표현 값이 정확하게 반영되어야 한다는 특성이다.

데이터 일관성(Consistency)은 데이터가 지켜야 할 구조, 값, 표현되는 형태가 일관되게 정의되고, 서로 일치해야 한다는 특성이다.

데이터 완전성(Completeness)은 필수항목에 누락이 없어야 한다는 특성이다.

15 ④

데이터 일부 또는 전부를 삭제하거나 노이즈를 추가하는 방법으로 데이터를 식별할 수 없도록 처리하는 데이터 비식별화 기법은 데이터 마스킹이다.

> **오답 피하기**
> - ① 총계처리는 개인정보에 통계치를 적용하여 특정 개인을 식별할 수 없게 하는 개인정보 비식별화 기법이다.
> - ② 가명처리는 개인정보 중 주요 식별요소를 다른 값으로 대체하는 기법이다.
> - ③ 데이터 범주화는 데이터의 값을 범주의 값으로 변환하여 값을 숨기는 기법이다

16 ②

반정형 데이터(Semi-structured Data)는 데이터의 형식과 구조가 비교적 유연하고, 스키마 정보를 데이터와 함께 제공하는 파일 형식의 데이터이며, 연산이 불가능하다.

반정형 데이터의 종류로는 JSON, XML, RDF, HTML 등이 있다. 참고로 RDB(Relational Database)는 일반적으로 정형 데이터를 저장하는데 사용하는 데이터베이스이다.

17 ②

개인정보 비식별화 기법 중 수치적인 개인정보를 임의적인 기준으로 올리거나 내림하는 기법은 랜덤 라운딩이라 하며, 이는 데이터 범주화 기법의 세부기술 중 하나이다.

> **오답 피하기**
> - ① 데이터 삭제는 데이터 공유나 개방 목적에 따라 데이터 셋에 구성된 값 중 필요 없는 값 또는 개인식별에 중요한 값을 삭제하는 기법이다.
> - ③ 데이터 암호화는 가명처리 기법의 세부기술 중 하나이며, 가명처리는 개인정보 중 주요 식별요소를 다른 값으로 대체하는 기법이다.
> - ④ 데이터 마스킹은 개인을 식별하는데 기여할 확률이 높은 주요 식별자를 보이지 않도록 처리하는 기법이다.

18 ①

인프라스트럭처 계층은 자원 배치와 스토리지 관리, 노드 및 네트워크 관리 등을 통해 빅데이터 처리와 분석에 필요한 자원을 제공한다.

19 ③

MongoDB는 문서를 최소 단위로 저장하며, 각 문서들은 RDBMS의 테이블과 비슷한 컬렉션이라는 곳에 수집하고, 오토샤딩(Auto-Sharding)을 이용한 분산 확장이 가능하다.

> **오답 피하기**
> - ① Redis는 메모리 기반의 〈키, 값〉 저장 공간을 사용하며, 메모리에 저장된 내용을 지속시키기 위해 파일로 싱크하는 기능을 제공한다.
> - ② CouchDB는 문서단위의 ACID 속성을 지원하며, 데이터가 여러 시점에서 접근할 때 발생할 수 있는 문제점을 다중 버전 동시 동작 제어 기능으로 해결하였다.
> - ④ DynamoDB는 하드웨어 프로비저닝, 복제, 설정 패치, 사용하는 응용 프로그램에 따른 DB 자동 분할 기능 등을 지원한다.

20 ④

데이터 분석가는 데이터 영역과 비즈니스 영역의 중간에서 현황을 이해하고 분석 모형을 통한 조율을 수행하는 조정자의 역할과 분석 프로젝트 관리 역할을 수행한다. 이때 무엇보다 중요한 것이 도메인 지식이며, 깊은 배경지식을 갖고 활용할 수 있어야 한다.

2과목 빅데이터 탐색

21 ④

중심 경향치는 데이터를 요약하고 그 중심을 대표하는 값들을 나타내는 통계 개념이다. 일반적으로 데이터의 중심을 대표하는 대표적인 통계량에는 평균(mean), 중앙(median), 최빈값(mode)이 있다.

대분류	기술통계량	설명
중심 경향성 측도	평균	데이터의 산술적 평균으로, 모든 관측값의 합을 관측값의 개수로 나눈 값
	중앙값	데이터의 중간값으로, 데이터를 크기순으로 정렬했을 때 가운데 위치하는 값
	최빈값	가장 자주 발생하는 값
변동성 측도	범위	데이터의 최댓값과 최솟값의 차이
	분산	데이터 값에서 평균을 뺀 값을 제곱한 후 평균을 구한 값
	표준편차	분산의 제곱근으로, 데이터 값들이 평균으로부터 얼마나 떨어져 있는지를 나타냄
비대칭성 및 첨도	왜도	데이터의 비대칭성을 나타내는 지표
	첨도	데이터의 뾰족한 정도를 나타내는 지표
분위수	백분위수	데이터 집합을 100개로 나눈 지점으로, 예를 들어 90백분위수는 데이터의 90%가 이 값보다 작음을 의미
	사분위수	데이터 집합을 4개로 나눈 지점으로, 1사분위수(Q1), 2사분위수(Q2, 중앙값), 3사분위수(Q3)로 구분
	사분위수범위	Q1과 Q3의 차이로, 데이터의 중간 50%의 범위를 나타냄

22 ②

왜도(Skewness)는 데이터 분포의 비대칭성을 측정하는 통계량이다. 분포가 평균을 기준으로 좌우 대칭인지, 또는 한쪽으로 치우쳐 있는지를 나타낸다.

23 ①

레거시 시스템은 조직에서 오랫동안 사용된 기존 시스템을 의미한다. 데이터 전처리는 레거시 시스템에서만 한정되지 않으며, 다양한 유형의 데이터 소스, 새로운 시스템, 데이터 웨어하우스 등에서 전처리 작업을 진행 할 수 있다.

> **오답 피하기**
> - ② 다른 측정값과 현저한 차이가 나는 이상치는 데이터 분석 및 모델링 과정에서 중요한 영향을 미칠 수 있으며, 적절히 처리하지 않으면 모델의 성능을 저하시킬 수 있다.
> - ③ 결측치를 적절히 처리하는 것은 데이터 분석에서 매우 중요한 부분이며, 잘못된 방법으로 처리하면 모델의 성능과 분석 결과의 신뢰성에 부정적인 영향을 미칠 수 있다.
> - ④ 정규화는 데이터의 스케일을 조정하여 분석 과정에서 특정 변수의 영향을 줄일 수 있다.

24 ①

파생변수(derivative variables)는 기존 데이터를 바탕으로 생성된 새로운 변수이다. 이 과정은 데이터를 더 잘 이해하고, 분석 및 모델링 성능을 향상시키는 데 중요한 역할을 한다.
컬럼명의 변경은 데이터의 가독성 개선을 기대할 수 있지만 파생변수 생성과는 관련이 없다.

25 ①

명목형 데이터는 혈액형, 학력, 성별과 같은 카테고리나 라벨을 나타내는 데이터로, 순서나 크기를 비교할 수 없다. 히스토그램은 연속형 데이터의 분포를 시각화 하는 경우에 적합하다.
- 파레토그램 : 자료들이 어떤 범주에 속하는가를 나타내는 계수형 자료일 때, 각 범주에 대한 빈도를 내림차순 나열하여 막대의 높이로 나타낸 그림이다. 즉 계수형 자료에 대한 히스토그램이라고 볼 수 있다. 명목형 데이터의 경우, 각 범주의 상대적 중요도를 시각화할 수 있다.
- 트리맵 : 데이터의 계층 구조를 보여주는 사각형 배열형태의 시각화도구이다. 작은 공간에 많은 양의 데이터를 표시할 수 있는 것이 장점이다.
- 파이차트 : 데이터의 각 부분이 전체에 대해 차지하는 비율을 시각적으로 나타내는 데 사용되는 차트 유형이다. 각 데이터 항목은 원형 차트의 조각으로 표현되며, 조각의 크기는 해당 항목이 전체에서 차지하는 비율을 나타내는 방식으로 표현한다.

26 ①

이항분포는 베르누이 시행을 n번 독립적으로 시행할 때 성공횟수를 X로 정의한 이산확률분포이다.
다른 보기는 연속 확률분포이다.

분포명	설명
지수분포	사건이 발생하는 시간 간격을 모델링하며, 주로 포아송 과정과 관련
F 분포	두 정규 분포를 따르는 독립표본의 분산 비율을 나타내는 데 사용
정규분포	많은 자연 현상에서 나타나는 확률분포

27 ②

연속형 데이터에서 대부분의 자료는 한번만 나타나기 때문에 최빈값은 구하기 어렵고 대표값으로 적절하지 않으므로 평균이나 중앙값을 대표값으로 사용한다.
최빈값은 이산형 자료에서 데이터의 분포를 요약하거나 중심 경향을 파악하는 데 주로 사용된다.

28 ①

혈액형(A, B, AB, O) 데이터는 명목형 데이터이다. 명목형 데이터의 결측치를 대체할 때는 해당 데이터의 특성을 고려해야 하는데, 주어진 선택지 중 최빈값 즉 가장 자주 등장하는 혈액형으로 대체하는 것이 적절하다. 나머지 보기는 수치형 데이터의 경우 고려되는 방법이다.

기하평균(Geometric Mean)은 데이터의 곱셈적 성질을 반영한 평균으로, 주로 데이터가 기하급수적으로 증가하거나 감소하는 경우에 사용한다. 기하평균은 특히 비율이나 지수 성장을 다룰 때 유용하다.

29 ①

윌콕슨부호순위 검정은 두 그룹 간의 중앙값이 같은 지 여부를 검정하는 데 사용되는 비모수 검정 방법이다. 다른 보기는 모수 검정 방법이다.

모수 검정은 특정한 확률분포의 모수에 대한 가설을 검정하는 방법이다. 이러한 검정은 데이터가 특정한 확률분포를 따른다는 가정 하에 사용된다. 비모수 검정은 데이터의 분포에 대한 가정 없이, 데이터의 순위나 순서에 따라 가설을 검정하는 방법이다. 특정한 확률분포를 가정하지 않기 때문에 데이터가 정규분포를 따르지 않거나 데이터의 분포에 대한 사전 정보가 부족한 경우에 유용하다.

- F-검정 : 두 개 이상의 집단 간의 분산을 비교하여 그들이 동일한 분산을 가지고 있는지를 평가하는 통계적 검정이다. 주로 분산 분석(ANOVA)에서 사용되며, 두 집단 간의 분산을 비교하거나 다중 회귀 모델의 설명력을 평가하는 데 사용된다.
- t-검정 : 두 그룹 간의 평균을 비교하여 두 그룹 간의 차이가 통계적으로 유의미한 지를 판단하는 데 사용되는 방법이다. 주로 소규모 표본에서 두 평균을 비교할 때 사용된다.
- Z-검정 : 모집단의 평균에 대한 가설 검정을 수행하는 통계적 방법으로, 주로 표본 크기가 클 때 사용한다. 주로 표본의 평균이 모집단의 평균과 유의미하게 다른 지를 판단하는 데 사용한다. 정규 분포를 가정하며, 표본 크기가 충분히 큰 경우 중심 극한 정리에 의해 표본 평균이 정규 분포를 따른다.

30 ②

상자 그림(Box Plot)은 일변량 데이터에서 이상치를 시각적으로 식별하는 데 매우 유용하다. 상자 그림은 데이터의 사분위수를 표시하고, 1.5 * IQR(Interquartile Range)을 초과하는 값들을 이상치로 간주한다.

오답 피하기
- ① 산포도는 주로 이변량 데이터(두 변수 간의 관계)를 시각화하는 데 사용되며, 추세 패턴에 포함된 데이터를 이상치로 판단하는 것은 적절하지 않다.
- ③ 데이터 차원이 작더라도 기술통계량(평균, 중앙값, 표준편차 등)은 데이터의 기본적인 특성을 이해하는 데 매우 중요하다.
- ④ 도메인 지식은 데이터를 이해하고 해석하는 데 매우 중요하며, 이상치를 판단할 때도 중요한 역할을 한다.

31 ①

구분자가 포함된 데이터의 경우 데이터의 구분자에 의한 분리 이후 저장하는 과정이 필요하다.

오답 피하기
- ② 이상치 식별 후 제거만 하는 경우는 데이터가 충분히 크고 이상치가 몇 개 되지 않을 때 해야 한다.
- ③ 결측치의 임의 제거보다는 데이터의 분포와 패턴을 고려하여 결측치 대체(Imputation) 등의 방법을 사용해야 한다.
- ④ 일변량 데이터 정제는 이상치 처리, 결측치 대체, 데이터 변환 등 다양한 정제 과정을 거쳐야 한다.

32 ③

그림은 각 범주를 개별 열로 나누고 이진 벡터로 표현하는 one-hot encoding이다. 이 기법은 범주형 데이터를 분석모델이 이해할 수 있는 형태로 변환하는 기법 중 하나이다.

오답 피하기
- ① 카운트 인코딩은 각 범주형 값을 해당 범주가 나타나는 빈도로 변환한다.
- ② 라벨 인코딩은 각 범주에 고유한 정수를 할당한다.
- ④ 타깃 인코딩은 각 범주에 대해 해당 범주가 가지는 타깃 변수의 평균 값을 사용한다.

33 ④

시공간 데이터는 시간과 공간의 두 가지 차원을 포함한 데이터를 의미하며, 공간 데이터에는 시간 정보가 포함되어 있지 않으므로 공간 데이터만으로는 시간 정보를 도출할 수 없다.

공간 데이터는 보통 X, Y, Z의 3가지 축(위도, 경도, 고도 정보 등)을 포함하는 다차원 구조이다.

34 ①

중심극한정리는 이산형 변수와 연속형 변수 모두에 적용될 수 있다. 중요한 것은 표본의 크기가 충분히 크고, 변수들이 독립적이고 동일한 분포를 따라야 한다. 이산형 변수의 경우에도 표본의 합이나 평균이 정규분포에 근사할 수 있다.

모집단이 정규분포를 따르지 않는다고 가정하더라도, 표본 크기가 충분히 크면(일반적으로 30 이상) 표본 평균의 분포는 거의 정규분포를 따르기 때문에 t-검정이나 Z-검정과 같은 정규분포를 가정한 통계적 분석을 적용할 수 있다.

35 ①

일반적으로 가설검정에서는 각각 하나씩의 귀무가설(H0)과 대립가설(H1)이 존재한다. 하지만 특정 상황에서는 다중 가설검정을 할 수 있으며, 이 경우 여러 대립가설이 존재할 수 있다.

제1종 오류는 실제로 참인 귀무가설을 기각하는 오류로, 이 오류를 범할 확률이 유의수준(α)이다.

36 ④

차원의 저주는 차원의 수가 너무 많을 때, 즉 특징 공간(feature space)이 너무 커지면서 발생하는 문제로, 학습 데이터의 밀도가 낮아져 모델의 성능이 저하되는 현상을 말한다.

오답 피하기
- ① 분산이 낮은 변수는 데이터 변동에 대한 설명력이 낮으므로 분석에서 제거하는 것이 일반적이다.
- ② 전진 선택법은 영모형에서 시작하여, 중요한 변수를 하나씩 추가하여 모델을 구축하는 방법이다.
- ③ 주성분 분석(PCA)은 데이터의 변동성을 가장 잘 설명하는 주성분을 찾아내어 차원을 축소하는 기법이다.

37 ②

SVD는 정방행렬이 아닌 mxn의 임의의 크기의 행렬에도 적용할 수 있다. SVD는 직교행렬 두 개(U와 V)와 대각행렬 하나(Σ)로 분해된다. SVD의 특이값 중 가장 큰 몇 개만으로도 원래 데이터의 대부분의 정보를 유지할 수 있다. 이를 통해 데이터의 차원을 축소할 수 있다. 결과적으로 SVD는 데이터의 차원을 축소하여 계산 효율성을 높이고 노이즈를 줄이는 데 유용하다.

38 ③

z-score는 특정 값이 평균으로부터 얼마나 떨어져 있는지 나타내는 표준화된 점수이다.

$$Z = \frac{x - \mu}{\sqrt{\sigma^2}} = \frac{70 - 60}{10} = \frac{10}{10} = 1$$

39 ①

표에서 자가자신과의 공분산, 즉 대각 성분은 해당 변수의 분산을 지칭하며 다른 변수 간의 공분산은 서로가 흩어진 정도가 얼마나 되는 지를 나타낸다.

표에서 X1과 X3의 공분산은 1이며 상관계수 값은 다음과 같은 수식으로 구할 수 있다.

$$\frac{Cov(X_1, X_2)}{\sqrt{Var(X_1)VaR(X_2)}} = \frac{1}{\sqrt{4 \times 0.6}} = \frac{1}{\sqrt{2.4}} \approx 0.64$$

X1의 분산은 4이므로, 표준편차는 √4 = 2이다. X2의 분산은 0.3이다.

40 ②

IQR은 Q3 – Q1로 계산되며, 주어진 Q1이 2.00, Q3가 4.00이므로 IQR은 2.00이다.

요약 통계에서 Max 값이 6.00으로 주어졌고, IQR 기반 이상치 판별 기준 상한선(Upper bound)은 3rd Quartile + 1.5 * IQR = 4.00 + 1.5 * 2.00 = 7.00이 되므로, Max 값보다 큰 값은 존재하지 않는다.

평균(3.47)이 중앙값(3.00)보다 크므로, 이는 오른쪽으로 꼬리가 긴 positive skewness 분포를 나타낸다.

3과목 빅데이터 모델링

41 ④

GPT, BERT, BART는 모두 언어모델에 속하며 YOLO는 이미지 객체 인식 모델이다. GPT는 Attention만 이용하는 Transformer로부터 Transformer의 decoder 블록만, BERT는 Transformer의 encoder 블록만 취해 이용한다. BART는 BERT encoder와 GTP decoder 사전훈련 과정을 결합한 모델이다.

YOLO 모델은 이미지 객체 감지(Object Detection) 모델로 이미지 정보를 컴퓨터로 연산하고 유의미한 정보를 얻는 컴퓨터 비전(Computer Vision) 영역에 속한다.

42 ①

① forget gate는 LSTM의 구성요소 중 하나이며, ②③④는 Transformer의 구성요소들이다.

② self attention은 기존 attention(Query로 모든 Key와의 유사도를 구하여 이를 가중치로 Value에 반영) 대비 유사도 측정을 자기자신에게 수행한다.

③ multi head attention은 self attention을 병렬로 처리하는 방법으로 입력값을 head 수만큼 나눈 뒤 각 head별로 self attention을 적용하고 출력값에 concat 연결방식으로 출력값을 내보낸다.

④ positional encoding은 각 원소의 위치와 원소 간 위치에 대한 정보를 알려주는 함수로 입력값에 더해주어 입력값의 순서를 고려할 수 있게 한다.

43 ②

분석 모형 설계 절차는 일반적으로 분석 목적 및 요건 정의 → 분석 모델링에 적합한 알고리즘 설계 → 분석 모형 개발 → 검증 및 테스트 단계로 이루어진다.

44 ④

증명하고 싶은 가설은 대립가설을 의미한다.

가설검정은 귀무가설과 대립가설을 수립하고 주어진 유의수준 미만(또는 이상)으로 대립가설(또는 귀무가설)이 일정 신뢰구간에 포함될 지의 여부를 판단하는 것이며 유의성 검정이라고도 한다.

양측검정은 두 가지 가설 모두를 증명하고자 할 때 기각역이 양측에 나뉘어져 사용하며 단측검정은 한 가설만 증명할 때 활용된다.

45 ②

정규화 기법은 학습 모델이 과적합되지 않도록 손실함수에 규제함수를 더하여 가중치에 패널티를 부여해 가중치가 과도하게 커지는 것을 방지한다.

손실함수는 모델의 예측값과 실제값 사이의 차이를 측정하는 함수로 회귀분석에서 MSE가 널리 사용된다.

주어진 식은 라쏘 회귀의 비용 함수(목적 함수)를 설명한다.

① 릿지(Ridge)는 손실함수에 가중치 제곱의 합을 더하는 유형으로 가중치 크기에 따라 가중치 값이 큰 값을 우선적으로 줄인다.

② 라쏘(Lasso)는 손실함수에 가중치의 절대값의 합을 더하는 유형으로 특정 가중치를 0으로 처리할 수 있다.

③ 엘라스틱넷(Elastic Net)은 라쏘와 릿지 두 방법론을 혼합한 유형이다.

46 ②

병렬화는 여러 작업을 동시에 수행하여 작업을 더 빠르게 처리하는 것이다.

배깅과 부스팅은 여러 개의 개별 모델을 조합하여 최적의 모델로 일반화시키는 앙상블 학습이며, 전체 데이터에서 부트스트랩 복원 랜덤 추출 샘플링으로 모델을 학습시키는 공통점이 있다.

배깅은 각 샘플 데이터를 기반으로 동일한 알고리즘으로 병렬적으로 학습을 수행한다.

부스팅은 순차적으로 여러 개의 약한 학습기를 학습하면서 오분류된 데이터에 대해 더 많은 가중치를 부여하고 강한 학습기로 만드는 기법이다.

랜덤 포레스트는 배깅과 동일하되 트리들의 상관성을 제거하여 보다 안정적인(변동성이 적어진) 성능을 제공한다.

따라서 병렬화에 알맞은 모델은 배깅과 랜덤 포레스트이다.

47 ④

①②③은 수치형 데이터를 종속변수로 예측하는 경우는 회귀 모델을 적용하는 유형에 해당된다.

④는 여러 등급 중 하나 즉, 범주형 데이터에 대해 예측하는 경우로 분류 모델을 적용하는 것이 적절하다.

48 ②

조건부 확률을 구하는 문제이다.

$$P(여성 \mid 180cm \text{ 이상}) = \frac{P(여성 \cap 180\,cm \text{ 이상})}{P(180\,cm \text{ 이상})} = \frac{0.4 \times 0.25}{(0.6 \times 0.15) + (0.4 \times 0.25)} = 0.1$$

49 ③

군집분석은 계층적 군집분석과 비계층적 군집분석으로 나누는데 ③계층적 군집분석은 군집의 개수를 마지막에 선정한다.

오답 피하기

- ① 가우시안 혼합행렬은 전체 데이터를 가우시안 분포로 표현할 수 있다고 가정하고, 각 분포에 속할 확률이 높은 데이터로 군집화하는 기법으로 군집의 개수를 미리 지정한다.

- ② 스펙트럼 군집분석은 그래프 기반(graph-based) 군집화 기법으로 데이터간 상대적 관계/유사성을 고려하여 군집 개수를 설정한다.

- ④ k-평균 군집분석은 군집 수를 지정하고 각 개체를 가까운 초기값에 할당하여 군집을 형성한 뒤 각 군집의 평균을 재계산, 초기값을 갱신, 할당과정을 반복하여 최종군집을 형성한다.

50 ②

부스팅은 이전 모델이 잘못 분류한 샘플에 가중치를 부여하여 다음 모델이 더 잘 분류할 수 있도록 하는 앙상블 학습 방법이다.

51 ④

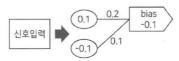

$(0.1 \times 0.2) + (-0.1 \times 0.1) - 0.1 = 0.01 - 0.1 = -0.09$
단, 출력함수 조건에서 음수값이면 최종 출력값은 0이 된다.

52 ①

신경망은 경사하강법(Gradient Descent)으로 손실함수의 최소값을 갖는 기울기를 구한다. 이때 역전파(Back-propagation) 알고리즘은 신경망의 역방향으로 연쇄법칙(Chain Rule)으로 손실함수의 기울기를 계산하여 가중치를 업데이트하며, 순차적으로 편미분을 통해 구하면서 학습률을 조정하여 손실함수의 극소값을 향해간다.

53 ①

주어진 보기는 seq2seq에 대한 설명으로 Encoder-Decoder 모델이라고도 한다. 인코더는 입력 문장의 단어를 압축해서 하나의 단일 벡터로 만들어 디코더로 전송한다. 디코더는 단일 벡터를 받아서 원래의 형태로 되돌려준다.

54 ①

k-폴드 교차검증은 학습데이터 수가 아닌 분할된 폴드의 수만큼 학습과 검증을 반복 수행하는 방법이다. 매번 학습마다 k-1개를 학습데이터로, 나머지 1개를 검증데이터로 사용하며 k가 클수록 학습 효과가 높다.
홀드아웃은 전체 훈련데이터에서 훈련과 검증데이터로 한 번 나누는 방법으로 속도가 빠른 편이다. 즉, k-폴드 교차 검증은 홀드아웃보다 일반적으로 학습 속도가 느리다.

55 ③

향상도(lift)는 두 상품의 동시 구매 확률이 독립적으로 구매할 확률보다 얼마나 높은지 나타낸다. 즉 상품 A를 구매했을 때 상품 B를 함께 구매할 가능성이 얼마나 높은지 보여주는 지표이다.
향상도 = (A와 B를 동시 구매하는 확률) / (A 구매 확률 * B 구매 확률)
전체 5개 경우에서 사과(A)=4, 우유(B)=4 경우를 확률로 계산하고 향상도를 구한다.

$$\frac{P(A \cap B)}{P(A) \cdot P(B)} = \frac{\frac{3}{5}}{\frac{4}{5} \times \frac{4}{5}} = 0.9375$$

56 ③

정규분포를 따르는 확률변수 X에서 표본분산은 자유도 n-1을 가지는 카이제곱분포를 따른다.
표본평균은 모집단의 분포와 무관하게 근사적으로 정규분포를 따른다.

57 ①

종속변수가 없을 때 사용하는 모델 유형은 비지도학습 유형으로 ①의 군집분석이 해당된다.
②③④의 모델 유형은 지도학습 유형으로서 학습 과정에서 정답이 되는 종속변수가 제공된다.

58 ①

테스트 데이터를 학습에 사용하면 과적합 위험이 높아지고 올바른 평가를 방해한다.
데이터셋을 학습, 모델을 구축할 때 쓰는 데이터와 테스트를 통한 성능을 평가하는 테스트 데이터로 분리하고, 각 데이터별 모델 성능 차이가 작으면 학습 모델이 적합하다고 할 수 있다.

59 ③

회귀분석에서의 잔차의 자유도는 잔차에 포함되는 서로 독립인 표본수이며 일반적으로 표본의 크기에서 추정도니 모수의 수를 뺀 값이다. 단순회귀분석은 보통 절편과 기울기를 추정하므로 잔차의 자유도는 N-2이다.
회귀분석의 가정으로 선형성, 독립성, 등분산성, 정규성이 있는데 이 중 ①은 정규성, ②는 등분산성으로 잔차항의 평균이 0으로 정규분포를 띠며 잔차들의 분산은 모두 같이 고르게 분포한다는 가정이다.
④ 잔차의 제곱합인 관측값과 회귀모델에 의한 예측값 간의 차이 제곱의 합은 작을수록 좋다.

60 ④

맵리듀스는 대용량 데이터 처리를 분산 병렬로 처리하기 위한 프레임워크로 소셜네트워크 분석에 필요한 전문적 기능을 직접적으로 제공하지는 않는다.
소셜네트워크에서 수집된 비정형 텍스트 데이터에서 텍스트 마이닝으로 유의미한 정보를 추출하고 분석, 처리할 수 있다. 또 텍스트 마이닝과 네트워크 분석을 결합하여 텍스트 간의 관계/맥락을 분석하는 텍스트 네트워크 분석이 가능하며, 워드클라우드 분석으로 단어 출현빈도를 파악하고 사용자들의 관심사나 주제를 이해할 수 있다.

4과목 빅데이터 결과 해석

61 ①

시간시각화는 시간에 흐름에 따른 데이터의 분포를 표현하는데 사용되며, 점그래프, 선그래프, 막대그래프 모두 시간시각화 도구로 사용이 가능하다.
점 그래프의 경우 x축의 값을 시간의 흐름에 따라 배치하고 해당 시간에 관찰된 값을 y축에 점으로 표현한다.

62 ③

초매개변수는 최적의 학습 모델 구현을 위해 학습률이나 배치 크기, 훈련 반복 횟수, 가중치 초기화 방법 등 사용자가 수동으로 설정하는 변수이다. 모델 선택 전에 데이터 집합 수준에서 결정이 가능하며, 그리드서치, 랜덤서치, 베이지안 최적화 등의 기법을 통해 튜닝과 최적화할 수 있다.
손실함수는 학습 모델이 예측한 결과와 실제 정답 사이의 차이를 측정하는 함수로, 학습을 통해 이 값을 최소화 하는 모델 파라미터를 도출한다.
손실함수는 초매개변수와는 관련이 없다.

63 ①

엘보우(Elbow) 기법은 군집간 분산과 전체 분산 간의 비율을 K값에 따라 구하며, 이 값이 완곡하게 줄어드는 부분에서 K값을 선택한다.
ROC 곡선은 Y축 민감도(Sensitivity)와 X축 1-특이도(Specificity)로 그려지는 곡선이며 이진 분류기의 성능을 평가하는 주요 지표로 사용된다.

64 ①

귀무가설은 주어진 데이터가 기대되는 분포와 차이가 없다는 가설이다. 귀무가설이 기각되는 경우에는 기대도수와 관찰도수의 차이가 있으며, 따라서 합이 동일하다고 할 수 없다.

적합도 검정은 통계적 가설 검정의 한 형태로, 범주형 데이터의 분포가 기대되는 분포와 일치하는지 검증하는 방법이다. t-검정, F-검정, 카이제곱 검정이 대표적이다.

카이제곱 통계량은 관찰된 실제도수와 기대도수의 차이를 제곱한 후에, 이를 기대값으로 나누어 구한다. 따라서, 기대도수와 실제도수의 차이가 커지면 카이제곱 통계량은 커진다.

65 ④

범주형 데이터는 특정 범주로 구분되는 데이터를 의미한다. 성별명(남자, 여자), 색상(검정, 빨강, 파랑) 등이 이에 해당한다. 이때, 특정한 순서가 없는 데이터를 명목형 데이터, 순서가 있는 데이터를 순서형 데이터라고 한다.

범주형 데이터는 해당 범주에 나타나는 데이터의 빈도수를 그래프로 표시한다. 막대그래프, 점그래프, 원그래프 모두 명목형 변수의 빈도수를 표시할 수 있다.

히스토그램은 연속형 변수의 구간에 따른 빈도수를 표현하는데 사용된다.

66 ①

비교시각화는 하나 이상의 변수에 대해서 변수 사이의 차이와 유사성 등을 표현하는 방법으로 히트맵, 체르노프 페이스, 스타차트, 평행좌표계 등이 대표적인 도구이다.

> **오답 피하기**
> - ② 시간에 따른 데이터 변화는 시간시각화이다.
> - ③ 버블차트와 산점도는 변수와 변수 사이의 관계를 보여주는 관계시각화 도구에 가깝다.
> - ④ 상관관계 분석을 할 수 있는 것은 산점도(관계시각화 도구)가 대표적이다.

67 ④

의사결정나무의 정지 조건
- 최대 깊이(Maximum Depth) : 트리의 깊이가 지정된 최대값에 도달하면 분할을 정지한다.
- 최소 샘플 수(Minimum Samples per Leaf) : 가지 끝 노드(잎 노드)에 속한 샘플 수가 정해진 값보다 작다면 분할을 정지한다.
- 불순도 감소(Minimum Impurity Decrease) : 노드의 분할이 불순도(예: 지니 불순도, 엔트로피 등)를 감소시키는 최소량을 지정한 후 이 값보다 작은 불순도 감소가 있으면 분할을 정지한다. ②가 불순도 감소 규칙에 해당한다.

68 ④

앙상블 기법은 서로 다른 학습 알고리즘을 결합하여 더 성능이 우수한 결과를 얻고자 하는 기법이다.

KNN에서 k값을 바꾸는 것은 가장 잘 분류하는 k값을 찾기 위함으로 k값이 다르다고 해서 서로 다른 모델로 볼 수 없다. 선형회귀에서 하나의 모형을 다양한 변수로 결합하는 것 역시 앙상블이라 하기 어렵다.

69 ③

TP=7, TN=3, FP=4, FN=6
① 정분류율
= (Positive를 Positive로 분류+Negative를 Negative로 분류) / (전체 수)
= (TP+TN) / (TP+TN+FP+FN) = (7+3) / (7+3+4+6) = 1/2
② 재현율(민감도)
= 실제 Positive인 대상 중에서 Positive로 예측한 값의 비율
= TP / (TP+FN) = 7/13
③ 특이도
= 실제 Negative인 대상 중에서 Negative로 예측한 값의 비율
= TN / (TN+FP) = 3/7
④ 정밀도
= Positive로 예측한 대상 중에서 실제 Positive인 값의 비율
= TP / (TP+FP) = 7/11

70 ③

ROC 곡선은 FPR(False Positive Rate, 1-특이도)이 변할 때 TPR(True Positive Rate, 민감도)이 어떻게 변화하는지를 나타내는 곡선으로 분류 모델의 성능을 나타낸다. X축이 1-특이도인 것에 유의한다.

곡선이 왼쪽 상단 모서리에 가까울수록 좋은 성능을 가지는 모델임을 나타낸다(높은 재현율과 높은 특이도를 동시에 갖는 모델을 의미).

곡선이 45도 직선에 가까울수록 성능이 낮은 모델을 나타낸다(재현율과 특이도가 비슷한 수준으로 유지되는 모델을 의미).

71 ③

과적합 및 과소적합 모두 분석 모형의 일반화로 적절하지 않다.

> **오답 피하기**
> - ① 학습 데이터가 적고 모형이 복잡한 경우 학습 데이터의 특성을 그대로 반영할 수 있어 과적합 가능성이 높아진다.
> - ② 실루엣 계수는 군집내의 개체들 사이의 거리와 군집간 거리를 함께 고려하는 평가지표로, 실루엣 계수가 1로 가까우면 근처의 군집과 더 멀리 떨어진(효율 적으로 분리된) 것이고, 0에 가까 울수록 근처의 군집과 가까워진 다는 것을 의미한다.
> - ④ 불균형 데이터는 다수 클래스의 영향으로 정확도가 높게 나타나지만 소수 클래스의 재현율은 급격히 작아지는 문제가 있다.

72 ②

Q-Q 플롯은 정규성 검증에 사용된다.

오른쪽으로 꼬리가 긴 Positive Skew는 평균값이 중앙값보다 큰 형태로 왜도는 양수이다.

종속변수에 로그를 취하면 큰 값과 작은 값 사이의 차이를 줄여 정규화된 모양이 만들어진다.

73 ②

정준상관분석(Canonical Analysis)은 두 변수 집단 간의 연관성을 분석하기 위해, 각 집단에 속한 변수들의 선형결합(Linear Combination)의 상관계수를 이용하여 분석하는 방법이다. 이때, 각 변수집단에 속하는 변수들의 선형결합은 선형결합들 사이의 상관관계가 최대가 되도록 가중값(weight)을 결정하여 구성한다.

74 ①

과적합은 학습 데이터에 과하게 학습이 되어 오히려 검증 데이터에서는 성능이 떨어지는 경우를 말한다. 즉 학습 데이터의 수를 늘리는 것은 과적합을 줄이는 데 도움이 된다.

과소적합은 학습이 잘 되지 않은 상태로, 학습 데이터 및 검증 데이터 모두 성능이 좋지 않다.

75 ①

회귀와 분류모델은 다른 평가지표를 사용한다.

회귀모델의 평가지표로는 평균제곱오차(Sum Squared Error), 평균절대오차(Mean Absolute Error), 결정계수 R2 등이 있으며, 분류모델 평가지표로는 정확도, 정밀도, 특이도, F1-score 등이 있다.

76 ④

F1-score는 분류 모델에서 사용되는 평가지표이다.
①②③은 회귀모델(수치형 데이터)의 평가지표로 사용된다.

77 ③

F1 score = 2 × (정밀도 × 재현율) / (정밀도 + 재현율)
= 2 × (Precision × recall) / (Precision + recall)

78 ①

레이더차트(스타차트)는 하나의 공간에 각각의 변수를 표현하는 몇 개의 축을 그리고, 축에 표시된 해당 변의 값들을 연결하여 별 모양(또는 거미줄 모양)으로 표현하는 그래프이다. 배기량, 연비, 가격, 보증기간을 축으로 차 종류별로 값을 표시한 후 이들을 선으로 연결하는 레이더차트(스타차트)를 그리면, 차 종류별 특징을 한눈에 파악할 수 있다.

> **오답 피하기**
> - ② 산점도 행렬은 다변량 데이터에서 변수쌍 간의 산점도를 그린 그래프를 말한다.
> - ③ 버블차트는 x, y값의 위치를 표시하는 산점도에 점의 위치에 해당하는 제3의 변수 값을 원의 크기로 표현한 그래프이다.
> - ④ 모자이크 플롯은 두 개 이상의 범주형 데이터의 상관관계를 보여주고자 할 때 사용된다. 모자이크 플롯을 구성하는 각 타일의 가로, 세로 길이가 각 변수의 값을 표현한다.

79 ②

과대적합은 모델이 학습 데이터에 너무 잘 맞춰져 테스트 데이터에 대한 성능이 떨어지는 경우이다.

80 ①

k-fold에서 k=10일 때 전체 데이터를 10개로 나누고, 10번을 반복해서 학습하고 평가한다. 이때, 9개의 폴드는 학습 데이터로 나머지 하나의 폴드는 평가 데이터로 사용한다. 따라서, 각 폴드는 학습 데이터로 9번, 평가 데이터로 1번 사용되므로 평가 데이터는 전체 데이터의 10%이다.
폴드가 2인 경우는 학습 데이터로 50%, 평가 데이터로 50%를 나누고 단 2회만 학습을 반복하므로 10회 반복하는 것보다 성능이 떨어진다.

기출문제 06회 (2023.04.08 시행)　　2-66p

01 ①	02 ④	03 ②	04 ③	05 ③
06 ①	07 ②	08 ④	09 ②	10 ①
11 ④	12 ③	13 ①	14 ③	15 ③
16 ②	17 ①	18 ④	19 ④	20 ②
21 ②	22 ②	23 ③	24 ③	25 ②
26 ①	27 ③	28 ①	29 ②	30 ③
31 ①	32 ①	33 ③	34 ④	35 ①
36 ④	37 ③	38 ①	39 ③	40 ②
41 ③	42 ②	43 ③	44 ②	45 ④
46 ①	47 ②	48 ①	49 ③	50 ①
51 ①	52 ②	53 ③	54 ①	55 ③
56 ①	57 ①	58 ②	59 ③	60 ②
61 ①	62 ④	63 ③	64 ②	65 ③
66 ①	67 ④	68 ③	69 ③	70 ④
71 ①	72 ①	73 ②	74 ③	75 ①
76 ④	77 ④	78 ②	79 ②	80 ①

1과목 빅데이터 분석 기획

01 ①

맵리듀스(MapReduce) 패턴에는 단어 세기(Word Count) 패턴, 그룹화(Grouping) 패턴, 조인(Join) 패턴, 필터링(Filtering) 패턴, 인버트 인덱스(Inverted Index) 패턴, 최대/최소값(Maximum/Minimum) 패턴, 통계(Statistics) 패턴 등이 있다.
조인(Join) 패턴은 두 개 이상의 데이터 세트를 조인하여 처리하는데 사용된다.

02 ④

FTP(File Transfer Protocol)는 대량의 파일(데이터)을 네트워크를 통해 주고받을 때 사용되는 파일 전송 프로토콜로, 동작 방식이 단순하고 직관적이며, 파일을 빠른 속도로 한꺼번에 주고받을 수 있다.

03 ②

데이터 획득을 위한 비용 절감, 보안성, 그리고 데이터에 대한 소유권의 확보 가능성은 내부데이터의 장점이며, 다양한 데이터에 대한 수집 가능성은 외부데이터의 장점이라 볼 수 있다.

04 ③

데이터 정제는 결측치 처리, 이상치(Outlier) 처리, 노이즈 처리를 말하며, 데이터 변환은 데이터 유형의 변화 및 분석 가능한 형태로 가공하는 것을 말한다.

05 ③

빅데이터 시대의 위기 요인으로는 사생활 침해, 책임원칙의 훼손, 데이터 오용으로 인한 위기가 발생할 수 있으며, 이는 동의에서 책임으로 강화, 결과 기반 책임 원칙을 고수, 알고리즘 접근을 허용하여 통제할 수 있다.

06 ①

정착형은 준비도는 낮으나 조직, 인력, 분석업무, 분석기법 등을 기업 내부에서 제한적으로 사용하고 있어 1차적으로 정착이 필요한 경우이다.

07 ②

분석 준비도는 조직 내 데이터 분석 업무 도입을 목적으로 현재 수준을 파악하기 위한 진단방법을 말하며, 분석 업무, 분석 인력 및 조직, 분석 기법, 분석 데이터, 분석 문화, 분석 인프라 총 6가지 영역으로 구성되어 있다.

08 ④

정형, 반정형, 비정형은 규모(Volume), 유형(Variety), 속도(Velocity), 품질(Veracity), 가치(Value) 총 5가지로 구성된 빅데이터의 특징 5V 중 유형의 특성을 말하며, 유형은 다양성이라고도 한다.

09 ②

빅데이터 분석 방법론은 분석 기획, 데이터 준비, 데이터 분석, 시스템 구현, 평가 및 전개 단계로 구성되어 있다.
데이터 전처리는 빅데이터 분석 방법론 5단계 중 데이터 준비 단계에서 수행한다.

10 ①

데이터 사이언스는 정형, 비정형 형태를 포함한 다양한 데이터로부터 지식과 인사이트를 추출하는데 과학적 방법론, 프로세스, 알고리즘, 시스템을 동원하는 융합분야로 의학이나 공학뿐만 아니라 다양한 분야에서 활용되고 있다.

11 ④

데이터 거버넌스는 전사 차원의 모든 데이터에 대하여 정책 및 지침, 표준화, 운영조직과 책임 등의 표준화된 관리 체계를 수립하고 운영하기 위한 프레임워크와 저장소를 구축하는 것으로, 원칙(Principle), 조직(Organization), 프로세스(Process)로 구성되어 있다.

12 ③

데이터 산업의 구조는 인프라 영역과 서비스 영역으로 나누어지며, 인프라 영역에서는 데이터 수집, 저장, 분석, 관리 등의 기능을 담당하고, 컴퓨터나 네트워크 장비 및 스토리지 같은 하드웨어 영역과 데이터를 관리하고 분석하기 위한 소프트웨어 영역으로 세분화되어 있다.
서비스 영역에서는 데이터를 활용하기 위한 교육이나 컨설팅 또는 솔루션을 제공하거나 데이터 그 자체를 제공 또는 이를 가공한 정보를 제공, 데이터를 처리하는 역할을 담당하기도 한다.
데이터 산업 자체가 Human to Human 상호작용을 강조하는 목적을 가지고 있는 것은 아니다.

13 ①

빅데이터 플랫폼은 위에서부터 소프트웨어 계층, 플랫폼 계층, 인프라스트럭쳐 계층 총 3개의 계층으로 구성되어 있다.

14 ③

분석 마스터 플랜이란 분석 과제를 수행함에 있어 그 과제의 목적이나 목표에 따라 전체적인 방향성을 제시하는 기본계획을 말하며, 분석 마스터 플랜 시 일반적인 정보전략계획 방법론을 활용할 수 있으나, 다만 데이터 분석 기획의 특성을 고려하여 수행하여야 한다.

또한 과제 도출 방법을 활용하여 데이터 분석 과제들을 빠짐없이 정의하여야 하며, 분석 과제의 중요도와 난이도 등을 고려하여 우선순위를 결정하여야 하고, 단기와 중장기로 나누어 분석 로드맵을 수립하여야 한다.
정보기술 및 시스템을 전략적으로 활용하기 위한 중장기 마스터 플랜을 수립하는 절차는 정보전략계획(ISP: Information Strategy Planning)이다.

15 ③

구분	내용
도메인 이슈 도출	• 분석 대상 과제 현황을 파악하고 개선과제를 정의 • 문제의 주요 이슈별로 개선방향을 도출하고, 개선방안을 수립하며, 빅데이터 요건 정의서를 작성
분석목표 수립	• 빅데이터 요건 정의서를 토대로 개선방향에 맞는 현실적인 분석목표를 수립 • 데이터 관련 정보, 분석 타당성 검토, 성과측정 방법 등을 포함한 분석목표 정의서를 작성
프로젝트 계획 수립	• 사전에 책정된 자원과 예산, 기간 등을 고려하여 분석 프로젝트 계획을 수립 • 분석목표정의서, 프로젝트 소요비용 배분계획을 바탕으로 작업분할구조도(WBS) 작성
보유 데이터 자산 확인	분석목표와 프로젝트 계획을 기반으로 현재 보유 중인 데이터의 품질이나 규모, 유형 등을 확인하고 법률적 이슈나 제약사항 등을 검토

16 ②

조직구조는 집중형, 기능형, 분산형으로 구분할 수 있다. 기능형은 별도의 분석전담조직이 없고 분산형은 DSCoE(분석전담조직)가 있다.

17 ①

ETL은 데이터의 추출(Extract), 변환(Transform), 적재(Load)의 약어로, 다양한 원천 데이터를 취합해 추출하고 공통된 형식으로 변환하여 적재하는 과정이다.

18 ④

탐색적 데이터 분석(EDA: Exploratory Data Analysis)이란 수집한 데이터가 들어왔을 때, 다양한 방법을 통해서 자료를 관찰하고 이해하는 과정을 의미하는 것으로 본격적인 데이터 분석 전에 자료를 직관적인 방법으로 통찰하는 과정을 말한다.
주성분분석(PCA: Principal Component Analysis)은 탐색적 데이터 분석 방법 중 하나로 다변량 자료에서 존재하는 비정규성이나 이상치를 발견하기 위하여 변수들의 상관관계가 존재하지 않는 새로운 변수를 구하는 것을 지칭한다.

19 ④

이기종 데이터 저장 장치를 하나의 데이터 서버에 연결하여 총괄적으로 데이터를 저장 및 관리하는 시스템은 네트워크 저장 시스템이다.

20 ②

병렬 DBMS는 분산 아키텍처를 가지고 있으며, 데이터 파티셔닝 및 병렬 처리를 통해 고성능을 제공한다. 또한 데이터 복제와 분산이라는 특성이 있으며, 이로 인해 데이터 변경에 따른 관리 비용이 발생한다.

오답 피하기
• 데이터 중복의 최소화는 관계형 DBMS의 특징이다.

2과목 빅데이터 탐색

21 ②

포아송 분포(Poisson Distribution)는 특정 시간 또는 공간 단위에서 발생하는 사건의 수를 모델링하는데 사용되는 확률 분포이다. 이 분포는 독립적인 사건이 일정한 비율로 발생하며, 연속적인 사건이 없는 경우에 적합하다. 포아송 분포는 사건의 수가 정수로 표현되는 이산 분포이며, 포아송 분포의 확률질량함수(Probability Mass Function)는 다음과 같이 정의된다.

$$p(x) = \frac{e^{-\lambda}\lambda^x}{x!} \quad e = 2.718281 \cdots$$

여기서, X는 사건의 수, k는 사건의 수, λ는 사건의 평균 발생 비율이다.

22 ②

먼저, 표본평균은 주어진 데이터의 총합을 데이터의 개수로 나눈 값이다.
표본평균 = (2+4+6+8+10) / 5 = 6
표본분산은 각 데이터와 표본평균 간의 차이를 제곱하여 모두 더한 후, 데이터의 개수 −1로 나눈 값이다.
표본분산 = ((2−6)^2 + (4−6)^2 + (6−6)^2 + (8−6)^2 + (10−6)^2) / 4 = (16+4+0+4+16) / 4 = 10

23 ③

최소값은 60, 최대값은 80이다.
최대−최소 정규화를 적용하기 위해 다음과 같은 공식을 사용한다.

$$\text{Min} - \text{Max 정규화} = \frac{(\text{데이터} - \text{최소값})}{(\text{최대값} - \text{최소값})}$$

각 데이터에 대해 위의 공식을 적용하여 정규화된 값을 계산하면 아래와 같다.

$$\text{정규화된 값1} = \frac{(60-60)}{(80-60)} = \frac{0}{20} = 0$$

$$\text{정규화된 값2} = \frac{(70-60)}{(80-60)} = \frac{10}{20} = 0.5$$

$$\text{정규화된 값2} = \frac{(80-60)}{(80-60)} = \frac{20}{20} = 1$$

정규화된 값들을 모두 합산하면 0+0.5+1=1.5

24 ③

- Smoothing(평활화) : 데이터의 변동을 줄이기 위해 주변 데이터를 평균화하거나 필터링하여 부드럽게 만드는 기법으로, 이동평균이나 가우시안 필터를 사용하여 노이즈를 완화시키는 방법 등이 있다.
- 정규화 : 데이터를 특정 범위로 변환하여 스케일링하는 방법이다. 주로 데이터의 값을 0과 1 사이로 조정하거나 평균이 0이고 표준편차가 1이 되도록 변환하는 방법을 사용한다. 이는 데이터의 분포를 재조정하여 노이즈를 제거하거나 감소시키는 데 도움을 줄 수 있다.
- 이동평균(Moving Average) : 이동평균은 인접한 데이터들의 평균을 계산하여 데이터의 부드러움을 증가시키는 방법이다. 주변 데이터를 평균화하여 노이즈를 완화할 수 있다.

오답 피하기

- 이산화 : 연속적인 데이터를 구간 또는 범주로 나누는 방법이다. 이산화를 통해 데이터를 구간별로 묶어서 분석할 수 있다. 이산화 자체는 노이즈를 제거하기 위한 목적으로 사용되지 않지만, 이산화 후에 다른 방법들을 적용하여 노이즈를 제거할 수 있다.

25 ②

회귀 모델에서 독립변수의 수에는 절편(intercept)도 포함된다. 독립변수 12개에 대해 각각 3개의 범주를 가진다고 가정하면, 하나의 독립변수당 범주별 회귀계수는 범주 수−1개가 필요하다. 따라서, 하나의 독립변수당 회귀계수의 수는 3−1=2가 된다. 절편은 회귀 모델에서 모든 독립변수가 0일 때의 예측값을 나타내는 상수항이다. 따라서 절편에 해당하는 회귀계수는 1개이다. 따라서, 독립변수 12개와 절편을 포함하는 모형에서의 회귀계수의 수는 12 * 2 + 1 = 24 + 1 = 25

26 ①

범주형 변수가 많은 경우 원-핫 인코딩을 적용하면 변수의 개수가 기하급수적으로 증가할 수 있다. 이는 차원의 저주(curse of dimensionality) 문제를 야기할 수 있다. 차원의 저주는 변수 개수가 증가함에 따라 데이터 희소성이 증가하고 모델의 학습이 어려워지는 현상이다.
따라서 원-핫 인코딩은 범주형 변수를 수치형 변수로 변환하는 유용한 방법이지만, 공간효율적인 방법은 아니며 변수의 차원 증가에 따른 공간 사용량 증가에 유의해야 한다. 필요한 경우 변수의 차원을 줄이기 위해 차원 축소 기법 등을 고려할 수 있다.

27 ③

비정형 데이터는 다양한 형식과 구조를 가진다. 텍스트, 이미지, 오디오, 비디오 등 다양한 형식의 데이터가 포함될 수 있으며, 데이터의 구조가 일정하지 않을 수 있다. 비정형 데이터는 정형 데이터와는 달리 유연하게 변할 수 있는 특성을 가지고 있다.

오답 피하기

- ① NoSQL은 비정형 데이터를 효율적으로 저장하고 처리할 수 있는 유연한 데이터 모델을 제공한다. 하지만, 반드시 NoSQL을 사용해야 하는 것은 아니다. 비정형 데이터를 다루는 데에는 다양한 도구와 기술이 존재한다.
- ② 데이터 레이크(Data Lake)와 데이터 웨어하우스(Data Warehouse)는 비정형 데이터를 다루는 데 사용되는 개념으로 각각 다른 목적과 특성을 가지고 있다. 데이터 레이크는 다양한 형식의 비정형 데이터를 저장하고 분석하기 위한 유연한 저장소로 사용되며, 데이터 웨어하우스는 구조화된 데이터를 저장하고 분석하는데 주로 사용된다. 데이터 레이크와 데이터 웨어하우스는 비정형 데이터를 다루는데 함께 사용될 수 있고, 필요에 따라 데이터를 추출하여 데이터 웨어하우스에서 정제하거나 분석할 수도 있다.
- ④ 비정형 데이터는 일반적으로 정형 데이터보다 큰 양으로 존재하는 경우가 많다. 예를 들어, 소셜 미디어 게시물, 로그 파일, 센서 데이터 등은 초당 수천 개에서 수백만 개까지 발생할 수 있다.

28 ①

실제로 클래스 불균형 문제를 다룰 때, Weight Balancing 기법을 사용하는 것이 일반적이다. Weight Balancing은 모델 학습 시 손실 함수에 클래스 불균형을 고려한 가중치를 부여하여 학습 과정에서 손실을 보상하는 방식이다. 이를 통해 소수 클래스의 중요도를 높이고, 모델이 불균형한 데이터에 민감하게 반응하는 것을 보정할 수 있다.

오답 피하기

- ③ 클래스 불균형은 클래스의 개수에 의해 결정되지 않는다. 클래스의 분포가 불균형하게 분포되어 있을 때 클래스 불균형 문제가 발생한다.
- ④ 복합샘플링은 클래스 불균형 문제에 대한 효과적인 해결책 중 하나로 알려져 있으며, 언더샘플링과 오버샘플링을 조합함으로써 데이터의 균형을 맞출 수 있다.

29 ②

파생변수 생성은 기존 변수들을 기반으로 새로운 변수를 만드는 것이지만, 결측치를 처리하는 방법은 파생변수 생성과는 다른 개념이다.

결측치를 주변값으로 채우는 것은 결측치 대체(Missing Data Imputation)라는 개념으로, 결측치를 다른 값으로 대체하여 데이터를 완전하게 만드는 과정이다. 이는 데이터의 왜곡을 줄이고 분석의 정확성을 유지하기 위해 수행된다.

30 ③

딥러닝은 머신러닝의 한 종류로 볼 수 있다. 즉, 딥러닝은 머신러닝에 속하는 하위 분야이다.

딥러닝은 인공신경망을 기반으로 한 깊은 구조의 학습 방법을 의미하며, 많은 양의 데이터와 복잡한 모델을 사용하여 다양한 특징을 학습하는 것을 특징으로 한다.

머신러닝은 다양한 알고리즘과 방법론을 사용하여 데이터의 패턴을 학습하고 유추하는 것을 목표로 한다.

31 ①

PCA에서는 정방행렬을 사용하며, 주로 공분산행렬이나 상관행렬이 활용된다. 음상관행렬과의 곱으로 바꾸는 것은 PCA의 과정과는 관련이 없다.

오답 피하기
- ② PCA는 데이터 행렬을 비음수 행렬로 가정하는 경우도 있다. 이를 Non-negative Matrix Factorization (NMF)이라고 하며, 데이터를 비음수 행렬의 곱으로 분해하여 주성분을 추출하는 방법이다.
- ③ PCA에서는 고유값이 큰 순서대로 주성분을 선택하여 데이터의 변동성을 설명하는 성분을 찾는다. 고유값은 주성분의 중요도를 나타내며, 주성분은 데이터의 분산을 가장 잘 설명하는 축으로 해석된다.
- ④ PCA는 다양한 분야에서 활용된다. 차원 축소를 할 수 있으며, 데이터의 시각화, 변수 선택, 잡음 제거 등에 활용될 수 있다.

32 ①

박스 플롯(Box Plot)은 데이터의 분포와 이상치(Outlier)를 시각화하는 통계 그래프이다. 박스 플롯은 데이터의 중앙값, 사분위수(Quartiles), 최소값, 최대값 등을 표현하여 데이터의 대략적인 분포와 이상치를 쉽게 파악할 수 있게 한다.

33 ③

혈액형은 일반적으로 A형, B형, AB형, O형과 같이 몇 가지 고유한 범주 값으로 구성된다. 따라서 연속적인 값을 가지는 변수가 아닌 범주형 변수이다.

연속형 변수는 무한히 많은 값을 가질 수 있는 변수를 말한다. 키, 실내 온도, 책 두께는 연속형 변수에 해당된다. 키는 연속적인 값을 가질 수 있는 변수이며, 실내 온도와 책 두께도 연속적인 값을 가질 수 있는 변수이다.

34 ③

오답 피하기
- ① 측정 오류 : 데이터 수집 또는 측정 과정에서 발생한 오류로 인해 이상값이 발생할 수 있다. 예를 들어, 계기의 오작동, 사람의 실수, 측정 기기의 정확성 등이 이에 해당한다.
- ② 처리 오류 : 데이터 처리 단계에서 발생하는 오류로 인해 이상값이 발생할 수 있다. 예를 들어, 데이터 입력 오류, 데이터 변환 오류, 분석 과정에서의 실수 등이 이에 해당한다.
- ③ 표본 오류 : 표본 오류는 통계적인 추정이나 표본 추출 과정에서 발생하는 오차를 의미한다. 이는 표본의 크기가 작거나 추출 방법이 편향되었을 때 발생할 수 있다.

35 ①

사분위수는 데이터를 크기별로 정렬했을 때 25%, 50%, 75% 위치에 해당하는 값이다. 이때 3분위에서 1분위를 뺀 것은 IQR(Interquartile Range)로, 데이터의 중간 50% 범위를 나타낸다.

36 ④

다항 분포, 포아송 분포, 기하 분포는 이산 확률분포이고 지수분포는 연속 확률분포이다.

37 ③

결측치가 있는 데이터를 분석에서 완전히 제거한다면 데이터의 손실이 발생할 수 있다. 따라서, 완전 삭제법은 결측치 처리 방법으로 옳지 않다.

오답 피하기
- ① 단순 대체법 : 결측치를 다른 값으로 대체하는 방법이다. 대체될 값은 평균, 중앙값, 최빈값 등으로 선택될 수 있다.
- ② 다중 대체법 : 결측치를 예측 모델을 사용하여 다른 값으로 대체하는 방법이다. 다른 변수들을 이용하여 결측치를 예측하고 대체한다.
- ④ 회귀 대체법 : 회귀 모델을 사용하여 결측치를 예측하는 방법이다. 다른 변수들을 이용하여 회귀 모델을 구축하고, 결측치를 예측한 값을 대체한다.

38 ①

평균값으로 이상치를 대체하는 것은 데이터의 신뢰성을 저하시킬 수 있다. 이상치는 일반적인 데이터 패턴과 동떨어진 값으로, 평균값에 큰 영향을 미칠 수 있다. 이상치를 평균값으로 대체하면 데이터의 분포와 특성이 왜곡될 수 있으며, 이로 인해 분석 결과에 왜곡이 생길 수 있다.

39 ③

V자 모양의 그래프에서 A-B 구간 상관 관계는 음이고 B-C구간 상관 관계는 양이다.

오답 피하기
- ① A-B 구간을 1차식으로 근사하면 1차식 x의 부호는 마이너스이다.
- ② 전체적으로 아래로 볼록인 형태이므로 제곱항 x^2의 부호는 양수가 됨을 예상할 수 있다.
- ④ A-C 구간에 대한 설명이 없기 때문에 순환 성분을 보인다는 설명은 이 그래프에서는 판단이 어려운 부분이다.

40 ②

데이터 정제 단계에서 일반적으로 처리 데이터의 축소는 이루어지지 않는다. 데이터 축소는 데이터 전처리의 다른 단계에서 필요한 경우에 사용될 수 있지만, 데이터 정제의 목적은 데이터의 품질 향상이므로 데이터의 축소는 해당하지 않는다. 데이터 정제 단계에서는 결측치 처리, 이상치 처리, 중복 데이터 처리 등의 작업이 주로 이루어진다.

3과목 빅데이터 모델링

41 ③

GRU(Gated Recurrent Unit)는 LSTM(Long Short-Term Memory)과 비교하여, 출력, 입력, 삭제 게이트의 3개 게이트 대신에 업데이트 게이트와 리셋 게이트를 사용하여 은닉 상태를 업데이트 하는 계산의 효율성을 향상시킨다. GRU는 LSTM과 비슷한 장기 의존성 문제를 다루면서도 더 간결한 구조를 가지고 있다.

42 ②

F1 score는 정밀도와 재현율의 조화평균이다.
- 조화평균 : 데이터 값들의 역수의 산술평균의 역수
- 기하평균 : 데이터 값들의 곱을 데이터 값의 개수로 제곱근을 취한 값

43 ③

오즈비(Odds Ratio)는 범주별 오즈에 대한 비를 계산한다. 실험군에서의 사건발생/비발생에 대한 비와 대조군에서의 사건발생/비발생에 대한 비로 나눈다.

흡연자 폐암 발병률 = 20/200 = 0.1
비흡연자 폐암 발병률 = 4/200 = 0.02
오즈비 = (0.1/(1−0.1)) / (0.02/(1−0.02)) = 0.1111/0.0204 ≒ 5.44

44 ②

범주형 변수를 예측하는 모델인 로지스틱 회귀(Logistic Regression)에서 예측변수로부터 세 개 이상의 사건(즉, 범주)을 갖는 종속변수의 사건발생 확률을 예측하는 모델이 수립된다.

45 ④

공분산은 동일 시간대에서 두 개 변수 간 상관관계를 분석하는 통계적 지표이다. 서로 다른 두 개의 시간대에서 변수값 간의 상관관계는 자기상관관계로 시계열 데이터 변화 추이를 볼 수 있다.

46 ①

다중공선성은 독립변수 간 상관관계를 뜻하며 VIF는 이러한 상관관계가 있는지 측정하는 척도이다.

$$VIF_i = \frac{1}{1 - R_i^2} = 10$$이 넘을 경우 다중공선성이 있다고 판단

오답 피하기
- ② Mallow의 Cp 통계량은 모델의 예측력과 모델 복잡도를 고려하여 변수 선택을 평가하는 지표이다.
- ③ 스튜던트 잔차는 회귀분석에서 각 관측값의 잔차를 표준화한 값으로, 이상치나 모형 가정 위반을 탐지하는 데 사용될 수 있다.
- ④ AIC(Akaike Information Criterion)는 모델의 적합도와 모델의 복잡도를 통합적으로 고려하여 변수 선택을 평가하는 지표이다.

47 ②

C45가 아닌 C4.5이다. C5.0과 함께 정보 이득(information gain) 개념을 사용하여 분리 기준을 결정하는 알고리즘이다. 인공지능, 기계학습 분야에서 개발, 발전되어 왔다.

48 ①

MSE(Mean Squared Error)는 예측값과 실제값의 차이를 제곱하여 평균한 평균제곱오차로 다중선형회귀 평가지표로 활용된다.

오답 피하기
- ② AIC는 모델의 적합도와 복잡도를 고려하여 모델을 평가하는 지표이다.
- ③ BIC는 AIC와 유사하게 모델의 적합도와 복잡도를 고려하여 모델을 평가하며 페널티 항을 더 강조한다.
- ④ AUC는 분류 모델의 성능을 측정하는 평가지표로 ROC 곡선 아래의 면적이다.

49 ③

랜덤 포레스트 알고리즘은 배깅을 사용한다. 부스팅은 이전 약학습기의 오류를 보완하면서 순차적으로 학습하는 방식이며, 랜덤 포레스트는 독립적인 의사결정 트리를 생성하여 다수결 투표로 결과를 결합하는 방식이다. 랜덤 포레스트는 부트스트랩된 훈련 표본들에 대해 다수의 의사결정 트리를 만들며 이는 배깅의 특징이다.

50 ①

노드 조건에 부합하면 좌측 노드로, 부합하지 않으면 우측 노드로 이동하여 [X_1 | 10〈X〈12] [X_2 | 5〈X〈7] 조건에 최종 부합하는 값을 찾는다.

51 ①

수정된 결정계수는 회귀 분석에서 독립변수가 종속변수의 변동을 얼마나 잘 설명하는지 나타내는 지표로, 독립변수 개수가 적어진다고 해서 수정된 결정계수 R^2가 항상 커지는 것은 아니며 감소할 수도 있다.

52 ②

종단면은 하나의 변수를 여러 시점에서 관측한 자료로 특정 독립변수가 존재한다. 시계열 데이터에서는 시간에 따른 관측값의 연관성을 분석하므로, 동일한 시간에 대한 여러 관측값은 서로 상관 관계를 가질 수 있다. 지수평활법은 최근의 자료에 더 높은 가중치를 부여하여 최신 정보에 더 민감하게 반응한다.

53 ③

Causal Discovery는 데이터 칼럼을 모두 독립변수 X로 정의하고 시작한다.

54 ①

오차항은 종속변수와 선형관계가 아니다. 오차항은 종속변수의 실제 값과 모델이 예측한 값 사이의 차이를 나타낸다.

55 ③

변동계수는 측정단위가 다른 자료 간의 흩어진 정도를 비교할 때 활용된다. 표준편차를 평균으로 나눔으로써 상대적인 산포의 척도를 비교할 때 사용되며, 값이 클수록 상대적인 크기가 크다고 할 수 있다.

56 ①

통계적 추론은 표본집단을 추출하여 모집단의 특성을 추론한다.

57 ①

독립/종속변수 설정 뒤 관련성 정도와 영향도에 대해 회귀계수를 추정하고, 이에 대한 유의성 검정 뒤 전체 모형에 대한 유의성을 검정한다.

58 ②

과적합은 인공신경망이 학습 데이터에 지나치게 적합되어 일반화 능력이 저하되는 현상이다.
가중치의 크기는 L1 정규화 또는 가중치 감쇠와 같은 기술을 사용하여 조절한다.

59 ③

부스팅은 순차적으로 학습하는 앙상블 방법이다. 초기에는 약한 분류기를 사용하여 학습을 시작하고, 이후에는 이전 분류기가 잘못 분류한 샘플에 가중치를 부여하여 학습시킨다. 이런 식으로 여러 개의 약분류기를 결합하여 강분류기를 만들어나간다.
배깅은 동시 병렬적으로 학습한다.

60 ②

오즈는 사건이 발생할 확률(p)과 발생하지 않을 확률(1-p)의 비율로 정의된다. 이항로지스틱 회귀분석에서의 회귀계수는 로그 오즈(odds)의 변화율을 나타낸다. 로지스틱 회귀분석에서 변수 x가 1단위 증가함에 따른 로그 오즈의 변화하는 비율인 오즈비는 e^{β_1} 만큼 변화한다고 볼 수 있다.

$$\frac{odds(x_1+1,\ldots,x_p)}{odds(x_1,\ldots,x_p)} = \frac{e^{\beta_0 + \beta_1(x_1+1) + \beta_2 x_2 + \ldots + \beta_p x_p}}{e^{\beta_0 + \beta_1 x_1 + \beta_2 x_2 + \ldots + \beta_p x_p}} = e^{\beta_1}$$

4과목 빅데이터 결과 해석

61 ①

Leave-One-Out 교차 검증(LOOCV)은 각 데이터 포인트를 테스트셋으로 사용하고 나머지 데이터를 훈련셋으로 사용하여 모델을 평가하는 방법이다. 데이터셋이 작을 때 유용하며, k-폴드 교차 검증보다 더 많은 모델 훈련을 필요로 하지만 편향되지 않은 모델 성능을 제공하는 장점이 있다.

62 ④

AdaGrad는 기울기의 크기에 따라 학습률(Learning Rate)을 조절하여 효과적인 학습을 도와주는 매개변수 최적화 방법이다.

63 ③

F1 스코어는 정밀도(Precision)와 재현율(Recall)을 결합한 조화평균 지표로 값이 클수록 모형이 정확하다고 판단할 수 있다.

$$F1\ score = \frac{2}{\dfrac{1}{recall} + \dfrac{1}{precision}} = 2 \times \frac{precision \cdot recall}{precision + recall}$$

64 ②

DBSCAN은 데이터의 밀도를 기반으로 클러스터를 형성하는 밀도기반 군집화 알고리즘이다. 밀도가 높은 지역을 클러스터로 인식하고, 데이터 포인트들이 서로 밀접하게 연결되어 있는 밀집 지역을 찾는 방식으로 작동한다.
DBSCAN은 클러스터의 개수를 미리 지정할 필요가 없으며, 이상치를 탐지하는 데에도 유용하다.

65 ②

타임라인은 시간에 따른 데이터나 이벤트를 나타내는 인포그래픽 유형으로 시간적인 흐름을 시각화하여 연속적인 사건이나 변화를 이해하기 쉽게 한다.

66 ②

콘셉트 맵 인포그래픽은 복잡한 주제나 개념을 시각적으로 구조화하여 그들 사이의 관계와 연결성을 나타내는 데 초점을 둔 유형이다. 이 유형의 인포그래픽은 주제에 대한 개념을 중심으로 그 주제와 관련된 하위 개념, 세부 내용, 핵심 아이디어 등을 네트워크 형태로 표현한다.

67 ④

스타차트는 하나의 공간에 각각의 변수를 표현하는 몇 개의 축을 그리고, 축에 표시된 해당 변수의 값들을 표시한 후 이들을 연결하여 차트를 완성한다.

68 ②

점그래프는 가로축을 시간축으로 하여 시간시각화 도구로 사용할 수 있다.

69 ③

ROC 곡선은 가로축을 1-특이도, 세로축을 민감도로 하여 그리는 곡선으로 분류 모형의 정확도를 평가하는데 주로 사용된다. 특이도는 음성으로 예측한 것이 실제 음성인 것의 비율이며, 음성인 것을 양성으로 잘못 예측한 비율은 1-특이도이다.

70 ④

Kolmogorov-Smirnov 검정은 두 분포 간의 차이를 비교하는 비모수적 통계 검정 방법으로 누적분포함수(CDF: Cumulative Distribution Function)를 사용하여 두 분포의 차이를 측정한다. 또한, 주어진 표본 데이터가 이론적으로 기대되는 분포(이항분포, 정규분포, 포아송분포 등)와 일치하는 지의 여부를 검정할 때 이용된다.

71 ①

반복 횟수는 정해져 있지 않다.

72 ①

k-폴드 교차검증은 데이터셋을 k개의 폴드로 나누고, k-1개의 폴드를 학습 데이터셋으로, 나머지 하나를 검증 데이터셋으로 사용한다. 데이터셋을 바꿔가면서 k번을 반복하고, 이들의 평균으로 최종 검증 결과를 판단한다.

73 ②

오차범위가 0.01 이내인 독립변수의 회귀계수 값이 클수록 영향을 많이 미치는 것으로 해석할 수 있다. 효과성의 오차범위는 0.0733으로 오차범위 0.01보다 크므로 서비스 만족도에 영향을 미친다고 해석할 수 없다.

74 ③

교차검증에 대한 설명이다. 스트라티파이드(Stratified) 분할 방법은 클래스 불균형이 있는 경우, 각 클래스의 비율을 유지하면서 데이터를 분할하는 방법으로, 분류 문제에서 클래스별로 균형있는 훈련, 검증 및 테스트셋을 생성하는 데 사용된다.

75 ①

산점도(Scatter Plot)는 두 변수 간의 관계를 시각화하기 위해 사용되는 그래프로, x축과 y축에 해당하는 변수의 값들을 좌표 평면 상에 점으로 나타내어 표현한다.

76 ④

반복 횟수는 모델과 데이터의 특성에 따라 달라지며, 학습률에 따라 반복 횟수를 설정하는 것은 아니다.

77 ④

배깅은 개별 모델의 분산을 감소시키고 예측의 안정성을 향상시킨다. 하지만 개별 모델의 편향을 감소시키거나 개선하지는 않는다.

78 ②

인포그래픽을 위해서 시각화 소프트웨어를 설치할 필요는 없다.

79 ②

매개변수는 모델의 학습과정에서 조정되는 값으로, 선형회귀 모형의 기울기와 절편이 대표적인 매개변수이다.
초매개변수는 모델을 정의하거나 조정하기 위해 사람이 직접 설정하는 값으로, 학습률, 배치 크기, 반복횟수 등이 대표적인 초매개변수이다.

80 ①

기계학습 중에서 회귀분석이나 의사결정트리 등은 결과물에 대한 설명이 가능하다.

01 ③	02 ②	03 ③	04 ③	05 ①
06 ①	07 ②	08 ④	09 ①	10 ④
11 ①	12 ④	13 ②	14 ①	15 ③
16 ④	17 ①	18 ②	19 ④	20 ③
21 ④	22 ①	23 ②	24 ①	25 ②
26 ④	27 ①	28 ④	29 ②	30 ②
31 ①	32 ④	33 ③	34 ③	35 ④
36 ①	37 ③	38 ④	39 ④	40 ②
41 ④	42 ②	43 ④	44 ④	45 ②
46 ②	47 ②	48 ③	49 ④	50 ①
51 ③	52 ③	53 ②	54 ②	55 ②
56 ②	57 ③	58 ②	59 ④	60 ④
61 ③	62 ③	63 ②	64 ①	65 ②
66 ②	67 ①	68 ③	69 ④	70 ①
71 ③	72 ③	73 ②	74 ④	75 ①
76 ③	77 ②	78 ①	79 ④	80 ②

1과목 빅데이터 분석 기획

01 ③

WBS는 프로젝트 계획 수립 단계에서 작성하며, 분석 과정에서 실제 수행되어야 하는 작업을 세분화하여 일정 및 산출물 등을 정리한다.

02 ②

CRISP-DM 방법론은 비즈니스 이해 → 데이터 이해 → 데이터 준비 → 모델링 → 평가 → 전개 단계로 진행된다.

03 ③

머신러닝은 인공지능의 한 분야에 속하며, 딥러닝은 머신러닝의 한 분야인 인공신경망 기법을 발전시킨 기술이다.

04 ③

Data Engineer : 데이터 플랫폼에 대한 설계 및 데이터 흐름 관리와 모델 배포 등 데이터 분석 환경을 설계하고 구축한다.

오답 피하기
- ② Data Architect : 비즈니스 요건을 구현하기 위한 데이터의 흐름, 표준, 원칙 등을 규정한다.
- ④ Data Modeler : 데이터 처리를 위한 논리 모델과 물리 모델의 설계 및 개발을 수행한다.

05 ①

데이터 범주화는 데이터를 해당 그룹의 대표 값이나 구간 값으로 변환하여 원래의 값을 숨기는 기법이다.

06 ①

데이터 품질 진단 절차는 품질 진단 계획 수립 → 품질기준 및 진단 대상 정의 → 데이터 품질 측정 → 데이터 품질 측정 결과 분석 → 데이터 품질 개선 단계로 이루어진다.
이 중 데이터를 측정하고 분석하여 수치를 산출하는 단계는 데이터 품질 측정 단계이다.

07 ②

데이터 3법 개정으로 가명처리 방법이 도입되었으며, 이 때 가명처리 된 가명정보의 경우 정보주체의 동의 없이 활용 가능하다.

08 ④

반정형 데이터는 값과 형식이 일정하지 않지만 스키마나 메타데이터를 가지고 있어 데이터의 구조를 이해하기에 용이한 데이터이며, XML, HTML, 웹 로그, JSON 파일, RSS, 센서 데이터 등이 이에 해당한다.

09 ①

총계처리는 개인정보에 통계치를 적용하여 특정 개인을 식별할 수 없게 하는 개인정보 비식별화 기법이다.

10 ④

FGI(Focus Group Interview)는 관찰자 역할의 연구자가 6~12명 정도의 동일한 소수 집단을 대상으로 특정 주제에 대하여 자유로운 토론을 이끌어내 자료를 수집한다.

오답 피하기
- ① 스캠퍼(SCAMPER) : 창의적 문제 해결 기법으로, 기존 아이디어를 변형, 조정, 조합 등의 다양한 방법으로 발전시키는 것을 목적으로 한다.
- ② 브레인스토밍(Brainstorming) : 참여자들이 자유롭게 생각을 나열하고 아이디어를 제시하는 방식이다.

11 ②

FTP는 TCP/IP 기반의 파일 송수신을 위한 응용계층 통신 프로토콜로, 시스템 간에 파일을 공유하기 위한 기술이다.

12 ④

전이학습(Transfer Learning)은 특정 분야에서 학습된 신경망을 다른 분야의 신경망 학습에 활용하기 위한 방법이다.

13 ②

데이터 분석 방법론은 분석 기획 → 데이터 준비 → 데이터 분석 → 시스템 구현 → 평가 및 전개 단계로 이루어져 있다.
이 중 데이터 준비 단계에서 분석하고자 하는 데이터의 정의, 데이터 저장을 위한 설계, 데이터 수집 및 품질 검증 등을 수행한다.

14 ①

빅데이터 플랫폼 구조는 소프트웨어 계층, 플랫폼 계층, 인프라 스트럭처 계층으로 나누어진다.
소프트웨어 계층은 데이터 수집과 처리 및 분석을 하는 응용소프트웨어가 처리되는 영역이고, 플랫폼 계층은 작업 관리나 데이터 및 자원 할당과 관리 등이 이루어지는 영역이며, 인프라 스트럭처 계층은 네트워크나 스토리지 등 자원 제공 및 관리를 수행하는 영역이다.

15 ③

병렬 DBMS는 대규모 데이터 처리를 위해 데이터를 일정 단위로 나누어 병렬로 트랜잭션 처리를 하는 시스템으로, 데이터를 중복하여 저장하는 것이 아니다.

16 ④

빅데이터 분석 시 수익 증대를 기대할 수 있으나, 항상 경제적 이익을 얻을 수 있는 것은 아니다.

17 ①

ETL은 원천 데이터를 DW(Data Warehouse)나 DM(Data Mart)으로 이동하기 위해 여러 시스템으로부터 필요한 데이터를 추출(Extract)하고, 변환(Transform)하여, 적재(Load)하는 기술이다.

18 ②

예측 분석은 과거나 현재 데이터를 분석하여 미래에 발생 가능한 일을 예측할 수 있는 방법이다.

> **오답 피하기**
> - ① 군집 분석은 비슷한 특성을 가진 개체들을 그룹화하는 분석 방법이다. 예측보다는 데이터의 유사성이나 군집 간의 차이를 파악하는 데 사용한다.
> - ③ 연관 분석은 발생 빈도나 연관성을 분석하여 규칙을 도출하는 분석 방법이다.
> - ④ 판별 분석은 주어진 데이터를 이용하여 목표 변수를 가장 잘 구별하는 분류 모델을 구축하는 분석 방법이다.

19 ④

모델 발전 계획 수립은 평가 및 전개 단계에서 진행된다.

20 ③

텍스트 마이닝(Text Mining)은 텍스트 데이터에서 특정 패턴이나 관계를 발견하여 유의미한 정보를 찾아내는 데이터 분석 방법이다.

2과목 빅데이터 탐색

21 ④

모평균 μ의 신뢰구간을 추정하는 식은

$$\overline{X} - Z_{\frac{\alpha}{2}} \cdot \frac{\sigma}{\sqrt{n}} \leq \mu \leq \overline{X} + Z_{\frac{\alpha}{2}} \cdot \frac{\sigma}{\sqrt{n}}$$

이며, 여기에서 Z(α/2)는 오른쪽 면적이 α/2인 표준정규분포를 따르는 Z값으로 95% 신뢰수준일 때 1.9600이다.

22 ①

단위 시간 안에서 어떤 사건이 몇 번 발생했는지를 나타내주는 이산확률분포는 포아송 분포이다.

> **오답 피하기**
> - ② 기하 분포는 첫 번째 성공까지의 시행 횟수를 모델링한다.
> - ③ 정규 분포는 연속 확률 변수의 분포를 모델링한다.
> - ④ 이항 분포는 동일한 확률로 이진 결과를 갖는 여러 독립적인 시행을 모델링한다.

23 ②

공분산이 0이라는 것은 두 변수 간의 선형적인 관계가 없음을 의미한다. 그러나 두 변수가 완전히 독립적이라는 것은 아니며 다른 종류의 상관성은 존재할 수 있다.

- 서로 독립적인 변수는 통계적으로 독립적인 사건으로 볼 수 있으며, 한 변수의 변화가 다른 변수에 영향을 미치지 않는 관계를 가지고 있다. 이러한 경우 공분산은 0이 되며, 공분산 행렬의 비대각 성분은 모두 0이 된다.
- 그러나 공분산이 0이라고 해서 항상 독립적인 관계인 것은 아니다. 예를 들어, 두 변수가 비선형적인 관계를 가지고 있을 수 있으며, 이러한 경우에도 공분산은 0이 될 수 있다. 또한, 다른 종류의 관계(이차항 관계, 상호작용 효과 등)가 존재할 수도 있다. 이 경우에는 공분산이 0이 되지 않을 수 있다.

따라서, 변수 간의 독립성 여부를 판단하기 위해서는 공분산 이외의 다른 통계적 검정이나 분석을 사용해야 한다.

24 ①

대응표본은 동일한 개체 또는 그룹에 대해 두 가지 조건을 비교하는 경우에 사용된다. 이 경우에는 같은 사람에게 약을 투여하기 전과 후의 체중을 비교하고자 하므로 대응표본 분석이 적절하다.

또한, 문제에서는 "약 투여 후 체중이 줄었는지 검정하기"를 요구하고 있으므로 단측 검정을 사용해야 한다. 단측 검정은 가설을 설정할 때, 대립가설(약 투여 후 체중이 감소했다)의 한 방향성을 고려하여 검정한다.

25 ④

t-분포는 (1)작은 표본 크기와 (2)모집단의 표준 편차를 알지 못하는 경우에 주로 사용되며, 정규분포는 (1)큰 표본 크기와 (2)모집단의 표준 편차를 알고 있는 경우에 사용된다.

26 ④

불균형 데이터는 다수 클래스의 영향으로 정확도가 높게 나타나지만 소수 클래스의 재현율은 급격히 작아지는 문제가 있다. 모델의 성능 평가는 다른 지표들을 함께 고려해야 한다.

①은 언더샘플링, ②는 오버샘플링, ③은 가중치 균형방법이다.

27 ①

피어슨 상관계수(Pearson Correlation Coefficient)는 두 변수 간의 선형적인 관계의 강도와 방향을 측정하는 통계적 지표로 −1과 1 사이의 값을 가진다.

　1에 가까울수록 강한 양의 선형 관계. 즉, 한 변수가 증가하면 다른 변수도 증가

　−1에 가까울수록 강한 음의 선형 관계. 즉, 한 변수가 증가하면 다른 변수는 감소

　0에 가까울수록 두 변수 간에는 선형적인 관계가 거의 없음

피어슨 상관계수는 변수 간의 선형적인 상관관계만을 측정하며, 인과관계를 나타내지는 않는다.

28 ④

양의 왜도 값을 가지는 경우이므로 로그변환, 제곱근변환, 역수변환과 같은 경우가 해당된다.

이러한 변환 방법은 왜도를 줄이거나 비대칭성을 보정하여 데이터를 정규분포에 가깝게 만들 수 있다.

왜도값	변환방법
양수	로그변환, 제곱근변환, 역수변환
음수	지수변환, 제곱변환

29 ②

클래스 불균형(Class Imbalance)은 분류 문제에서 하나의 클래스가 다른 클래스보다 훨씬 많은 데이터를 가지는 상황을 의미한다. 클래스 불균형이 발생하면 모델이 일반적으로 빈도가 높은 클래스에 편향되어 학습하게 되어 정확도가 낮아질 수 있다. 이러한 문제를 해결하기 위해 다음과 같은 접근 방법을 사용할 수 있다.

- 언더샘플링(Undersampling) : 다수 클래스의 데이터를 일부만 사용하여 클래스 간의 균형을 맞춘다. 랜덤 언더샘플링은 다수 클래스에서 무작위로 일부 데이터를 선택하는 것이며, 클러스터링 및 군집화와 같은 방법을 사용하여 언더샘플링을 수행할 수도 있다.
- 오버샘플링(Oversampling) : 소수 클래스의 데이터를 복제하거나 합성하여 데이터의 양을 늘린다. 랜덤 오버샘플링은 소수 클래스의 데이터를 복제하는 것이며, SMOTE(Synthetic Minority Over-sampling Technique)와 같은 알고리즘은 소수 클래스 데이터를 합성하여 새로운 샘플을 생성한다.
- 가중치 부여(Weighting) : 모델 학습 시 소수 클래스의 오분류 비용을 높이는 방식으로 가중치를 부여한다. 일부 알고리즘은 클래스 불균형을 다루기 위한 가중치 매개변수를 제공한다. 이 가중치를 조정하여 소수 클래스에 더 큰 중요도를 부여할 수 있다.

30 ②

평활화(Smoothing)는 데이터의 변동을 줄이고 노이즈를 제거하여 데이터의 추세나 패턴을 부드럽게 만드는 기술로 데이터 시계열 분석, 데이터 시각화, 데이터 예측 등 다양한 분야에서 사용된다. 주요 평활화 기법으로 이동평균법, 지수평활법, Savitzky-Golay 필터법 등이 있다.

31 ①

박스플롯은 자료로부터 얻은 통계량인 5가지 요약 수치(최솟값, 제1사분위(Q1), 제2사분위(Q2), 제3사분위(Q3), 최댓값)를 가지고 그린다.
제1사분위 수(Q1)는 중앙값 기준으로 하위 50% 중의 중앙값 즉, 전체 데이터 중 하위 25%에 해당하는 값으로 25백분율 데이터이다.

32 ④

표본의 크기가 커질수록 표본평균은 모평균에 수렴하지만, 표본의 크기와 상관없이 표본평균의 기댓값이 항상 모평균과 동일하지는 않다. 표본의 특정 구성이나 편향 등에 따라 다를 수 있다.

오답 피하기

- ① 표본의 크기가 클수록 표본 평균의 분산이 작아진다. 이는 중심극한의 정리에 의해 표본평균의 분산이 모평균에 수렴하기 때문이다. 따라서 표본의 크기가 클수록 표본평균의 분산은 0에 가까워진다.
- ② 중심극한의 정리는 모집단의 분포와 상관없이 적용될 수 있다. 중심극한의 정리는 모집단이 어떤 분포를 따르더라도, 충분한 크기의 표본평균은 정규분포에 근사하는 것을 의미한다.
- ③ 모분산의 정보를 모를 경우, 표본평균의 분포에 대해 추론하기 위해 t-분포를 사용할 수 있다. t-분포는 표본 크기가 작거나 모분산을 알지 못할 때 사용되며, 표본의 크기에 따라 형태가 변화한다.

33 ②

타깃 인코딩(Target Encoding)은 종속 변수를 활용하여 범주형 특성을 인코딩하는 기법이다. 주로 분류 문제에서 사용되며, 각 범주에 대한 종속 변수의 평균 값을 인코딩으로 사용한다. 표준편차는 종속변수와는 관련이 없는 데이터 분포의 특성을 나타내는 지표이므로, 타깃 인코딩에는 사용되지 않는다.

오답 피하기

- ① 원핫 인코딩(One-hot Encoding)을 적용하면 sparse한 데이터가 된다. 원핫 인코딩으로 범주형 변수를 변환하면 대부분의 원소가 0이고, 단 하나의 원소만 1인 희소한 벡터로 변환된다.
- ③ 레이블 인코딩(Label Encoding)은 각 범주를 숫자에 대치시킨다. 각 범주에 고유한 정수 값을 할당하여 인코딩한다.
- ④ 원핫 인코딩을 적용할 때 보다 정수를 이진 형태로 인코딩하는 바이너리 인코딩(Binary Encoding)을 적용할 때 모델 학습 속도가 빠를 수 있다.

34 ③

X1과 X3이 상관관계가 높으므로(0.96) 제거 후보가 될 수 있다.
피어슨 상관계수는 -1부터 1까지의 범위를 가지며, 0에 가까울수록 두 변수는 상관관계가 없고, -1 또는 1에 가까울수록 두 변수는 강한 선형 관계를 가지는 것을 나타낸다.
일반적으로 상관계수의 절대값이 0.7 이상이면 두 변수 간의 강한 선형 관계가 있음을 의미한다.

- 피어슨 상관계수를 이용한 변수 제거 : 변수 간의 선형 관계를 파악하여 상관관계가 높은 변수를 제거하는 방법이다. 이 방법은 다중공선성 문제를 해결하고, 변수 간의 종속성을 줄여 모델의 예측 성능을 향상시킬 수 있다.

35 ④

일반적으로 positive skew를 가지는 데이터에서 일부 데이터가 누락된 경우에는 중앙값(Median)을 사용하는 것이 더 적절하다. 이는 중앙값이 이상치에 영향을 덜 받고, 데이터의 분포를 잘 대표해주는 경향이 있기 때문이다.

오답 피하기

- ① 평균(Mean)은 이상치의 영향을 크게 받을 수 있으므로, 데이터가 positive skew를 가지고 있는 경우에는 평균 보다 중앙값이 신뢰할 수 있는 대체값이다.
- ② 최빈값(Mode)은 가장 빈번하게 나타나는 값이다. positive skew 데이터에서는 분포가 한쪽으로 치우쳐져 있어서 최빈값은 적절한 대체값으로 사용하기 어렵다.
- ③ 표준편차는 데이터의 분포를 설명하는 데 사용되지만, 누락된 값에 대해서는 정보를 제공하지 않는다.

36 ①

X1과 X2가 독립인지 종속인지는 제시된 정보만으로는 결정할 수 없다. 표본에서 독립성 또는 종속성을 판단하려면 데이터 간의 관계나 변수 간의 의존성을 분석해야 한다.

오답 피하기

- ② 정규분포에서 추출된 표본은 정규분포를 따른다.
- ③ 표본의 표준편차는 모집단의 표준편차를 표본의 크기의 제곱근으로 나눈 값이다. 이는 표준오차라고도 불리며 표본의 크기가 커질수록 표준오차는 작아지는 경향이 있다.
- ④ 표본의 크기가 커질수록 표본 평균은 모집단의 평균에 더 가까워지는 경향이 있다. 이는 중심극한정리에 기반한 결과이다. 중심극한정리는 독립적인 확률 변수들의 합이 정규분포에 근사화 되는 현상을 설명한다.

37 ③

연속형 척도

숫자로 표현되며 간격과 비율 척도를 가지는 변수로, 평균과 표준편차와 같은 기술 통계량을 구할 수 있다. 예를 들어, 연속형 변수인 키나 몸무게를 대상으로 평균과 표준편차를 계산하여 변수의 대표적인 특성을 파악할 수 있다.

범주형 척도

변수의 값들을 범주로 나누고, 각 범주에 속하는 개체의 수를 세는 것이 주요 특징이다. 명목형 척도와 순서형 척도로 구분된다.
– 명목형 척도는 명칭이나 카테고리로 구분되는 변수이며, 각 카테고리 간에는 순서나 계량적인 의미가 없다.
– 순서형 척도는 범주 간 간격이 동일하지 않다.
따라서 범주형 척도에서는 수치적 통계량을 구하는 것은 적절하지 않으며, 상대 빈도, 분포표, 비율 등을 사용하여 설명하는 것이 일반적이다.

> **오답 피하기**

- ① 더미 변수는 명목형 변수를 0과 1로 이진화하여 회귀모델에 포함시키는 방식을 취한다.
- ② 크기 구분인 소형, 중형, 대형은 명목적인 분류를 넘어서서 상대적인 순서 또는 크기를 나타내므로 순서형 척도로 분류된다. 이러한 변수는 일반적으로 순위 비교, 상대적 크기 비교, 순서 분석 등에 사용된다.
- ④ 수치형 척도는 숫자로 표현되는 변수이며, 연속형 척도와 이산형 척도로 구분될 수 있다. 이산형 척도는 정수로 표현되는 변수이며, 연속형 척도는 소수점까지 구별된다.

38 ④

산점도(Scatter Plot)는 두 개의 변수 간의 상관 관계를 시각화하기 위해 사용되는 그래프다. X축과 Y축에 각각의 변수 값을 놓고, 데이터 포인트를 점으로 표현하여 변수들 간의 분포와 패턴을 확인할 수 있다.

39 ④

- 이항분포는 이진 결과를 가지는 시행의 횟수나 성공 횟수에 대한 이산확률분포이다.
- 포아송분포는 일정한 시간 또는 공간 단위에서 발생하는 사건의 횟수에 대한 이산확률분포이다.
- 초기하분포는 성공 확률이 p인 베르누이 시행에서 처음으로 성공할 때까지의 시행 횟수에 대한 이산확률분포이다.
- 지수분포는 사건이 연속적으로 발생하는 시간 간격에 대한 연속확률분포이다.

40 ②

상자그림에서 이상치는 일반적으로 상자 수염 바깥에 위치한 값들이다. 그러나 모든 바깥쪽 데이터가 이상치는 아니며, 통계적 분석이나 도메인 지식에 따라 다른 기준을 사용할 수도 있다.

3과목 빅데이터 모델링

41 ④

드롭아웃은 신경망에서 과적합을 방지하기 위해 사용되는 정규화 기법으로, 학습 중 일부 뉴런을 무작위 제거하여 일반화 능력을 향상시킨다.
데이터 증강은 기존 데이터에 노이즈를 추가하는 등 다양한 변형을 가함으로써 신경모델의 과적합을 방지할 수 있다.

42 ②

POS-tagging은 텍스트에서 단어의 품사를 식별하고 태깅, 붙이는 절차이다. 자연어 처리의 전처리 단계에서 사용된다.

> **오답 피하기**

Text To Vector 변환 기법은 단어를 벡터화하는 기법으로 Bag of Words, TF-IDF, 원핫 인코딩 등이 있다.

- ① TF-IDF(Term Frequency-Inverse Document Frequency)는 단어 빈도에 역 문서 빈도(IDF)를 곱하여 각 단어들 마다 가중치를 부여하여 중요도를 나타낸다.
- ② 원핫 인코딩(One-Hot Encoding)은 단어를 벡터로 인코딩하는 기본적 기법으로 단어 집합의 크기를 벡터 차원으로 하고 표현하고자 하는 단어의 인덱스에 1을, 다른 인덱스에는 0을 부여하는 방식이다.
- ③ Bag of Words는 단어를 key, 문서 내에 단어가 등장한 횟수를 value로 Term Frequency(단어 빈도)만 계산하여 변환한다.

43 ④

k-fold는 데이터셋을 k개로 나누어 이 중 하나만 검증셋으로 활용하며 나머지는 훈련시킨다.

> **오답 피하기**

- ① 데이터셋을 k개의 부분집합으로 나눈다. 일반적으로 랜덤하게 분할되며, 각 부분집합은 서로 겹치지 않는다.
- ② k개의 부분집합 중 하나를 검증셋으로 사용하고 나머지 k-1개의 부분집합을 훈련셋으로 사용한다. 이후 k개의 모델을 각각 훈련하고 검증셋에서 평가하여 평균 성능을 산출한다.
- ③ 데이터 양이 적을 때, k-fold 교차 검증은 가용한 데이터를 최대한 활용하여 모델의 성능을 평가하는 데 유용하다.

44 ④

비용민감학습(Cost-sensitive Learning)은 소수 클래스에 더 많은 가중치를 줌으로써 예측 정확도가 향상된다.

> **오답 피하기**

- ① 오버샘플링은 소수 클래스의 복사본을 만들어, 대표 클래스의 수만큼 데이터를 만들어 준다.
- ② 언더샘플링은 대표 클래스의 일부만을 선택하고, 소수 클래스는 최대한 많은 데이터를 사용한다.
- ③ SMOTE(Synthetic Minority Over-sampling Technique)는 소수 클래스 데이터를 합성하는 오버샘플링 기법이다. SMOTE는 소수 클래스 데이터 포인트의 인접한 이웃을 참고하여 새로운 합성 데이터를 생성한다. SMOTE는 오버샘플링 방법 중 하나나, 분류 알고리즘과 직접적인 관련은 없다.

45 ②

시계열 분석은 시간 흐름에 따라 기록된 데이터를 분석하는 방법론이다.

46 ②

h4 기준으로 군집을 분리하면 두 개이다.

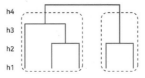

47 ②

가지치기는 인공신경망 모형이 아닌 의사결정나무 모형에서 노드에 대한 분할 과정에 대한 반복으로 인한 과적합을 방지하기 위해 가지들을 잘라 느슨하게 만드는 기법이다.

48 ②

요구 성능이 높을 경우 모델이 복잡할수록 더 다양한 패턴을 학습할 수 있어 단순한 모형보다 성능이 좋다.

49 ④

변수 선택법은 모든 가능한 독립변수들의 조합에 대한 모형 중 가장 적합한 모형을 선택하는 기법으로 전진 선택법, 후진 제거법, 단계적 선택법이 있다.

50 ①

신뢰도는 항목 A를 포함한 거래 중 항목 A와 B를 같이 포함할 확률이다. 신뢰도가 높을 시 A를 구매했을 때 B도 구매할 것이라는 규칙의 신뢰도가 높다고 할 수 있다.

51 ③

A약 환자의 생존률은 20/(20+20)=50%, B약 환자의 생존률은 16/(16+24)=40%이다.

오답 피하기

- ① 초기암 생존율 A약 16/(16+4)=80%, B약 7/(7+3)=70%
- ④ 말기암 생존율 A약 4/(4+16)=20%, B약 9/(9+21)=30%

주어진 자료로는 ②와 같은 일관된 결론을 내리기 어렵다.

52 ③

만-휘트니는 두 개의 독립 표본과 이들 모집단의 중앙값이 동일한지 평가하는 비모수 검정이다.

53 ②

단순회귀는 단일 독립변수와 종속변수 간의 선형 관계를 모델링하는 회귀 모형이다. 예를 들어, 주택 가격을 예측하기 위해 주택의 크기라는 단일 독립변수를 사용하는 경우 단순회귀 모델을 적용할 수 있다.

오답 피하기

- ① 다항 회귀가 아닌 다중 회귀에 대한 내용이다. 다항 회귀는 한 개의 독립변수로 n차항의 새로운 독립변수를 만들어 여러 개의 변수를 회귀 모델에 투여하는 방식이다. 다중 회귀는 둘 이상의 독립변수로 1개의 종속변수에 미치는 영향을 알아보는 것이다.
- ③ 곡선회귀는 독립변수와 종속변수 간의 관계를 선형적으로 가정하지 않는다. 곡선회귀는 비선형 관계를 모델링하기 위해 곡선 형태의 함수를 사용한다.
- ④ 다중 회귀는 하나의 연속형 종속변수를 여러 개의 독립변수로 설명하는 모델이다. 범주형 종속변수에 대한 영향을 검증하는 모델은 로지스틱 회귀 등의 분류 모델이 더 적합하다.

54 ②

로지스틱 회귀는 음성과 양성을 0과 1로 분류하는 기법으로도 적용할 수 있다.

오답 피하기

- ① 로지스틱 회귀는 종속변수가 범주형 변수인 경우에 주로 사용된다.
- ③ 로지스틱 회귀의 회귀계수는 로그 오즈 비율을 나타내며, 이는 확률의 로그 변환으로 해석된다.
- ④ 결정경계를 왜곡, 오분류로 이어지는 이상치에 민감하다.

55 ②

Varimax는 요인회전 방법 중 하나로, 요인들 간의 상관계수 행렬을 최대한 독립적으로 만드는 것을 목표로 한다. 이는 요인들을 더욱 명확하고 해석 가능한 형태로 변환한다.

요인회전 방법 중에는 직각회전방식(Orthogonal Rotation)과 사각회전방식(Oblique Rotation)이 있다. 직각회전방식은 요인들 사이의 상관관계를 0으로 만들어 요인들을 서로 독립적인 것으로 가정한다. 대표적인 직각회전방식에는 Varimax, Quartimax 등이 있다.

반면에 사각회전방식은 요인들 사이의 상관관계를 0이 아닌 값으로 유지한다. 대표적인 사각회전방식에는 Promax, Oblimin 등이 있다.

오답 피하기

- ① 요인회전은 요인분석 결과를 더 명확하게 해석하기 위해 요인들을 회전하는 과정이다.
- ③ 요인분석의 공분산 행렬은 대칭행렬의 조건을 만족하여 행과 열이 동일하다.
- ④ 요인점수는 요인분석을 통해 얻은 요인들을 사용하여 개별 관찰치에 대한 점수를 계산한다.

56 ②

정상성을 띄는 백색 잡음은 평균과 분산이 일정하면서 관측치간 독립성을 띈다.

57 ③

의사결정나무 분석 시 분석 목적과 자료 구조에 따른 적절한 분리기준과 정지규칙이 없을 경우 뿌리노드에서 시작하지 못하게 된다.

58 ②

주성분의 차원 수는 표본의 차원 수보다 작거나 같다. 주성분 분석은 고차원의 데이터를 저차원으로 변환하여 데이터의 정보를 요약하고, 주요한 패턴과 구조를 추출한다.

59 ④

공분산 분석(ANCOVA)은 종속변수가 연속형, 독립변수가 범주형인 분석 방법으로 공변수를 통제할 때 집단 간 조정평균 차이를 분석하는 기법이다.

60 ④

결과 산출물에는 분석 계획서, 데이터 확보 방안, 분석결과 및 예측 결과, 비즈니스 성과, 사용 및 유지보수 가이드 등이 있다.

4과목 빅데이터 결과 해석

61 ③

표본은 모델을 생성할 때 사용되며, 생성된 모델에 대한 평가에서는 표본을 고려하지는 않는다.

62 ②

ROC 곡선은 FPR(False Positive Rate)을 가로축으로 TPR(True Positive Rate)을 세로축으로 하는 곡선이다.

FPR = FP / (FP+TN) TPR = TP / (TP+FN)

이때, TPR은 민감도(Sensitivity) 또는 재현율(Recall)이라고 하며, 실제 참인 값이 정확히 예측되어야 하는 수준을 표현한다. FPR은 1-특이도(Specificity, True Negative Rate(TNR))로 구할 수 있다.

TNR = TN / (FP+TN)

63 ②

혼동행렬은 분류 모델의 예측과 실제를 기반으로 결과를 표현하는 행렬이다.

ROC 곡선은 모델의 민감도와 1에서 특이도 사이의 트레이드오프 관계를 시각화하므로 혼동행렬을 표현하면서 ROC 곡선을 구할 수 있다.

64 ①

분석 결과의 스토리텔링 절차는 (1)스토리텔링을 위해 어떤 사용자 데이터가 필요한지 정의, (2)사용자 관점에서 분석 결과를 이해할 수 있도록 시나리오 작성, (3)스토리텔링의 흐름과 내용을 구성하기 위한 스토리보드 기획 순이다.

65 ②

정규성 검정은 데이터가 정규 분포를 따르는지 여부를 평가하는데 사용되는 통계적 기법이다.

카이제곱 검정은 범주형 변수들 간의 상관 관계를 검정하는 통계적 방법으로, 주어진 데이터가 특정 가설에 따라 기대되는 분포와 일치하는 지를 확인하는 데 사용된다.

> **오답 피하기**
> • ① q-q 플롯은 주어진 데이터와 정규 분포의 분위수를 비교하여 정규성을 평가하는 그래픽 기법이다. 데이터의 분포가 직선에 가까울수록 정규성을 나타낸다.
> • ③ 샤피로-윌크 검정은 표본 크기가 작을 때 사용되며, 데이터의 표본 통계량과 정규 분포의 기대값 및 분산 사이의 차이를 평가한다.
> • ④ 콜모고로프-스미르노프 검정은 데이터의 누적분포함수와 정규분포의 누적분포함수 사이의 차이를 평가한다.

66 ②

MSE(Mean Squared Error, 잔차)는 예측값과 실제값의 차이를 제곱한 값의 평균을 말한다.

$$MSE = \frac{\Sigma (y-\hat{y})^2}{n}$$

67 ①

히트맵(Heatmap)은 데이터의 상대적인 크기 또는 값을 색상으로 시각화하는 방법으로, 주로 행렬 형태의 데이터를 나타내며, 각 셀의 색상은 해당 데이터 값의 크기를 나타낸다.

68 ③

$$F1\ score = 2 \times \frac{민감도 \times 정밀도}{민감도 + 정밀도} = 2 \times \frac{0.6 \times 0.4}{0.6 + 0.4} = 0.48$$

69 ④

일반화 선형 모형(GLM: Generalized Linear Model)은 선형 회귀 모델을 확장하여 다양한 종속 변수에 대한 예측 모델링을 수행하는 통계적 모델이다. 선형 회귀 모델은 종속 변수와 독립 변수 간의 선형 관계를 가정하지만, 일반화 선형 모형은 비선형이거나 이산형 종속 변수를 다룰 수 있다.

일반화 선형 모형의 주요 구성 요소
• 확률요소(Random Component) : 종속 변수가 가지고 있는 확률분포이다.
• 선형 예측자(Linear Predictor) : 독립 변수들의 선형 조합으로 구성되는 예측 변수로 종속 변수의 변환에 사용된다.
• 연결 함수(Link Function) : 선형 예측자와 종속 변수 간의 관계를 정의하는 함수이다. 종속 변수의 분포 특성에 따라 적절한 연결 함수를 선택한다. 예를 들어, 이항 분포의 경우 로지스틱 회귀에서 로짓(Logit) 함수를 연결 함수로 사용할 수 있다.

70 ①

앙상블 모형은 여러 개의 기본 모형을 결합하여 예측을 수행하므로 일반적으로 직관적 이해가 어렵다.

71 ③

버블차트는 3개의 변수를 동시에 시각화하는 방법으로, 데이터 간의 관계를 시각적으로 표현하는 관계시각화 기법이다.

72 ③

누적막대그래프는 여러 항목의 값들이 서로 누적된 형태로 시각화되는 그래프로, 각 항목 값들의 상대적인 크기를 보여주며, 전체 값의 변화 및 구성 비율을 파악할 수 있다. 주로 범주형 데이터의 분포, 변화, 비율 등을 시각화하는 데 사용한다.

73 ②

Gradient Vanishing은 심층 신경망에서 발생하는 문제로, 오차역전파 알고리즘을 통해 업데이트되는 가중치의 기울기가 사라지거나 소실되어 가중치가 업데이트 되지 않는 현상을 말한다.

> **오답 피하기**
> • ③ 활성화 함수(Activation Function)와 가중치 초기화(Weight Initialization) 방법에 의해 영향을 받는다. 일부 활성화 함수(시그모이드 함수 등)는 입력이 크거나 작을 때 기울기가 매우 작아져 기울기 소실을 유발할 수 있다.
> • ④ 그래디언트 클리핑은 기울기 값의 크기를 제한하여 그래디언트 폭주(Gradient Explosion) 문제를 해결하는 방법이다.

74 ④

과적합은 선형과 비선형 모형 모두에서 발생할 수 있는 문제이며, 모델의 복잡도와 데이터의 양, 다양성 등 다양한 요인에 의해 영향을 받는다.

75 ①

평가 데이터셋은 모형의 성능을 측정하는데 사용되며, 모형의 최적화를 위한 학습과는 관련이 없다. 최적화 과정에서는 학습 데이터셋과 검증 데이터셋을 사용하여 모델을 평가하고 개선한다.

76 ③

과적합을 해결하기 위해서는 다음과 같은 방법들을 고려할 수 있다.
• 데이터 양을 늘려 더 많은 다양한 데이터를 사용하여 학습
• 데이터를 표준화 또는 정규화 하거나 이상치를 제거하는 전처리
• 유용하지 않거나 중복되는 피처들을 제거하거나 선택
• 모델의 파라미터 수를 감소시키거나, L1 또는 L2 규제를 사용해 가중치를 제한하여 모델 복잡성 줄이기
• 학습 과정에서 신경망의 일부 뉴런을 선택하여 제외하는 드롭 아웃 방법

77 ②

인포그래픽은 데이터를 요약해서 전달하는 데 효과적이며, 데이터의 패턴을 알아내기는 어렵다.

78 ①

오답 피하기

- ② 의사결정나무는 트리 형태의 그래픽으로 표현되어 직관적 해석이 가능하다.
- ③ 연관성 분석은 데이터 항목 간의 상호관계 또는 종속관계를 찾아내는 분석이다.
- ④ 분석 유형으로 설명적 분석, 진단적 분석, 예측적 분석, 처방적 분석이 있다.
- 설명적 분석 : 데이터의 특성과 구조를 파악하고 요약하는 분석
- 진단적 분석 : 데이터에서 발생한 문제의 원인을 파악하고 해결책을 도출하는 분석
- 예측적 분석 : 과거 데이터와 통계적 기법을 활용하여 미래의 사건이나 결과를 예측하는 분석
- 처방적 분석 : 주어진 문제에 대해 최적의 해결책을 도출하는 분석

79 ④

시각화 절차와 기법(Ben Fry)

(1) 획득(Acquire) : 다양한 소스로부터 데이터 얻기

(2) 분석(Parse) : 데이터의 의미에 대한 구조를 제공하고 카테고리별로 정렬

(3) 필터(Filter) : 관심 있는 데이터를 제외한 모든 데이터 제거

(4) 마이닝(Mine) : 패턴을 식별하거나 수학적 문맥에 데이터를 배치하는 방법으로 통계 또는 데이터 마이닝 방법 적용

(5) 표현(Represent) : 막대그래프, 목록 또는 트리 같은 기본 시각적 모델 선택

(6) 정제(Refine) : 기본 표현을 개선하여 보다 선명하고 시각적으로 매력적이게 보이도록 함

(7) 소통(Interact) : 데이터를 조작하거나 볼 수 있는 기능을 제어하는 방법을 추가

80 ②

재현율(민감도)은 실제 참인 것들 중에서 예측도 참인 경우의 비율로 TP / (TP+FN)으로 구할 수 있다.

01 ③	02 ②	03 ④	04 ④	05 ①
06 ②	07 ①	08 ④	09 ①	10 ①
11 ③	12 ④	13 ②	14 ②	15 ③
16 ①	17 ④	18 ②	19 ③	20 ④
21 ①	22 ④	23 ④	24 ④	25 ④
26 ③	27 ②	28 ②	29 ②	30 ③
31 ①	32 ②	33 ①	34 ③	35 ①
36 ②	37 ④	38 ②	39 ③	40 ②
41 ②	42 ③	43 ②	44 ④	45 ④
46 ①	47 ③	48 ②	49 ②	50 ①
51 ②	52 ②	53 ②	54 ②	55 ①
56 ①	57 ②	58 ②	59 ②	60 ④
61 ①	62 ④	63 ②	64 ①	65 ④
66 ④	67 ④	68 ②	69 ③	70 ②
71 ④	72 ④	73 ②	74 ④	75 ②
76 ③	77 ②	78 ③	79 ①	80 ④

1과목 빅데이터 분석 기획

01 ③

HDFS는 구글 파일 시스템(GFS: Google File System)을 기반으로 구현된 오픈소스이므로 동일한 특성을 갖고 있다.

오답 피하기

- ① 환경설정 파일에서 개수를 조절할 수 있다.
- ② hadoop의 각 서버 내에서는 그 서버의 OS에서 사용하는 NTFS나 EXT4같은 물리적 파일 시스템을 활용한다.

02 ②

아무리 훌륭한 알고리즘을 보유하였더라도 학습을 생략할 수는 없다.

03 ④

분산 파일 시스템(DFS)은 네트워크를 통해 물리적으로 다른 위치에 있는 여러 컴퓨터에 자료를 분산 저장하여 마치 로컬 시스템에서 사용하는 것처럼 동작하게 하는 시스템이다.

04 ④

분석 로드맵 설정 시 비즈니스 성과 및 ROI, 시급성, 전략적 중요도, 실행 용이성 등을 우선하여 고려하여야 한다.

05 ①

원칙적으로 개인정보는 정보주체의 동의 없이 편의를 위해 제공할 수 없다.

06 ②

빅데이터 분석 기획은 비즈니스 이해 및 범위 설정 → 프로젝트 정의 및 수행 계획 수립 → 프로젝트 위험 계획 수립 순으로 이루어진다.

07 ①

개인정보를 비식별화 하였다 하더라도 원칙적으로 불특정 다수에게 공개하여서는 아니 된다.

08 ④

데이터 마스킹 기법은 개인을 식별하는데 기여할 확률이 높은 주요 식별자를 보이지 않도록 처리하는 방법이다. 세부기술로는 임의 잡음 추가, 공백과 대체 방법이 있다.

09 ①

가트너에서 정의한 3V는 규모(volume), 유형(variety), 속도(velocity)이며, 가치(value)와 정확성(Veracity)은 5V에 포함된다.

10 ①

표기	크기	표기	크기
킬로바이트(KB)	2^{10}	페타바이트(PB)	2^{50}
메가바이트(MB)	2^{20}	엑사바이트(EB)	2^{60}
기가바이트(GB)	2^{30}	제타바이트(ZB)	2^{70}
테라바이트(TB)	2^{40}	요타바이트(YB)	2^{80}

11 ③

아파치 스파크(Apache Spark)는 실시간 분산형 컴퓨팅 플랫폼으로 in-memory 기반의 데이터 처리를 수행하며, 하둡보다 처리속도가 빠르다.

오답 피하기
- 맵리듀스(Map Reduce) : 분할정복 방식으로 대용량 데이터를 병렬로 처리할 수 있는 프로그래밍 모델
- 하이브(Hive) : 하둡 기반의 데이터 웨어하우징용 솔루션
- 피그(Pig) : 대용량 데이터 집합을 분석하기 위한 플랫폼

12 ④

프로젝트 성과 분석 및 평가 보고는 평가 및 전개(Deploying) 단계에서 이루어진다.

13 ②

JSON, XML 등은 반정형데이터이다.

오답 피하기
- ① 동영상, 오디오 데이터는 비정형데이터이다.
- ③ 형태소는 비정형데이터를 분석하기 위한 단위이다.
- ④ 정형데이터와 비정형데이터의 성질을 모두 갖고 있는 것을 반정형데이터라고 한다.

14 ②

데이터의 품질 지표로는 정확성(Accuracy), 완전성(Completeness), 적시성(Timeliness), 일관성(Consistency)이 있다.

15 ③

API(Application Programming Interface)는 시스템 간 연동을 통해 실시간으로 데이터를 수신할 수 있도록 기능을 제공하는 인터페이스이다.

오답 피하기
- PaaS : 하드웨어 및 애플리케이션 소프트웨어 플랫폼이 제3사를 통해 제공되는 클라우드 컴퓨팅의 한 형식
- ESB : 서비스들을 컴포넌트화된 논리적 집합으로 묶는 핵심 미들웨어

16 ①

대표적인 데이터 3법으로는 개인정보보호법, 정보통신망 이용촉진 및 정보보호 등에 관한 법률, 신용정보의 이용 및 보호에 관한 법률이 있다.

17 ②

구조화된 질의 언어(SQL: Structured Query Language)는 데이터 파일의 형식이 아니다.

18 ②

데이터마이닝은 대규모로 저장된 데이터 안에서 체계적이고 자동적으로 통계적 규칙이나 패턴을 분석하여 가치 있는 정보를 추출하는 과정이다.

오답 피하기
- Data Lake : 조직에서 수집한 정형·반정형·비정형 데이터를 원시 형태(raw data)로 저장하는 단일한 데이터 저장소
- Data Warehouse : 사용자의 의사 결정에 도움을 주기 위하여 기간시스템의 데이터베이스에 축적된 데이터를 공통의 형식으로 변환해서 관리하는 데이터베이스
- Data Dam : 어떤 값을 포함하고 있는 가공되지 않은 1차 자료를 모아 놓은 것

19 ③

차등정보보호는 통계나 수리적 방법으로 데이터를 변형하여 위험을 낮추거나, 데이터의 수집 단계에서 직접 정보보호처리를 하는 등의 방법을 사용한다.

오답 피하기
- K-익명성 : 주어진 데이터 집합에서 같은 값이 적어도 K개 이상 존재하도록 하여 쉽게 다른 정보로 결합할 수 없도록 한다.
- L-다양성 : 주어진 데이터 집합에서 함께 비식별되는 레코드들은 동질 집합에서 적어도 L개의 서로 다른 정보를 가지도록 한다.
- 가명화 : 개인정보 중 주요 식별요소를 다른 값으로 대체한다.

20 ④

맵리듀스는 데이터 처리기술이며, 데이터 저장기술로는 NoSQL 등이 있다.

오답 피하기
- 직렬화 : 과학의 데이터 스토리지 문맥에서 데이터 구조나 오브젝트 상태를 동일하거나 다른 컴퓨터 환경에 저장하고 나중에 재구성할 수 있는 포맷으로 변환하는 과정을 말한다.

2과목 빅데이터 탐색

21 ①

중심 경향을 나타내는 기초통계량인 평균은 이상치 영향을 많이 받는다.

22 ④

평균이 1킬로그램이고 유의수준 5%에서 상한값과 하한값을 각각 = 1+ 1.96 * (0.5 / $25^{(1/2)}$), = 1−1.96 * (0.5 / $25^{(1/2)}$)으로 계산하면 1.196과 0.804이다.

임계치를 표준화한 값은 1.96이다.
(양측이므로 0.025=1-0.975에 해당되는 값은 분포표에 의해 1.96)

검정통계량 : 표본평균은 1.3킬로그램이다. 이것을 표준화시키면

$$Z = \frac{x - \mu}{\left(\frac{\sigma}{\sqrt{n}}\right)} = \frac{1.3 - 1.0}{\left(\frac{0.5}{\sqrt{25}}\right)}$$

= (1.3-1) / (0.5 / 25^(1/2)) = 3.00이며, 이것을 p값으로 표에서 확인하면
p=1-0.9987=0.0013

판단 : 검정통계량이 기각역 안에 있어 귀무가설을 기각한다.
P=0.05 (양측이므로 0.025) 값으로 보면 유의수준보다 적어 역시 귀무가설을 기각한다. 따라서 제주시의 1일 1인당 평균 생활폐기물량은 1킬로그램이라고 할 수 없다.

23 ④

①부터 ③은 보편적인 이상치 판단에 주로 사용하는 내용이다.
④의 경우는 통계적 가설 검정을 활용해서 이상치를 탐지하는 것이지 노이즈가 이상치가 되는 것이 아니다.
- 딕슨의 Q 검정(Dixon Q test), 그럽스 검정(Grubbs' test), 카이제곱검정 등이 대표적이 사례이다.

24 ③

패널데이터(panel data)는 종단자료(longitudinal data)라고도 하며, 여러 개체들을 복수의 시간에 걸쳐서 추적하여 얻는 데이터를 말한다. 즉 패널 데이터는 시계열 데이터와 횡단 자료가 합쳐진 데이터로 동일한 응답집단에서 여러 시점에 거쳐 추적해서 조사한 데이터이다.
- 1970년대, 1980년대, 1990년대 10대 청소년의 미래희망 직업 조사 등 각 시대별 조사 등에서 얻어진 데이터가 대표적인 예이다.

25 ④

주성분 분석(PCA)은 고차원의 데이터를 저차원의 데이터로 환원시키는 기법을 말한다. 실제 저차원으로 표현된 대상 데이터 결과를 만들어내기 위해서 여러 수학적인 개념(직교변환)을 포함함으로 직관적으로 이해가 쉬운 것은 아니며 또한 그 결과가 대상 전체의 대표성을 나타내는 것이 아니다.

26 ③

단순회귀에서 결정계수는 상관계수의 제곱이다.
결정계수(Coefficient of Determination, R^2)란 회귀분석에서 나오는 개념으로 모형(독립변수들)이 종속변수를 얼마나 설명하는가를 보여주는 계수이며, 회귀직선의 적합도(goodness-of-fit)를 평가하거나 종속변수에 대한 설명변수들의 설명력을 알고자 할 때 결정계수를 이용한다.
회귀분석 중 독립변수 하나로 분석을 시행하는 경우, y = a + b*x에서 나오는 결정계수는 x, y의 상관계수의 제곱이다. 즉, 단순회귀의 경우 "상관계수의 제곱 = 결정계수"가 된다.

27 ②

$Y = \frac{X - 150}{4}$는 Z-score로 평균이 150, 표준편차가 4인 정규분포를 평균이 0, 표준편차가 1인 표준정규분포로 바꾸는 변환식이다.

28 ②

중앙값은 3분위수보다 항상 작다. 박스 플롯은 3분위수와 1분위수를 경계로 만들어진다.

29 ②

$$Manhattan\ distance:\ d_1(\boldsymbol{p}, \boldsymbol{q}) = \|\boldsymbol{p} - \boldsymbol{q}\|_1 = \sum_{i=1}^{n} |p_i - q_i|$$

만일 $\boldsymbol{p} = (p_1, p_2)$, $\boldsymbol{q} = (q_1, q_2)$이면

$$d_1(\boldsymbol{p}, \boldsymbol{q}) = \sum_{i=1}^{2} |p_i - q_i| = |p_1 - q_1| + |p_2 - q_2|$$

이 된다.
d_1(a,b) = | 1-1 | + | 1-2 | = 1
d_1(a,c) = | 1-2 | + | 1-2 | = 2
d_1(a,d) = | 1-4 | + | 1-1 | = 3
그러므로 두번째 위치거리는 2이다.

30 ③

사건 A와 B가 동시에 발생하는 확률로 이를 확률의 곱셈 법칙이라고 한다.

$$P(A|B) = \frac{P(A \cap B)}{P(B)}$$

에서 A, B가 서로 독립이면 둘 사이의 조건부 확률은 $P(A|B) = P(A)$가 되므로 $P(A) \times P(B) = P(A \cap B)$의 결과 도출이 가능하다.

31 ①

$$Var(aX + b) = a^2 Var(X)$$
$$\sqrt{Var(X)} = \sigma$$이므로,
$$\sqrt{Var(2X + 1)} = \sqrt{4Var(X)} = 2\sqrt{Var(X)} = 2\sigma$$

32 ②

어간추출은 자연어처리 기법 중 하나이다.

오답 피하기
- 토크나이징 : 자연어 처리를 위해서는 우선 텍스트에 대한 정보를 단위별로 나누는 것이 일반적이다. 예측해야 할 정보(문장 혹은 발화)를 하나의 특정 기본 단위로 자르는 것을 토크나이징이라고 한다.
- Part-Of-Speech(POS) tagging : 문장 내 단어들의 품사를 식별하여 태그를 붙여주는 것을 말한다. 튜플(tuple)의 형태로 출력되며 (단어, 태그)로 출력된다. 여기서 태그는 품사(POS) 태그이다.
- Stemming(어근화) : 동일한 뜻을 가진 형태가 다른 단어들을 같은 형태로 바꾸어 주는 작업이다.

33 ①

왜도(Skewness) 구분	모양	성질
음수(Negative)	왼쪽으로 긴꼬리	평균<중앙값<최빈값
0	좌우 대칭	평균=중앙값=최빈값
양수(Positive)	오른쪽으로 긴꼬리	평균>중앙값>최빈값

34 ③

이항분포의 포아송근사
이항분포가 n(시행횟수 n≥30)이 커지고 성공확률 p(p≤0.05)가 0에 가까우면 평균 사건 발생수 λ=np가 될 수 있고 포아송분포를 따른다.

35 ①

연관도 분석에 사용하는 알고리즘은 APRIORI이다.

- 인공신경망 : 기계학습과 인지과학에서 생물학의 신경망(동물의 중추신 경계 중 특히 뇌)에서 영감을 얻은 통계학적 학습 알고리즘이다.
- 어간 추출 : 자연 언어 처리의 일종으로 어형이 변형된 단어로부터 접사 등을 제거하고 그 단어의 어간을 분리해 내는 것을 의미한다.
- N-gram : 문장을 2개 이상의 단어로 분리하는 방법이다.

36 ②

탐색적 데이터분석

수집한 데이터가 들어왔을 때, 다양한 방법을 통해서 자료를 관찰하고 이 해하는 과정을 의미하는 것으로 본격적인 데이터 분석 전에 자료를 직관 적인 방법으로 통찰하는 과정이다.

탐색적 데이터 분석의 필요성

- 데이터의 분포 및 값을 검토함으로써 데이터가 표현하는 현상을 이해하 며 내재된 잠재적 문제에 대해 인식하고 해결안을 도출할 수 있다.
  - 문제점 발견 시, 본 분석 전 데이터의 수집 의사를 결정할 수 있다.
- 다양한 각도에서 데이터를 살펴보는 과정을 통해 문제정의 단계에서 인 지 못한 새로운 양상 · 패턴을 발견할 수 있다.
  - 새로운 양상을 발견 시 초기설정 문제의 가설을 수정하거나 또는 새 로운 가설을 설립할 수 있다.

37 ④

z-score 표준화에 대한 설명으로

$$Z = \frac{X - \mu}{\sigma}$$

를 통해서 정규분포를 $N(0,1)$ 표준정규분포로 변환되며 평균은 0, 표준편 차는 1이 된다.

38 ②

사분위범위

자료를 크기 순으로 배열 후 자료의 1/4에 해당하는 1사분위수(Q1)를 구하 고 3/4에 해당하는 3사분위수(Q3)를 구한다. 사분위범위는 Q3-Q1으로 정 의되며 자료의 50% 범위 내에 위치하게 됨을 의미한다. 사분위범위를 이 용하여 극단치(이상치)를 판별하므로 사분위 자체는 극단치 영향이 적다.

- 범위 : 데이터 간의 최댓값과 최솟값의 차이를 나타내는 것으로 극단값 이 최대 최소의 영향을 받는다.
- 변동계수(CV: Coefficient of Variance) : 평균을 중심으로 한 상대적인 산포의 척도를 나타내는 수치이다. 이상치에 평균이 영향을 많이 받으므 로 극단치에 민감하다.

39 ③

초기하분포

비복원 추출에서 N개 중에 n개를 추출했을 때, 원하는 것 k개가 뽑힐 확률 을 나타내는 이산확률분포이다.

기본적으로 복원 추출에 의한 시행은 독립 사건이지만 비복원의 경우 앞 의 시행에 대해서 뒤의 시행이 영향을 받으므로 독립이 아니다.

40 ②

자료의 산포(분산)를 알기 위해서는 (이상치를 포함)가장 큰 값과 작은 값 의 차이, 즉 범위를 구해보면 된다. X1의 범위와 X2의 범위를 보면 X2의 범 위가 작음을 알 수 있다.

X1의 1사분위수는 Box plot의 하단으로 15 근처에 위치한다.

X2와 X3에 이상치가 존재함을 확인할 수 있다.

현재 X3의 평균은 해당 박스 플롯으로 정확히 알 수가 없다. 다만 현재 수 치의 범위에서 가능해보면 10에 가까울 수는 없다.

3과목 빅데이터 모델링

41 ②

인공신경망은 높은 복잡성으로 입력자료 선택에 민감하다.

42 ③

의사결정나무는 이산형, 연속형 목표변수 모두 적용이 가능하다.

43 ③

선형회귀분석은 범주형 변수를 수량화함으로써 적용이 가능하나 분류가 아닌 회귀기법이다.

44 ④

시계열 자료의 성분들로 불규칙/추세/계절/순환 및 복합성분이 있다.

45 ④

부스팅은 순차적인 학습 기반으로 병렬처리에 어려움이 있어서 학습시간 이 상대적으로 길다.

46 ①

활성화함수는 입력신호의 총합을 출력신호로 변환하는 함수로 활성화를 일으킬지를 결정한다.

- 배치 정규화 : 학습 과정에서 각 배치 단위 별로 데이터가 다양한 분포를 가지더라도 각 배치별로 평균과 분산을 이용해 정규화하는 것
- 드롭아웃 : 신경망 모델에서 은닉층의 뉴런을 임의로 삭제하면서 학습하 는 방법
- L2 규제 : 손실 함수에 가중치에 대한 L2 노름의 제곱을 더한 페널티를 부여하여 가중치 값을 비용 함수 모델에 비해 작게 만들어 냄

47 ③

오토인코더는 비지도학습 모델로 인코더로 입력데이터 차원을 줄여 은닉 층으로 보내고 디코더를 통해 차원을 늘리는 출력층으로 내보내 바꾸면서 특징점을 찾아낸다.

③ 출력 계층과 입력 계층의 차원은 같다.
④ 하나의 신경망을 두 개 붙여놓은 형태이다.

48 ②

군집의 개수 또는 구조와 관계없이 개체간의 거리를 기준으로 분류한다.

49 ②

비지도학습은 라벨링이 되어 있지 않은 것이다. 예시로서 연관분석, 군집 분석 등이 있다.

50 ①

군집분석의 척도 중에서 두 점을 잇는 가장 짧은 직선 거리인 유클리드 거 리가 있다. 두 점의 좌표 성분의 차의 제곱을 하여 더한 후 제곱근을 구한 값이다.

- 민코프스키 거리 : p-norm을 활용한 일반화된 거리 공식
- 마할라노비스 거리 : 정규분포에서 특정 값 X가 얼마나 평균에서 멀리있 는지를 나타내는 거리
- 맨해튼 거리 : 격자 형태의 지도에서 한 점에 도달하기 위한 거리

51 ②

분산분석은 비교집단이 3개 이상이 되었을 때 T검정을 사용할 수 없을 경우에 이용한다.

52 ②

잔차 등분산성은 잔차들의 분산이 일정해야 하는 것이며, 1이 될 필요는 없다.

53 ③

N-gram은 n개의 연속적인 요소로 추출하는 방법이다. 즉 연속된 n개의 단어를 하나의 토큰화 단위로 분리한다.

> **오답 피하기**
> - TF-IDF : (특정단어 t가 특정문서에서 등장한 횟수) / (특정단어 t가 등장한 문서의 수)
> - 토픽 모델링 : 기계 학습 및 자연어 처리 분야에서 토픽이라는 문서 집합의 추상적인 주제를 발견하기 위한 통계적 모델 중 하나
> - Tokenization : 주어진 코퍼스(corpus)에서 토큰(token)이라 불리는 단위로 나누는 작업

54 ②

퍼셉트론에서 활성화함수로 계단함수(Step Function)를 사용하여 0 또는 1을 반환한다. Relu 함수는 양의 값은 그대로 출력하고 음의 값은 0으로 출력한다.

55 ①

단층퍼셉트론은 AND, NAND, OR 게이트를 구현할 수 있으나, XOR은 단층퍼셉트론이 아닌 AND, NAND, OR 게이트 조합으로 구현할 수 있다.

56 ③

정확도는 예측이 전체 데이터셋에 대해 얼마나 정확한지 나타낸 비율로 불균형 데이터와 관련성이 적다.

> **오답 피하기**
> - 민감도(Sensitivity) : 실제 Positive 중에서 Positive로 잘 예측한 비율 = TP / (TP+FN)
> - 특이도(Specificity) : 실제 Negative 중에서 Negative로 잘 예측한 비율 = TN / (TN+FP)
> - ROC곡선 : 민감도(Sensitivity)와 1-특이도(Specificity)로 그려지는 곡선

57 ②

맥니마 검정은 2개의 대응된(paired) 명목형 데이터의 행과 열의 주변 확률(marginal probability)이 같은지를 검정하는 방법이다.

58 ②

혼동행렬로부터 계산 가능한 평가지표로 정확도, 재현율, 정밀도, F1 점수 등이 있다.

59 ②

분석모형구축 절차에서 분석 시나리오 작성은 분석모형 설계 이전 단계이다.

60 ④

로지스틱 회귀 함수식은 각 모수에 대해 비선형이며 승산(odds)으로 로짓변환(0과 1로 조정하는 과정)을 통해 선형함수로 치환이 가능하다.

4과목 빅데이터 결과 해석

61 ①

히스토그램은 데이터의 구간별 분포를 표현하는데 사용된다.

> **오답 피하기**
> - 막대그래프는 시간시각화, 지도매핑과 카토그램은 공간시각화 기법이다.

62 ④

초매개변수 최적화의 목적은 주어진 머신러닝 알고리즘이 최고의 성능을 반환하도록 하는 초매개변수를 찾는 것이다. (예: 랜덤포레스트의 트리 수) 경사하강법은 가장 성능이 좋은 모델을 구축하기 위해 머신러닝 알고리즘이 내부적인 파라미터(매개변수)를 조정하는 과정에서 사용되는 방법이다.

> **오답 피하기**
> - 그리드 탐색 및 랜덤 탐색은 초매개변수의 그리드를 설정하고 이를 반복적, 또는 무작위적으로 탐색하는 방법이며, 베이지안 최적화는 과거의 평가 결과를 기반으로 목적함수를 최대로 만드는 값을 찾는 것을 목적으로 최적화를 수행한다.

63 ②

트리맵은 전체 데이터를 표현하는 하나의 사각형 영역에 세부 사각형들의 크기로 데이터의 분포를 시각화하여 표현한다.

> **오답 피하기**
> - 히트맵 : 열을 뜻하는 히트와 지도를 뜻하는 맵을 결합시킨 단어로, 색상으로 표현할 수 있는 다양한 정보를 일정한 이미지 위에 열분포 형태의 비주얼한 그래픽으로 출력하는 것이 특징이다.
> - 영역 차트 : 라인과 축 사이의 공간이 색상으로 채워진 라인 차트를 말한다.
> - 박스플롯 : 네모 상자 모양에 최댓값과 최솟값을 나타내는 선이 결합된 모양의 데이터 시각화 방법이다.

64 ①

다음 오차행렬에서 정확도, 민감도, 특이도는 아래 식으로 구할 수 있다.

		실제 답	
		True	False
예측 결과	True	True Positive	False Positive
	False	False Negative	True Negative

- 정확도(실제 데이터와 예측 데이터가 같은 비율) = (TP+TN) / (TP+TN+FP+FN)
- 민감도(재현율, 실제로 True인 데이터를 True 분류한 비율) = TP / (TP+FN)
- 특이도(실제로 False인 데이터를 False 분류한 비율) = TN / (TN+FP)

① 민감도가 1이라는 것은 FN이 0이라는 뜻이며, 특이도가 1이면 FP가 0임을 알 수 있다.
FN, FP가 0이면, 정확도는 1이 된다.

> **오답 피하기**
> - ②, ③ 민감도나 특이도 하나만으로는 정확도를 알 수 없다.
> - ④ 민감도와 특이도가 같다는 것은 TP:FN = TN:FP의 비율이 같다는 것을 의미한다.

예를 들어, 다음과 같은 표를 가정해보면,

		실제 답	
		True	False
예측 결과	True	2	1
	False	1	2

표에서 민감도와 특이도는 2/3이며, 정확도 역시 2/3로 같음을 알 수 있다.

65 ④

ROC곡선은 FPR이 변할 때, TPR이 어떻게 변하는지 보여주는 곡선이다.
- FPR(실제 False 값을 True로 잘못 예측하는 비율)
  = FP/(FP+TN) = 1−특이도
- TPR(재현율, 민감도, 실제 True 값을 True로 예측하는 비율)
  = TP/(TP+FN)

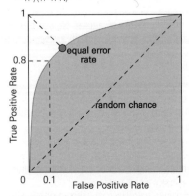

① 민감도가 1일 때, FPR도 1이며, FPR은 1−특이도이므로, 특이도는 0 이다.
② 민감도가 0일 때, FPR도 0이며, FPR은 1−특이도이므로, 특이도는 1이다.
③ 가장 이상적인 그래프는 민감도가 1, FPR이 0인 점(특이도가 1인 점)을 지난다.
④ FPR이 0부터 1로 증가한다. 따라서 특이도는 1부터 0으로 감소한다.

66 ④

홀드아웃은 데이터셋을 학습(훈련) 데이터, 검증 데이터, 평가(테스트) 데이터로 분할하는 기법을 말한다.

오답 피하기
- Data augmentation : 기존 데이터로부터 새로운 데이터를 생성함으로써 인위적으로 데이터 양을 늘리는 기법이다.

67 ④

비교시각화 도구는 히트맵, 체르노프페이스, 스타차트, 평행좌표계, 다차원 척도법 등이 있으며, 막대그래프도 비교시각화 도구로 사용할 수 있다. 산점도는 관계시각화 도구로 주로 사용된다.

68 ④

사건 A가 일어났을 때 사건 B의 조건부 확률은 P(B|A) = P(A∩B)/P(A)를 이용한다.
- P(A) : 두 수의 합이 짝수인 확률 = $(_4C_1*_3C_1+_2C_2+_3C_2)$ / $_6C_2$ = 7/15
- P(A∩B) = $(_4C_1*_3C_1+_3C_2)$ / $_6C_2$ = 2/5
- P(B|A) = P(A∩B)/P(A) = (2/5) / (7/15) = 6/7

69 ③

한 학생이 90점에서 100점 사이의 점수를 받을 확률은 다음과 같이 계산한다.

$z = \frac{X - \mu}{\sigma} = (90-100)/8 = -1.25$

$z = \frac{X - \mu}{\sigma} = (100-100)/8 = 0$

$P(90 \leq X \leq 100) = P(-1.25 \leq Z \leq 0) = P(0 \leq Z \leq 1.25) = 0.8944 - 0.5$
$= 0.3944$

70 ②

선형회귀식에 의한 예측값과 관측값을 정리하면 다음 표와 같다.

X	예측값	관측값	절대오차	제곱오차
1	12	16	4	16
2	22	20	2	4
3	32	28	4	16
4	42	44	2	4
5	52	52	0	0
평균			2.4	8

평균절대오차(MAE) = 2.4
평균제곱오차(MSE) = 8
MSE − MAE = 5.6

71 ④

설명변수의 개수가 많아질수록 결정계수는 커진다.

72 ④

민감도(재현율)는 실제값이 True인 것 중에서 True로 예측한 비율이다.
= TP / (TP+FN) = 80/100 = 0.8

73 ②

많은 정보는 메시지 전달에 방해가 될 수 있으므로, 중요한 정보만을 선택적으로 사용한다.

74 ④

하나의 데이터는 훈련데이터로 K−1번, 테스트 데이터로 1번 사용된다.

75 ②

누적히스토그램의 기울기가 1이 되기 위해서는 히스토그램의 모든 구간의 값이 동일해야 한다.

76 ③

상관계수가 0이면 상관관계가 없고, −1에 가까울수록 강한 음의 상관관계, 1에 가까울수록 강한 양의 상관관계를 가지고 있다.

77 ②

불균형 클래스의 경우 모델의 완성도가 높지 않아도 정확도는 높아질 수 있기 때문에, 정확도만으로는 모델의 성능을 평가하기 어렵다.

78 ③

고차원데이터를 저차원데이터로 바꾸는 역할을 하는 것은 인코더이다.

79 ①

군집분석 모델은 산점도를 통해 군집 간의 밀집도나 거리를 잘 표현할 수 있다.

80 ④

분석과제 발굴은 분석기획 단계에서 이루어진다.

---

01 ③	02 ②	03 ③	04 ④	05 ①
06 ①	07 ③	08 ④	09 ②	10 ①
11 ④	12 ④	13 ③	14 ②	15 ③
16 ④	17 ①	18 ③	19 ③	20 ④
21 ④	22 ④	23 ①	24 ②	25 ④
26 ④	27 ②	28 ①	29 ②	30 ④
31 ②	32 ④	33 ①	34 ④	35 ④
36 ③	37 ③	38 ③	39 ①	40 ②
41 ④	42 ③	43 ④	44 ④	45 ③
46 ③	47 ②	48 ①	49 ②	50 ③
51 ①	52 ③	53 ④	54 ①	55 ④
56 ④	57 ③	58 ①	59 ③	60 ①
61 ③	62 ④	63 ①	64 ④	65 ③
66 ④	67 ①	68 ②	69 ③	70 ②
71 ③	72 ③	73 ③	74 ③	75 ④
76 ②	77 ①	78 ②	79 ①	80 ④

1과목 빅데이터 분석 기획

01 ③

빅데이터 분석 방법론의 분석 기획 단계에서는 비즈니스 이해 및 범위 설정, 프로젝트 정의 및 계획 수립, 프로젝트 위험계획 수립을 수행한다.

02 ②

분석 결과를 사전에 가정하고 정의하여 분석하는 방법은 지양하여야 하며, 탐색적 데이터 분석 또한 열린 시각으로 전략적 통찰을 갖고서 진행하여야 한다.

03 ③

ETL(Extract, Transform, Load)은 수집 대상 데이터를 추출 및 가공하여 데이터 웨어하우스에 저장하는 기술이다.

04 ④

재현자료는 개인정보보호 관련 법규의 규제 제약이 없다.

05 ①

②, ③, ④ 지문은 분석 로드맵 설정에 대한 설명이다.

06 ①

데이터 분석 단계에서는 분석용 데이터 준비, 텍스트 분석, 탐색적 분석, 모델링, 모델 평가 및 검증을 수행하며, 데이터 수집 및 정합성 검증은 데이터 준비 단계에서 수행된다.

07 ③

인공지능은 일정 문제 영역에서 인간의 통찰력에 대한 개입 없이 필요한 특징을 자동으로 설정할 수 있다.

08 ④

익명 처리가 가능한 경우에는 익명에 의하여, 익명 처리로 목적을 달성할 수 없는 경우에는 가명에 의하여 처리될 수 있도록 하여야 한다.

09 ②

아파치 타조(Apache Tajo)는 분산 컴퓨팅 플랫폼인 아파치 하둡 기반의 분산 데이터 웨어하우스 프로젝트로 한국에서 주도하여 개발하였으며, 하둡의 빅데이터를 분석할 때 맵리듀스를 사용하지 않고 SQL을 사용하여 하둡 분산 파일 시스템(HDFS) 파일을 바로 읽어 내는 기술이다. ETL 등 대규모 데이터 처리와 실시간 상호 분석 시 사용할 수 있다.

10 ①

시스템을 개발하는 능력은 데이터 사이언티스트에게도 요구되기는 하지만 그보다 데이터 엔지니어의 필수 역량이라 할 수 있다.

11 ④

개인정보보호규정(General Data Protection Regulation)은 2018년 5월 25일부터 시행된 EU의 개인정보보호 법령으로 위반 시 과징금 등 행정처분이 부과되며, EU 국가 내에서 사업장을 운영하는 기업과 전자상거래 등을 통해 해외에서 EU 국가 주민의 개인정보를 처리하는 기업 모두에 적용된다.

12 ④

가트너에서 정의한 3V는 규모(volume), 유형(variety), 속도(velocity)이다.

13 ③

민감정보는 특정 개인의 사항이나 신념, 정치적 견해, 노동조합 가입 여부, 건강과 관련된 정보 등을 말하며, 취미생활은 민감정보에 해당하지 않는다.

14 ②

빅데이터 분석 방법론에서 데이터 분석 절차는 분석 기획, 데이터 준비, 데이터 분석, 시스템 구현, 평가 및 전개 순으로 이루어져 있다.

15 ③

분석 문제 정의 단계에서는 필요한 데이터, 데이터 수집과 분석 난이도, 분석 방법과 수행 주기, 상세 분석 과정, 분석 결과에 대한 검증 책임자 등을 고려하여야 하며, 분석 데이터는 조직 내부뿐만 아니라 외부 데이터도 포함하고, 데이터 유형이나 종류를 가리지 않고 범위를 확장하여 고려해야 한다.

16 ④

데이터 웨어하우스는 주제지향성(주제정확성), 통합성, 시계열성, 비휘발성의 특징을 갖고 있다.

17 ①

유용성 품질은 객관성, 정확성, 진정성 등 데이터 자체의 품질을 나타내며 내재적 품질이라 한다.

18 ③

NoSQL 데이터베이스는 전통적인 관계형 데이터베이스와는 다르게 데이터 모델을 단순화하여 설계된 비관계형 데이터베이스로 SQL을 사용하지 않는 DBMS와 데이터 저장장치이다.

19 ③

개인정보 비식별화 방법으로는 가명처리, 총계처리, 데이터 삭제, 데이터 범주화, 데이터 마스킹 기법이 있다.

20 ④

마이 데이터(My Data)는 데이터의 원래 소유자인 개인이 자신의 데이터에 대한 권리를 보유하고 있으며 스스로 행사할 수 있다

2과목 빅데이터 탐색

21 ④

결측치나 이상치가 포함된 데이터를 그대로 사용하면 잘못된 분석 결과가 나올 수 있으므로, 이를 처리하여 데이터의 신뢰도를 높이는 것이 중요하다.

오답 피하기
- ① 정형 데이터나 비정형 데이터에 관계없이 데이터 특성에 맞는 정제 규칙을 수립해야 한다.
- ② 데이터 정제 과정이 항상 필요한 것은 아닐 수 있다. 데이터가 이미 충분히 깔끔하고 신뢰성이 높다면 추가적인 정제 작업이 필요 없을 수도 있다.
- ③ 모든 데이터를 대상으로 정제 활동을 하는 것은 비효율적일 수 있다. 데이터 정제 작업은 분석에 필요한 변수에 대해서만 진행하는 것이 일반적이다.

22 ④

차원의 저주(Curse of Dimensionality)는 데이터 공간의 차원이 증가하고 학습 데이터의 수가 그보다 훨씬 작을 때 발생한다. 이러한 상황에서는 각 데이터 포인트 간의 거리가 기하급수적으로 멀어지기 때문에 모델이 데이터의 패턴을 파악하기 어려워지고, 과적합의 가능성이 높아진다.

23 ①

측정 오류로 인해 발생한 값이 데이터 분포에서 크게 벗어난 경우 이상치로 간주될 수 있다. 이상치는 데이터 분석에서 중요한 역할을 할 수 있으므로, 정확한 데이터 측정 및 이상치 처리가 필요하다.

24 ②

요인분석은 다양한 변수들 간의 상호 의존성을 파악하고 잠재적인 구조를 추출하는 비지도학습 기법이다. 주로 변수들 간의 공분산 또는 상관관계를 활용하여 요인을 도출한다.

25 ④

Box-Cox 변환은 데이터의 스케일이 심하게 차이나는 경우에 그 차이를 보다 상대적으로 반영되도록 데이터를 변환하는 기법이다. Box-Cox 변환은 지수 함수와 로그 함수의 일반화된 형태로서, 데이터가 양수이고 0에 가까운 값이 없는 경우에 적용될 수 있다.
제곱근을 취하는 것은 데이터의 비대칭성을 줄이는 데 도움이 될 수 있지만, negative skew 데이터에서는 선형성을 악화시킬 수도 있으므로 다른 변환 방법도 고려해야 한다.

26 ④

변수범주화는 연속형 변수를 구간(범주)으로 나누는 즉, 연속형 변수를 이산적인 값으로 변환하는 기법이다. 이는 스케일을 조정하는 것이 아니라 데이터를 다른 형태로 변환하는 과정이며, 변수의 구간별로 데이터를 그룹화하여 범주형 변수로 만들어 준다.

- ① 최대–최소 정규화(Min–Max Normalization)는 최소값을 0으로, 최대값을 1로 변환하여 데이터의 분포를 0과 1 사이로 조정한다.
  Scaled_Value = (Value – Min) / (Max – Min)
- ② Z–Score 활용은 평균과 표준편차를 이용하여 데이터를 표준정규분포로 변환하는 방법으로, 데이터를 평균이 0이고 표준편차가 1인 분포로 조정한다.
  Scaled_Value = (Value – Mean) / Standard_Deviation
- ③ 로버스트 스케일링(Robust Scaling)은 데이터의 중앙값과 IQR을 이용하여 스케일링하는 방법으로, 이상치의 영향을 줄이는 데 유용하다.
  Scaled_Value = (Value – Median) / IQR

27 ②

양의 상관관계는 두 변수가 함께 증가하거나 함께 감소하는 관계이다.

28 ①

주성분 분석(PCA)은 다변량 데이터에서 주요한 정보를 가장 잘 나타내는 주성분을 추출하는 기법이다. 데이터의 차원을 축소하면서 기존 변수들의 선형 조합으로 새로운 변수들을 생성하며, 이 새로운 변수들은 기존 변수들의 변동성을 최대한 보존하는 방향으로 구성된다.
주성분 분석은 공분산 행렬 또는 상관 행렬을 이용하여 데이터의 고유벡터와 고유값을 계산하고, 이를 기반으로 새로운 주성분을 생성한다.

29 ③

범위는 데이터의 분포측면(퍼짐 정도)의 기초통계량이고 나머지는 중심성 경향 통계량이다.
퍼짐정도를 나타내는 통계량은 일반적으로 "산포도" 또는 "분산"을 의미한다.

30 ④

평균 물가 상승률, 경제 상승률 등을 구할 때는 기하 평균을 사용한다.
조화 평균(Harmonic Mean)은 주어진 값들의 역수들의 산술평균의 역수로 정의된다. 주로 속도, 시간, 빈도 등과 관련된 값들의 평균을 구할 때 사용된다.
조화 평균 = n / (1/a_1 + 1/a_2 + … + 1/a_n)   n은 값들의 개수

31 ②

전수조사는 조사 대상 전체 집단을 모두 포함하여 진행되는 조사 방법이다.
우주선의 부품들은 신뢰성과 안전성이 매우 중요하기 때문에, 모든 부품을 조사하여 불량품이나 결함이 있는지 확인해야 한다.

32 ④

왜도가 0보다 크면 자료가 왼쪽에 더 많이 분포된 것으로 최빈값<중앙값<평균의 특성을 가진다.

- ① 중앙값은 데이터를 크기 순으로 나열했을 때 가운데 위치한 값으로, 데이터가 이상치를 가지더라도 영향을 크게 받지 않는 장점이 있다.
- ② 분산은 데이터들이 평균으로부터 얼마나 떨어져 있는지를 나타내는 값으로, 표본분산은 자유도(n–1)로 나누어서 계산한다. 자유도가 n–1인 이유는 표본에서 하나의 값이 이미 평균값으로 사용되어 추정이 불가능하기 때문이다.
- ③ IQR은 Q3와 Q1의 차이로, 데이터의 중간 50% 범위를 나타내는 값이다.

33 ①

점추정(Point Estimation)은 통계적 추론에서 모수(parameter)를 하나의 수치로 추정하는 방법을 말한다.
모수를 정확하게 추정하는 것이 목표인데 편이성 즉, 편향된 추정량은 기대값이 모수와 다른 것이므로 해당보기는 옳지 않다.

34 ②

인코딩(Encoding)은 텍스트, 이미지, 오디오 등의 데이터를 컴퓨터가 이해하고 처리할 수 있는 숫자 형태로 변환하는 과정을 말한다.

35 ④

표본평균의 표준오차는 표본의 크기가 변하면서 변동한다.
표준오차는 표본의 크기(n)에 반비례하며, 표준오차 = (표준편차) / $\sqrt{n}$으로 계산된다. 따라서 표본의 크기가 커질수록 표준오차는 작아지고, 작은 표본에서는 표준오차가 크게 나타난다.

36 ③

층화추출에서 각 층의 크기는 모집단의 특성에 따라 다르게 설정되며, 모집단의 특성을 잘 대표할 수 있도록 하려는 노력을 기울인다.

37 ③

포아송 분포의 평균과 분산은 λ로 같다. 따라서 확률변수 X와 Y의 평균과 분산은 다음과 같이 계산된다.
- **확률변수 X**
  평균(기댓값) E(X) = λ = 4
  분산 Var(X) = λ = 4
- **확률변수 Y**
  평균(기댓값) E(Y) = λ = 9
  분산 Var(Y) = λ = 9
그러므로

$$E\left[\frac{3X + 2Y}{6}\right] = \frac{1}{6}[\ 3 * E(X) + 2 * E(Y)]$$

$$= \frac{1}{6}(3*4 + 2*9) = \frac{1}{6} * 30 = 5$$

$$Var\left[\frac{(3X + 2Y)}{6}\right] = \frac{1}{36}[3^2 * Var(X) + 2^2 * Var(Y)]$$

$$= \frac{1}{36}(9*4 + 4*9) = \frac{72}{36} = 2$$

38 ③

제1종오류는 실제로는 차이가 없는데도 불구하고 차이가 있다고 잘못 결론을 내리는 오류이다. 제1종오류의 확률은 유의수준과 일치한다.

- ① 귀무가설(H0)은 연구자가 모수에 대해 아무런 효과가 없다고 가정하는 가설이다. 대립가설(H1)은 연구자가 관심 있는 효과나 차이가 있다고 주장하는 가설이다.
- ② 유의수준은 가설검정 시 기각역을 정하는데 사용되는 임계값을 지칭한다. 유의수준을 작게 설정하면 귀무가설을 기각하는 기준이 더 엄격해지므로, 통계적으로 유의미한 결과를 얻을 때 연구자는 자신의 주장에 대한 확신을 더 크게 갖게 된다.
- ③ 제2종오류는 귀무가설이 거짓일 때, 대립가설을 채택하지 못하는 오류를 말한다. 즉, 실제로는 차이가 있는데도 불구하고 차이가 없다고 잘못 결론을 내리는 오류이다.

39 ①

표준편차가 0.1인 경우 표본분포는 정규분포에 근사할 수 있으나, 표본의 크기가 작거나 모집단의 분포가 극단적인 경우에는 정확한 근사성을 보장할 수 없다.

40 ②

클래스 A의 비율이 90%, 클래스 B의 비율이 10%인 불균형 데이터가 있다면, 모형이 항상 클래스 A로 예측하는 경우에 정확도는 90%가 되며, 실제로는 클래스 B를 제대로 예측하지 못하는 문제가 발생한다.
따라서 불균형 데이터를 다룰 때는 정확도 외에 다른 성능 지표들을 고려하여 모형의 성능을 평가하는 것이 중요하다. 예를 들어, 정밀도(Precision), 재현율(Recall), F1 스코어(F1 Score) 등의 지표를 사용하여 불균형 데이터에서 모형의 성능을 정확히 평가할 수 있다.

3과목 빅데이터 모델링

41 ④

재현율은 실제 양성인 샘플 중 모델이 양성으로 예측한 비율로, 오버샘플링으로 소수 클래스의 데이터가 늘어나면 모델이 실제 양성을 더 잘 감지하게 되어 재현율이 증가한다.
정밀도는 모델이 양성으로 예측한 샘플 중에서 실제로 양성인 샘플의 비율로, 오버샘플링으로 인해 모델이 양성을 더 많이 예측하면 실제로는 음성인 샘플을 양성으로 잘못 분류할 가능성이 높아져 정밀도가 감소할 수 있다.

42 ③

부스팅(Boosting)은 여러 약한 학습기(weak learner)를 순차적으로 학습, 예측하면서 잘못 예측 분류된 훈련 샘플에 대해 가중치를 부여하고 업데이트된 가중치로 훈련 데이터를 다시 학습하여 강한 학습기를 만든다.

오답 피하기
- ① 보팅은 서로 다른 모델들을 결합하여 다수결 투표를 통해 최종 예측을 한다.
- ② 배깅에서 부트스트래핑의 조건은 기초 데이터셋과 생성된 샘플 데이터셋의 크기가 동일해야 한다.
- ④ 스태킹은 여러 개의 기본 모델들이 예측한 결과를 새로운 훈련 데이터로 사용하여 최종 모델(메타 모델)을 학습시킨다.

43 ④

활성화 함수인 소프트맥스는 입력값을 0~1사이에 출력이 되도록 정규화하고, 출력값들의 총합이 항상 1이 되는 특징을 나타낸다.

44 ④

하이퍼볼릭탄젠트(Tanh)는 값이 작아질수록 −1, 커질수록 1에 수렴한다. 시그모이드와 비슷한 S자 모양을 가지지만 출력 범위가 −1과 1로 확장된 형태이다.

45 ③

종속변수가 연속형 변수일 때 분산분석, F통계량 등이 분류기준으로 사용된다.
분산분석(ANOVA)은 그룹 간 평균 차이를 검정하는 통계적 방법 중 하나로, 의사결정나무에서는 이러한 평균 차이를 기준으로 데이터를 분할한다.

오답 피하기
- ① 카이제곱 통계량은 범주형 변수들 간 관계를 검정할 때 사용한다.
- ② 지니 지수는 의사결정나무의 분기점을 선택하는 데 사용되는 기준 중 하나로, 주로 범주형 변수에 사용된다.
- ④ 엔트로피 지수는 주로 범주형 변수에 사용되며 불순도를 나타내는 지표이다.

46 ③

gamma는 데이터 샘플의 영향력을 행하는 거리를 결정하며, 클수록 거리는 짧아진다.
C는 오류를 허용하는 전략으로 작을수록 관련 데이터 샘플이 다른 클래스에 속하는 것을 많이 허용함으로써 과소적합이 될 수 있다.

47 ②

주성분분석은 분산을 최대화하는 축을 찾는 과정이며, 이를 통해 데이터의 주요 특성을 보존하면서 저차원의 초평면에 투영하여 차원을 줄이는 효과를 가진다.

48 ①

주성분 분석은 데이터들 간의 상관성을 토대로 새로운 변수인 주성분들을 만든다. 요인분석은 데이터들간의 상관성을 토대로 비슷한 변수들을 묶어 잠재변수를 만든다.

49 ②

공분산은 변수 값의 범위가 정해져 있지 않아 이를 정규화하여 −1부터 +1 범위로 수치화한 것이 상관계수이다.
공분산은 값 자체만으로 두 변수의 관련성을 정확히 판단하기 어렵고 변수들의 척도에 따라 값의 크기가 달라져 비교가 어렵다.

50 ③

스케일링은 주로 변수들 간 범위나 척도가 다를 때 사용되는 전처리 기법이다.

51 ②

군집추출은 모집단을 군집으로 나눈 후 군집별로 단순랜덤추출법을 수행하며 집단 간 동질성, 집단 내 이질성이 된다.

오답 피하기
- ① 계통추출법은 표본에서 일정한 규칙에 따라 일정 간격으로 표본을 추출한다.
- ③ 층화추출법은 비슷한 특성을 가진 여러 개의 층으로 나누어 각 층에서 랜덤하게 표본을 추출한다. 집단 간 이질성, 집단 내 동질성을 가진다.
- ④ 단순랜덤추출법은 모집단에서 무작위로 표본을 추출하는 간단한 방식이다.

52 ③

로지스틱 회귀분석에서 종속변수는 이항분포를 따른다.

53 ④

GAN은 생성 모델의 한 유형으로, 생성자는 실제와 비슷한 가짜 데이터를 생성하고, 판별자는 이 데이터와 실제 데이터를 구별하여 진짜와 가짜를 판별한다. 이러한 경쟁을 통해 생성자는 점차 진짜 데이터와 비슷한 가짜 데이터를 만든다. GAN은 이미지 생성, 영상, 음성 합성 등에 널리 활용된다.

54 ①

초매개변수란 모델 내부가 아닌 학습 이전에 사용자가 수동적으로 설정하는 값이다. 딥러닝 모델에서 초매개변수는 학습률, 미니배치 크기, 은닉층의 수, 뉴런의 수, 드롭아웃 비율 등을 포함한다.

55 ④

AdaBoost는 분류 문제에서 사용되는 부스팅(Boosting) 알고리즘에 속한다. AdaBoost는 이전에 잘못 분류된 샘플들에 가중치를 높여 다음 분류기가 더 잘 학습하도록 반복한다.

> **오답 피하기**
> - Momentum은 업데이트 시 이전 단계에서 움직인 방향과 크기를 기억하여 현재 단계에서 그 방향으로 더 크게 이동하도록 한다. 기울기만 이용하여 업데이트를 수행하는 경사하강법을 보완한다.
> - ② AdaGrad는 학습률을 각 파라미터마다 조정하여 자주 등장하는 특성에 대해서는 학습률을 감소시켜 발산을 줄이고 드물게 등장하는 특성은 학습률을 증가시켜 최적값을 찾을 가능성을 높인다.
> - ③ RMSProp은 경사의 제곱값에 대한 이동 평균을 사용하여 학습률을 조절한다.

56 ④

가중치 초기화는 모델의 가중치를 어떻게 초기화할지 결정하는 방법으로, 신경망이 학습을 시작하는 초기 상태를 결정한다. 기울기 소실(Gradient Vanishing) 효과를 예방할 수 있다.

> **오답 피하기**
> - ① 가중치 감소는 L2 정규화라고 불리며, 큰 가중치에 대해 패널티를 부여한다.
> - ② 배치 정규화는 각 미니배치 데이터의 평균과 분산을 이용하여 입력을 정규화한다.
> - ③ 드롭아웃은 학습 중 일부 뉴런을 무작위 제거하여 모델이 특정 뉴런에 고정되는 것을 방지한다.

57 ④

특이도는 TN / (TN+FP)로 실제 False인 것 중에서 모델이 False라고 예측한 것의 비율로써 FP(False Positive) 비중이 낮을수록 좋다.

58 ①

MSE(Mean Squared Error)는 회귀 모델의 성능평가 지표로, 실제값과 예측값 간의 평균제곱오차를 계산한다.

59 ③

입력과 출력변수 또는 독립변수와 종속변수 간의 관계에는 선형성이 있어야 한다.

60 ①

민감도는 실제 양성인 샘플 중에서 모델이 양성으로 정확히 예측한 비율이다.
정밀도는 모델이 양성으로 예측한 샘플 중에서 실제로 양성인 샘플의 비율이다.
민감도 = TP / (TP+FN) = 20/(20+10) = 2/3
정밀도 = TP / (TP+FP) = 20/(20+20) = 1/2

4과목 빅데이터 결과 해석

61 ③

데이터 시각화를 위해 정확도, 정밀도, 민감도, F1 score 등의 성과지표를 포함하거나 새로운 지표를 만들어 사용해야 한다.

62 ④

원핫 인코딩(One-Hot Encoding)은 범주형 데이터를 숫자로 표현하기 위한 전처리 방법 중 하나로 각 범주를 고유한 이진 벡터로 표현한다. 해당하는 범주의 인덱스 위치에 1을 표시하고, 나머지 인덱스 위치에는 0을 표시한다.

63 ①

관계시각화는 데이터에서 다양한 개체 또는 변수 간의 관계를 시각적으로 표현하는 기법으로, 산점도, 히트맵, 트리맵, 네트워크 그래프, 버블차트 등이 대표적인 도구이다.

64 ②

특이도 = TN / (TN+FP)

> **오답 피하기**
> - ① 민감도(Recall, Sensitivity)는 실제 양성인 샘플 중에서 모델이 양성으로 정확히 예측한 비율이다.
> - ③ 정확도(Accuracy)는 전체 샘플 중에서 모델이 정확히 예측한 샘플의 비율이다.
> - ④ 정밀도(Precision)는 모델이 양성으로 예측한 샘플 중에서 실제 양성인 샘플의 비율이다.

65 ③

카토그램(Cartogram)은 지리적 공간을 변형하여 다른 변수의 값을 시각적으로 나타내는 방법이다. 일반적인 지도는 지리적 공간을 정확히 나타내지만, 카토그램은 특정 변수의 상대적인 크기 또는 중요성을 강조하기 위해 지리적 공간을 조정한다.

66 ④

MAE는 실제값과 예측값의 차이로 성능을 평가하는 것으로 예측(회귀) 모델의 평가지표이다.
이진분류기에서는 정확도, 민감도 등과 같은 분류 성능 평가지표를 사용한다.

67 ①

MAPE는 실제값과 예측값 사이의 차이를 실제값으로 나눠줌으로써 오차가 실제값에서 차지하는 상대적인 비율을 산출한다.
② 평균제곱근오차(RMSE), ③ 평균절대오차(MAE), ④ 평균오차(ME)를 산출하는 식이다.

68 ②

홀드아웃(Holdout)은 데이터 분석에서 모델의 성능을 평가하기 위해 데이터를 훈련셋(Training Set), 테스트셋(Test Set)으로 나누는 기법이다. 일반적으로 7:3 또는 8:2의 비율로 분할한다.

> **오답 피하기**
> - ① K-fold 교차검증은 데이터를 K개의 부분집합으로 나누고, K번의 모델 학습과 평가를 반복한다.
> - ③ 부트스트랩은 원래 데이터 집합으로부터 복원 추출을 통해 샘플을 반복적으로 뽑아내어 새로운 데이터 집합을 만들어 모델을 평가한다.

69 ③

경사하강법은 학습률이 너무 작으면 수렴에 많은 시간이 소요되며, 학습률이 너무 크면 최적점을 지나쳐 수렴하지 못할 수 있다.

70 ②

히스토그램은 변수 값의 분포를 시각적으로 표현하나 변수간 관계를 시각화 하지는 않는다.

71 ③

학습 데이터와 테스트 데이터가 동일할 경우 과적합 문제가 발생한다.

72 ③

Cumulative Proportion(누적 비율)이 주성분의 설명력을 표현한다.

73 ③

지지도(Support)는 전체 거래 중 해당 항목 집합이 등장하는 비율이다.
{오렌지, 사과, 키위}는 1, 3번째 거래에서 등장한다.
지지도 = 2 / 6 ≈ 0.33
신뢰도(Confidence)는 어떤 항목 집합이 발생했을 때, 그 항목 집합과 함께 다른 항목 집합이 발생할 확률이다.
{오렌지, 사과} 항목 집합은 1, 3, 6번째 거래에서 등장한다.
{오렌지, 사과}와 {키위}가 함께 등장하는 집합은 1, 3번째 거래이다.
신뢰도 = 2 / 3 ≈ 0.66

74 ③

회귀분석에서 회귀계수 추정값이 0인 경우는 해당 독립변수가 종속변수에 대해 유의미한 영향을 주지 않는다는 것을 의미한다.

75 ④

귀무가설은 보통 그룹 간 차이가 없다는 가설이다. 즉 p-값이 유의수준보다 작은 경우 귀무가설을 기각하며, 이것은 그룹 간에 통계적으로 유의한 차이가 있다고 판단하는 것이다.

> **오답 피하기**
> - ① (가)는 SSE, (가)+(나)는 SST이므로 결정계수 R^2는 (가)/((가)+(나))로 구할 수 있다.
> - ② F 통계량은 주로 분산분석(ANOVA)에서 두 집단 간 분산 비율을 비교할 때 사용된다. F 값은 주어진 분석표에서 제곱합과 자유도를 이용한 평균제곱합의 비를 이용해서도 구할 수 있다.
>   F = (집단 간 평균제곱합 / 자유도) / (오차 평균제곱합 / 자유도)
>   = (63.21/2) / (38.96/147) ≒ 119.3
> - ③ Pr(>F)는 F 값에 대한 p-값으로 종(species) 요인이 영가설(차이가 없음)에 대해 관측된 F 값(또는 더 극단적인 값)을 얻을 확률을 나타낸다. 매우 작은 p-값은 영가설 기각에 대한 강력한 근거가 있음을 보여준다.

76 ②

스타 차트는 주로 다각형 형태로 표현되며, 각 꼭지점은 특정 요인 또는 성과 지표를 나타낸다. 각 꼭지점을 연결하는 선은 해당 지표의 상대적인 중요성을 나타내며, 각 꼭지점에서의 거리는 해당 지표의 수치를 표현한다. 스타 차트를 사용하면 여러 지표를 동시에 비교하고, 어떤 요인이 중요하거나 개선이 필요한지를 한눈에 파악할 수 있다.

77 ①

카토그램은 인구, 국내 총생산, 투표수 등 특정 통계 수치에 따라 면적을 표현하는 것으로, 어떤 지역의 통계 수치가 크면 실제 면적이 작더라도 지도상에는 크게 표현되고, 반대로 통계 수치가 작으면 실제 면적이 크더라도 지도상에는 작게 표현된다.

78 ②

AUC는 ROC 곡선의 아래 면적으로, 면적이 작을수록 분류 성능이 낮다.

79 ①

하이퍼파라미터는 모델의 학습 전에 사용자가 직접 설정하며, 학습을 통해 결정되는 것은 모델 내부의 파라미터이다.

80 ④

인포그래픽은 시각적인 요소와 텍스트의 조합으로 정보를 전달하지만 지나치게 많은 텍스트를 사용하면 정보의 파악이 어려워질 수 있다. 핵심적인 정보를 간결하고 명확하게 표현하는 것이 중요하다.

실전 모의고사

CONTENTS

기출문제를 분석하여 반영한 모의고사입니다. 실전에 임하는 자세로 풀어보고 해설을 통해 부족한 부분을 확인할 수 있도록 합니다.

1과목 빅데이터 분석 기획

01 데이터 수집과 관련된 표준 용어로 추출, 변환, 적재의 과정으로 구성된 기술로 올바른 것은?

① ETL
② Sensor Network
③ Crawling
④ Open API

02 딥러닝에 대한 설명으로 적절하지 않은 것은?

① Dropout은 과적합을 방지하기 위한 방법으로 데이터 학습 과정에서 유닛의 일부를 랜덤하게 누락시킨다.
② 딥러닝은 인공신경망을 사용하므로 각 hidden layer의 가중치를 통해 모형의 결과를 해석하기 쉽다.
③ 딥러닝 분석 수행 시 주로 sigmoid function을 Activation으로 사용한다.
④ 최적의 학습 결과를 찾기 위해 역방향으로 오차를 전파하면서 각 layer의 가중치를 갱신하는 오류역전파 알고리즘을 사용한다.

03 다음 중 빅데이터 분석 방법론의 개발 절차로 올바른 것은?

① 데이터 준비 – 분석 기획 – 데이터 분석 – 평가 및 전개 – 시스템 구현
② 분석 기획 – 데이터 준비 – 데이터 분석 – 평가 및 전개 – 시스템 구현
③ 분석 기획 – 데이터 준비 – 데이터 분석 – 시스템 구현 – 평가 및 전개
④ 데이터 준비 – 분석 기획 – 데이터 분석 – 시스템 구현 – 평가 및 전개

04 기존의 데이터를 학습시켜 새로운 데이터 입력 시 이를 예측하는 방법으로 분류나 회귀 문제에 적합한 것은?

① 강화학습
② 지도학습
③ 준지도학습
④ 비지도학습

05 개인정보 비식별 조치에 대한 익명성 검증 방법으로 적절하지 않은 것은?

① l-다양성은 민감한 정보의 분포를 낮추어 추론 가능성을 더욱 낮추는 기법이다.
② k-익명성은 특정인임을 추론할 수 있는지 여부를 검토, 일정 확률수준 이상 비식별되도록 하는 기법이다.
③ m-유일성은 원본 데이터와 동일한 속성 값의 조합이 비식별 결과 데이터에 최소 m개 존재해야 재식별 위험성이 낮다는 것이다.
④ t-근접성은 전체 데이터 집합의 정보 분포와 특정 정보의 분포 차이를 t 이하로 하여 추론을 방지한다.

06 개인정보 비식별화 방법으로 적절하지 않은 것은?

① 가명 처리
② 총계 처리
③ 데이터 범주화
④ 데이터 암호화

07 데이터의 기초 통계량과 분포를 확인하여 데이터를 이해하고 의미 있는 관계를 찾아내는 방법으로 올바른 것은?

① 기술통계
② 가설검정
③ 탐색적 데이터 분석
④ 데이터 시각화

08 분석 대상이 명확하지 않으나 분석 방법은 알고 있을 때 적용할 수 있는 문제 해결 방법으로 올바른 것은?

① 발견(Discovery)
② 솔루션(Solution)
③ 최적화(Optimization)
④ 통찰(Insight)

09 개인정보에 대하여 정보주체의 동의 없이 수집 및 이용이 가능한 경우로 적절하지 않은 것은?

① 학교에서 신임 교원 임용 시 후보자에 대한 범죄 이력 등을 조회할 수 있다.
② 병원에서 진료기록부 작성을 위해 개인정보를 기입하는 경우 가능하다.
③ 정보주체의 생명이나 신체 또는 재산상의 이익을 위하여 필요하다고 인정되는 상황으로 사전 동의를 구할 수 없을 만큼 급박한 경우 가능하다.
④ 통신사에서 고객에게 요금을 부과하기 위하여 조회하는 경우 가능하다.

10 정형 데이터의 품질 진단 방법으로 적절하지 않은 것은?

① 부가요소 정확성 분석
② 메타데이터 수집 및 분석
③ 칼럼 속성 분석
④ 값의 허용 범위 분석

11 탐색적 데이터 분석(EDA)에 대한 설명으로 적절하지 않은 것은?

① 데이터에 대한 이해 및 의미 있는 관계를 찾아낸다.
② 시각화 도구를 이용하여 데이터를 직관적으로 파악할 수 있다.
③ 분석을 위한 후보 모형들을 선정하는 과정이다.
④ 데이터를 다양한 관점으로 파악하는 과정이다.

12 데이터 분석 절차에서 복잡한 문제의 단순화를 통해 문제를 변수들 간의 관계로 정의하는 것으로 올바른 것은?

① EDA
② 문제 인식
③ 연구조사
④ 모형화

13 진단 분석에 대한 설명으로 올바른 것은?

① 원인은 무엇인지 파악하는 것이다.
② 앞으로 어떻게 될 것인지 파악하는 것이다.
③ 어떻게 대처해야 하는지 파악하는 것이다.
④ 무엇이 발생했는지 파악하는 것이다.

14 통계적 데이터 분석 시 추정치가 편파성을 일으키는 문제나 추정치의 타당도 문제가 발생할 수 있는 값으로 올바른 것은?

① 편차(deviation)
② 분산(variance)
③ 이상치(outlier)
④ 편향(bias)

15 데이터 유형별 데이터 수집 방법으로 적절하지 않은 것은?

① 센서데이터 : 센싱(sencing)
② 동영상 : 스트리밍(streaming)
③ DBMS : FTP
④ 웹 : 크롤링(crawling)

16 데이터 분석 성숙도 모델의 성숙도 수준으로 적절하지 않은 것은?

① 도입단계
② 최적화단계
③ 확산단계
④ 파악단계

17 개인정보의 수집 시 정보주체에게 사전 고지하지 않아도 되는 항목으로 올바른 것은?

① 파기하는 내용
② 보유 및 이용 기간
③ 동의를 거부할 권리가 있다는 사실
④ 수집 및 이용 목적

18 상향식 접근 방식에 대한 설명으로 올바른 것은?

① 데이터를 활용하여 생각지도 못했던 인사이트 도출 및 시행착오를 통한 개선이 가능하다.
② 전통적 분석 과제 발굴 방식으로 근래의 문제들은 변화가 심하여 문제를 사전에 정확하게 정의하기 어렵다.
③ 비즈니스 모델 기반 문제 탐색, 외부 참조 모델 기반 문제 탐색, 분석 유즈케이스 정의를 통한 문제 탐색이 가능하다.
④ 동적인 환경에서 발산과 수렴 단계를 반복적으로 수행하며 상호 보완을 통해 분석의 가치를 극대화할 수 있다.

19 실세계에 존재하는 객체의 표현 값이 정확히 반영되어야 한다는 것을 뜻하는 품질 기준으로 올바른 것은?

① 유효성
② 일관성
③ 정확성
④ 무결성

20 전사 차원의 모든 데이터에 대하여 표준화된 관리 체계를 수립하는 것을 나타내는 용어로 올바른 것은?

① 데이터 아키텍처
② 데이터 컴플라이언스
③ 데이터 표준화
④ 데이터 거버넌스

2과목 **빅데이터 탐색**

21 박스 플롯을 통해서 알 수 없는 것은?

① 1사분위수
② 분산
③ 이상값
④ 최댓값

22 다음은 변수선택의 방법 중 단계적 선택법에 대한 설명이다. 잘못된 것은?

① 전진 선택법과 후진 선택법의 보완방법이다.
② 전진 선택법을 통해 가장 유의한 변수를 모형에 포함한다.
③ 나머지 변수들에 대해 후진 선택법을 적용하나 새롭게 유의하지 않은 변수들을 제거하지는 않는다.
④ 제거된 변수는 다시 모형에 포함하지 않으며 유의한 설명변수가 존재하지 않을 때까지 과정을 반복한다.

23 파생변수에 대한 설명으로 틀린 것은?

① 기존의 변수를 조합하여 새로운 변수를 만들어내는 것을 의미한다.
② 사용자가 특정 조건을 만족하거나 특정 함수에 의해 값을 만들어 의미를 부여하는 변수로 매우 주관적일 수 있으므로 논리적 타당성을 갖출 필요가 있다.
③ 데이터의 특성을 파악하는 데 중점을 두어 특정상황에 유의미하도록 변수를 생성해야 한다.
④ 세분화, 고객행동 예측 등에 유용하게 사용된다.

24 다음은 어떤 학습 데이터 불균형에 대한 처리 방법이다. 옳은 것을 고르시오.

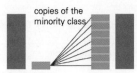

소수클래스의 복사본을 만들어, 대표클래스의 수만큼 데이터를 만들어 주는 것이다. 똑같은 데이터를 그대로 복사하는 것이기 때문에 새로운 데이터는 기존 데이터와 같은 성질을 갖게 된다.

① 언더샘플링(Undersampling)
② 오버샘플링(Oversampling)
③ 음수 미포함 행렬분해(NMF:
　　Non-negative Matrix Factorization)
④ 특이값분해
　　(Singular Value Decomposition)

25 하나의 제품을 A, B, C 공장에서 각각 50%, 30%, 20%씩 물량을 나누어 생산하며 불량률은 1%, 2%, 3% 이라고 한다. 생산된 제품 중 하나를 선택했을 때 불량품이면 그 제품이 A 공장에서 나왔을 확률은?

① $\dfrac{6}{17}$　　　　② $\dfrac{5}{17}$

③ $\dfrac{12}{17}$　　　　④ $\dfrac{11}{17}$

26 통계학과 학생들 100명을 대상으로 기말고사 시험의 결과가 평균이 80, 분산이 100인 정규분포를 보인다고 한다. 수강생중에서 어떤 학생이 80점에서 85점 사이 점수를 받을 확률은 얼마인가? (단, P(Z≤0.5)=0.6915, P(Z≤0.0)=0.5000)

① 0.3457　　　　② 0.6915
③ 0.1915　　　　④ 0.7230

27 다음 확률함수에 대해서 최대가 되는 모수 θ 값은 얼마인가?

주어진 데이터 3,1,2,3,3에 대해서
$$f(t;\theta) = \theta e^{-\theta t}$$
여기서 $t \geq 0$이다.

① $\dfrac{5}{12}$　　　　② $\dfrac{1}{12}$

③ 1　　　　④ $\dfrac{1}{13}$

28 다음 아래의 산점도 그래프의 개형과 맞는 피어슨 상관계수 유형은 어느 것인가?

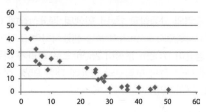

① $\rho = 0$
② $\rho = 1$
③ $-1 < \rho < 0$
④ $0 < \rho < 1$

29 다음 아래 설명은 어떤 분석에 대한 것인가?

• 자료의 값 대신 순위를 이용하는 경우의 상관계수로서, 데이터를 작은 것부터 차례로 순위를 매겨 서열 순서로 바꾼 뒤 순위를 이용해 상관계수를 구한다.
• 두 변수 간의 연관 관계가 있는지 없는지를 밝혀 주며 자료에 이상점이 있거나 표본크기가 작을 때 유용하다.

① 피어슨 상관계수
② 스피어만 상관계수
③ 크론바흐 알파 계수 신뢰도
④ 단조상관계수

30 다음은 데이터의 시각화에 대한 설명이다. 아래 설명에 해당되는 차트는 무엇인가?

> • 하나의 공간에 각각의 변수를 표현하는 몇 개의 축을 그려서 축에 해당되는 변수값을 연결하는 그래프이다.
> • 각 변수마다 축시작점은 최소, 가장 먼 점은 최대값을 나타낸다.
> • 연결되는 선의 모양이나 색을 다르게 하는 경우 여러 속성을 한번에 표현이 가능하다.

① 버블차트
② 스타차트
③ 히트맵
④ 산점도

31 한 지역의 고등학교 1학년 학생의 평균신장에 대해서 조사하고자 25명의 학생을 샘플링하여 조사한 결과 평균이 170cm 분산이 25cm으로 결과가 나왔다 이에 대한 전체 모집단의 평균에 대한 95% 신뢰구간을 구하여라.

① $169 \leq \mu \leq 171$
② $166.818 \leq \mu \leq 173.182$
③ $167.936 \leq \mu \leq 172.064$
④ $164.959 \leq \mu \leq 175.041$

32 기댓값을 나타내는 다음의 두 추정량이 있다.

$$\hat{\theta}_1 = \frac{1}{4}X_1 + \frac{1}{4}X_2 + \frac{1}{4}X_3 + \frac{1}{4}X_4, \ \hat{\theta}_2 = \frac{1}{4}X_1 + \frac{1}{2}X_2 + \frac{1}{4}X_3$$

(단, $E(X_i) = \mu$, $Var(X_i) = \sigma^2$)

다음 중 옳은 것은?

① 둘 다 불편추정량으로 $E(\hat{\theta}_1) = \mu$, $E(\hat{\theta}_2) = \mu/4$, $Var(\hat{\theta}_1) = \sigma^2$, $Var(\hat{\theta}_2) = \sigma^2/16$이고 분산의 효율성도 동일하다.
② 둘 다 불편추정량으로 $E(\hat{\theta}_1) = \mu$, $E(\hat{\theta}_2) = \mu$, $Var(\hat{\theta}_1) = \sigma^2$, $Var(\hat{\theta}_2) = \sigma^2/16$이고 $\hat{\theta}_1$이 $\hat{\theta}_2$보다 더 효율적이라고 말할 수 있다.
③ 둘 다 불편추정량으로 $E(\hat{\theta}_1) = \mu$, $E(\hat{\theta}_2) = \mu$, $Var(\hat{\theta}_1) = \sigma^2/4$, $Var(\hat{\theta}_2) = 3\sigma^2/8$이고 $\hat{\theta}_1$이 $\hat{\theta}_2$보다 더 효율적이라고 말할 수 있다.
④ 둘 다 불편추정량으로 $E(\hat{\theta}_1) = \mu$, $E(\hat{\theta}_2) = \mu/4$, $Var(\hat{\theta}_1) = \sigma^2/4$, $Var(\hat{\theta}_2) = 3\sigma^2/8$이고 $\hat{\theta}_1$이 $\hat{\theta}_2$보다 더 효율적이라고 말할 수 있다.

33 다음은 가설 검정의 결과로 채택 여부를 결정시에 관한 표이다 빈칸에 들어갈 내용으로 옳은 것은?

검정결과 \ 실제상황	H_0 귀무가설	H_1 대립가설
H_0 귀무가설 채택	success	(a)
H_0 귀무가설 기각	(b)	success

① (a) 제1종 오류, (b) 제2종 오류
② (a) 제2종 오류, (b) 제1종 오류
③ (a) 제1종 오류, (b) 제1종 오류
④ (a) 제2종 오류, (b) 제2종 오류

34 다음은 차원축소에 관한 설명이다. 틀린 것은?

① 복잡도의 축소(Reduce Complexity)에서 동일한 품질을 나타낼 수 있다면 효율성 측면에서 데이터 종류의 수를 줄여야 한다.
② 차원의 증가는 분석모델 파라미터의 증가 및 파라미터 간의 복잡한 관계의 증가로 분석결과의 과적합 발생의 가능성이 커진다.
③ 해석력(Interpretability)의 확보 측면에서 차원이 작은 간단한 분석모델일수록 내부구조 이해가 용이하고 해석이 쉬워진다.
④ 차원의 저주란 데이터분석 및 알고리즘을 통한 학습을 위해 차원이 증가하면서 학습데이터의 증가를 수반하여 계산성능이 저하되는 현상을 말한다.

35 프로스포츠의 선수들의 연봉에 대한 분석 시 팀 전체의 연봉의 50% 이상을 소수의 선수들이 차지하는 경우가 많다. 이 경우 중심성 경향의 분석 시 용이한 통계량은 무엇인가?

① 평균
② 최빈값
③ 중앙값
④ 분산

36 다음은 층화 추출에서 각 층별로 표본을 배정하는데 있어서 한가지 방법을 설명한 것이다. 해당하는 표본 배정법은?

> 추정량의 분산을 최소화 시키거나 주어진 분산의 범위 하에서 비용을 최소화 시키는 표본 배정 방법

① 비례 배분법　　② 고정 배분법
③ 네이만 배분법　④ 최적 배분법

37 군집 불균형을 해결하는 방법에 대한 설명으로 틀린 것은?

① 가중치균형법을 이용하여 데이터 클래스의 균형이 필요한 경우로 각 클래스별 특정 비율로 가중치(Weight)를 주어서 불균형을 해결한다.
② 대표클래스(Majority Class)의 일부만을 선택하고, 소수클래스(Minority Class)는 최대한 많은 데이터를 사용하는 방법인 언더샘플링(Under Sampling)으로 해결한다.
③ 소수클래스의 복사본을 만들어, 대표클래스의 수만큼 데이터를 만들어 데이터를 추가하여 불균형을 해결하는 오버샘플링(Over Sampling)이 있다.
④ 데이터에 대한 임계값을 설정하여 임계값을 조절하면서 데이터를 선택하여 불균형을 해소한다.

38 모집단과 표본의 통계량에 대한 설명 중 틀린 것은?

① 표본분포의 평균은 모집단의 평균 μ와 동일하다.
② 모집단의 표준편차가 σ이면 표본분포의 표준편차는 $\sigma/\sqrt{n}$이라고 정의한다. 특히 표본평균의 표본분포는 $N(\mu, \sigma^2/n)$인 정규분포를 따른다.
③ 모집단의 크기가 무한대에 한해서 표본평균의 표준오차는 $\sigma/\sqrt{n}$로 정의한다.
④ 동일한 모집단의 표준편차에서 표본의 크기가 커지면 커질수록 표준오차는 늘어나는 경향이 있다.

39 다음 중 성격이 다른 분포는?

① 지수분포
② 정규분포
③ 이항분포
④ F−분포

40 모집단이 정규분포를 따를 때 표본크기에 따른 표본 분포에 관한 내용으로 틀린 것은?

① 표본의 크기가 30이상이면 표본은 정규분포를 따른다.
② 표본의 크기와 상관없이 정규분포를 따른다.
③ 표본의 크기가 30미만이면 표본은 T 분포를 따른다.
④ 표본의 크기가 커질수록 표준오차는 줄어든다.

3과목 빅데이터 모델링

41 전체 독립변수 중에서 종속변수와의 상관관계가 적은 변수를 점진적으로 분석모형에서 제외하는 방법은?

① 후진소거
② 전진선택
③ 차원축소
④ 주성분 분석

42 딥러닝과 관련된 설명으로 틀린 것은?

① 드롭아웃 : 신경망에서 은닉층의 뉴런을 임의로 삭제하면서 학습한다.
② 오차역전파 : 오차를 입력층에서 출력층으로 전달 연쇄법칙을 통해 가중치와 편향을 업데이트한다.
③ 활성화 함수 : 입력신호의 총합을 출력신호로 변환한다.
④ 손실 함수 : 신경망이 출력한 값과 실제 값과의 오차에 대한 함수이다.

43 입력층이 (5,5), 필터가 (3,3)이며 스트라이드(stride)는 1, 패딩(padding)이 0인 값의 특징맵(Feature Map)의 크기는?

① (3, 3)
② (4, 4)
③ (5, 5)
④ (6, 6)

44 회귀분석의 진단과 관련하여 틀린 설명은?

① 선형성 : 독립변수와 종속변수가 선형적이어야 한다.
② 잔차 정규성 : 잔차의 기댓값은 0이며 정규분포를 이루어야 한다.
③ 잔차 독립성 : 잔차들은 서로 독립적이어야 한다.
④ 다중 공선성 : 다중 회귀 분석을 수행할 경우 2개 이상의 독립변수 간에 상관관계로 인한 문제가 없어야 한다.

45 SVM의 특징으로 잘못된 설명은?

① 분류, 회귀, 특이점 판별에 활용되는 지도학습 기법이다.
② 데이터가 많은 경우에도 학습 처리속도가 빠르다.
③ 선형 또는 비선형 분류가 가능하다.
④ 예측 정확도가 높은 편이다.

46 다차원 척도법과 거리가 먼 키워드는?

① 근접성
② 유사성
③ 시각화
④ 연속성

47 비용함수(손실함수)에 L1-norm(규제항)을 더한 규제 이름은?

① Lasso
② Ridge
③ ShrinkageNet
④ ElasticNet

48 SVM의 주요 요소로 맞지 않는 것은?

① 초평면
② 특징맵
③ 마진
④ 서포트벡터

49 독립변수가 연속형이면서 종속변수가 범주형인 조건을 가진 분석기법은?

① 로지스틱 회귀
② 선형 회귀
③ 시계열 분석
④ 나이브 베이지안

50 다음 분류 모델 해석에서 맞는 설명은?

		실제값	
		일반인	암환자
예측값	일반인	60	0
	암환자	10	30

① 재현율(Recall)은 0.75이다.
② 정확도(Accuracy)는 0.9이다.
③ 정확도(Accuracy)가 높을수록 좋은 모델이라고 할 수 있다.
④ 정밀도(Precision)는 0.5이다.

51 앙상블 분석에서 기법과 알고리즘이 잘못 기술된 것은?

① 배깅: 부트스트랩
② 배깅: 랜덤포레스트
③ 부스팅: GBM
④ 배깅: Adaboost

52 $P(A)$, $P(B)$, $P(C)$, $P(X|A)$, $P(X|B)$, $P(X|C)$를 이용해서 $P(B|X)$를 나타낸 것은?

① $P(B|x) = \frac{P(x|B)}{P(B)}$

② $P(B|x) = \frac{P(x|B)P(B)}{P(x|A)P(A)+P(x|B)P(B)+P(x|C)P(C)}$

③ $P(B|x) = \frac{P(x|B)P(B)}{P(x|A)P(X)+P(x|B)P(X)+P(x|C)P(X)}$

④ $P(B|x) = \frac{P(x|B)P(B)}{P(x|A)+P(x|B)+P(x|C)}$

53 교차검증에서 전체 데이터를 학습 데이터와 테스트 데이터, 검증 데이터로 나누는 기법은?

① k-폴드 교차검증
② Holdout 교차검증
③ 계층별 k-폴드 교차검증
④ 셔플링 교차검증

54 다음 중 비지도학습 적용에 적합한 경우는?

① 상품 구매 패턴분석
② SNS 기반 선호 브랜드 그룹 분석
③ 실시간 스팸 메일 분류
④ CCTV 통한 얼굴 자동 인식

55 다음 중 지도학습 분류 분석 예시에 해당되는 것은?

① 유동인구에 따른 절도 범죄율 관계 분석
② 마케팅 캠페인 집행 후 매출액 추이 변화 분석
③ 전염병 확진자 수에 따른 마스크 판매량 추이 분석
④ 색상비율에 따라 사람들이 느끼는 감정변화 분석

56 한 놀이공원에서 고객들로부터 다양한 놀이기구에 대한 선호도를 조사하여 놀이기구별로 주제 테마파크를 재구성하려고 한다. 이럴 때 사용되는 분석기법으로 타당한 것은?

① 군집분석
② 다층판별분석
③ 요인분석
④ 분산분석

57 시계열 모형에 대해서 설명한 것 중 옳은 것은?

① 백색잡음은 아무런 패턴이 남아있지 않은 무작위한 움직임(진동)을 보이는 데이터를 말한다.
② 자기회귀모형은 관찰기간의 제한이 없이 모든 시계열 데이터를 사용하며 최근 시계열에 더 많은 가중치를 주며 추세를 찾는 방법을 말한다.
③ 정상성은 시계열 데이터가 평균과 분산이 일정하지 않은 경우를 지칭한다.
④ 이동평균은 과거로부터 현재까지 시계열 자료를 대상으로 일정기간(관측기간)을 시계열을 이동하면서 분산을 계산하는 방법이다.

58 정의된 구조가 없으며 고정된 필드에 저장되지 않는 데이터를 뜻하는 것은?

① 반정형 데이터
② 비정형 데이터
③ 분산형 데이터
④ 질적 데이터

59 랜덤 포레스트의 장점과 거리가 먼 것은?

① 분류와 회귀 모두 이용할 수 있다.
② 의사결정나무의 쉽고 직관적인 특징을 가진다.
③ 데이터 수가 많아져도 빠른 수행속도를 나타낸다.
④ 예측의 변동성이 적으며 과적합을 방지한다.

60 k-폴드 교차검증의 장점으로 틀린 설명은?

① 모든 데이터셋을 훈련으로 사용할 수 있다.
② 모든 데이터셋을 평가로 사용할 수 있다.
③ 모델 훈련/평가 소요시간이 상대적으로 짧다.
④ 테스트 데이터에 과적합되는 현상을 방지할 수 있다.

4과목 빅데이터 결과 해석

61 다음 중 표본추출 방법에 대한 설명으로 맞지 않는 것은?

① 단순무작위 추출은 표본을 난수를 사용하여 무작위로 추출하는 것으로 편향성을 제거한다.
② 계통추출은 모집단에서 추출간격을 설정하고 설정 간격에서 무작위로 추출한다.
③ 모집단의 다양한 특성을 표현하기 위해서 각 집단내에 특징 집단을 나누고, 해당 집단에서 표본을 추출하는 방법을 층화추출이라 고한다.
④ 군집추출을 시행하는 경우 단순무작위 추출보다 편향성이 감소한다.

62 매개변수가 하이퍼파라미터와의 다른 차이점은?

① 모델 내부에서 결정되는 변수이다.
② 모델 최적화를 위해 사용자가 직접 세팅하는 변수이다.
③ 은닉층의 뉴런 개수도 포함된다.
④ 절대적인 최적값이 존재하지 않는다.

63 다음 시각화 도구 중 2개 이상의 변수 사이의 관계를 표현하기 적합한 것은?

① 막대그래프
② 도넛차트
③ 파이차트
④ 스캐터 플롯

64 시간에 따른 값의 변화를 표현하기에 적합하지 않은 도구는?

① 막대그래프
② 스타차트
③ 플로팅 차트
④ 꺾은선 그래프

65 불균형 데이터 처리기법 중 맞지 않는 것은?

① 언더샘플링
② 오버샘플링
③ 데이터 증강
④ 임계값 조정

66 ROC 곡선에 관한 설명으로 틀린 것은?

① X, Y가 모두 [0, 1] 범위이다.
② 군집분석 모델의 성능을 평가하는 지표로 사용된다.
③ Y축은 민감도이다.
④ ROC 곡선의 하단 면적을 AUC라고 한다.

67 다음 중 분석모델별 평가지표로 적절하지 않은 것은?

① 군집분석 모델 – 실루엣 기법
② 회귀분석 모델 – MAPE
③ 분류분석 모델 – F1 스코어
④ 연관분석 모델 – ROC 곡선

68 다음 중 딥러닝의 하이퍼파라미터 종류와 관계 없는 것은?

① 학습률
② 배치크기
③ 은닉층의 뉴런개수
④ 가중치

69 주어진 데이터를 k개의 클러스터로 분할 군집하는 알고리즘으로, 각 클러스터와 거리 차이의 분산을 최소화하는 군집분석 기법은?

① 계층적 군집분석
② DBSCAN
③ K-평균 군집분석
④ GMM

70 Precision(정밀도)가 95%이고 재현율(Recall)이 90%일 때의 F1 점수를 구하시오.

① 91.2%　　② 92.4%
③ 93.5%　　④ 95.5%

71 다층 퍼셉트론에 대한 설명 중 틀린 것은?

① 다층 퍼셉트론을 통해 비선형 영역 표현도 가능하다.
② 활성화 함수인 계단 함수를 이용한다.
③ 가중치와 편향을 매개변수로 설정한다.
④ 입력층과 출력층 사이에 은닉층은 별도로 존재하지 않는다.

72 관측값들이 어떤 이론적 분포를 따르고 있는지를 검정하는 방법으로 한 개의 요인을 대상으로 하는 것은?

① 적합도 검정
② 분포도 검정
③ 독립성 검정
④ 동질성 검정

73 인포그래픽의 특징 중 잘못된 것은?

① 전달하려는 메시지를 통계나 그래픽을 사용하여 간결하게 구성한다.
② 시각적으로 이해하기 쉽게 구성한다.
③ 복잡한 데이터는 시각화가 복잡하다.
④ 보는 사람에게 흥미와 관심을 유발한다.

74 다음 오차행렬에서 F1-score는 얼마인가?

		실제 답	
		True	False
예측 결과	True	80	20
	False	20	80

① 0.2　　② 0.3
③ 0.7　　④ 0.8

75 다음 중 분석 모형 진단 평가에 대한 설명으로 옳지 않은 것은?

- 참긍정(TP, True Positive)
- 참부정(TN, True Negative)
- 거짓긍정(FP, False Positive)
- 거짓부정(FN, False Negative)

① 실제 Positive인 대상 중에 실제와 예측 값이 일치하는 비율은 재현율(Recall)을 사용한다.
② 특이도(Specificity)는 전체 실제거짓 중 거짓예측한 비율이며 TN / (TN + FP)식으로 나타낸다.
③ 전체 예측된 긍정 중 거짓긍정한 비율을 정밀도(Precision)라고 하며 TP / (TP + FP)이다.
④ 정확도(Accuracy)는 (TP + TN) / (TP + FP + TN + FN)이다.

76 신경망모델에서 은닉층의 뉴런을 임의로 삭제하면서 학습하는 방법으로 적은 뉴런만으로 훈련한 뒤 테스트 시에 전체 뉴런을 사용하면 정답을 보다 잘 찾을 수 있어 과적합을 방지할 수 있는 기법명은?

① 가중치 규제
② 가중치 초기화
③ 드롭아웃
④ 하이퍼파라미터 튜닝

77 다음 분석결과 활용 방법에 대한 설명으로 맞지 않는 것은?

① 분석모형은 시간이 지나면서 성능이 떨어질 수 있다.
② 분석 데이터의 크기가 커지면 검증과정을 생략해도 신뢰성 높은 결과를 얻을 수 있다.
③ 분석 모형의 성능을 높이기 위해 리모델링을 수행한다.
④ 데이터셋의 특성이 달라지는 경우 새롭게 분석 모형을 구축해야 한다.

78 k-평균 군집분석에서 최적의 k값을 선택하기 위해 군집 간 분산과 전체 분산 간의 비율이 완곡하게 줄어드는 기법은?

① 엘보우(Elbow)
② 실루엣(Silhouette)
③ 분산 최적화
④ 오차율 최소화

79 K-fold 교차 검증에 대한 설명 중 옳지 않은 것은?

① K값을 크게 할수록 과적합을 줄일 수 있다.
② 홀드아웃은 데이터의 크기가 클 때 유용하다.
③ 반복 횟수가 많아지므로 훈련 시간이 오래 걸린다.
④ 홀드아웃에 비해 학습 데이터 분할에 더 유의해야 한다.

80 회귀분석 모형 진단에서 표본의 실제값에 대한 회귀식의 설명력에 대한 것은?

① 적합도 검정
② 유의성 검정
③ 회귀 테스트
④ 잔차분석

1과목 **빅데이터 분석 기획**

01 정성적 데이터에 대한 설명으로 적절하지 않은 것은?

① 객체 하나가 함축된 의미를 내포하고 있다.
② 반정형 데이터와 비정형 데이터로 구성되어 있다.
③ 주로 주관적 내용을 담고 있다.
④ 문자나 언어로 표현되어 통계 분석 시 어려움이 있다.

02 암묵지와 형식지에 대한 설명으로 적절하지 않은 것은?

① 암묵지는 어떠한 시행착오나 다양하고 오랜 경험을 통해 개인에게 체계화되어 있다.
② 형식지는 공통화 및 연결화 과정을 통해 암묵지가 구체화되어 외부로 표현된 것이다.
③ 암묵지는 외부에 표출되지 않은 무형의 지식으로 그 전달과 공유가 어렵다.
④ 형식지는 형상화된 유형의 지식으로 그 전달과 공유가 쉽다.

03 데이터 활용 기술에 대한 설명으로 적절하지 않은 것은?

① OLTP는 호스트 컴퓨터와 온라인으로 접속된 여러 단말 간 처리 형태의 하나로 데이터베이스의 데이터를 수시로 갱신하는 프로세싱을 의미한다.
② OLAP는 정보 위주의 분석 처리를 하는 것으로 트랜잭션 데이터를 분석해 제품의 판매 추이, 구매 성향 파악, 재무 회계 분석 등을 프로세싱하는 것을 의미한다.
③ 데이터베이스는 다양한 비즈니스 관점에서 쉽고 빠르게 다차원적인 데이터에 접근하여 의사결정에 활용할 수 있는 정보를 얻을 수 있게 하는 기술이다.
④ 데이터 마이닝은 대용량의 데이터로부터 인사이트를 도출할 수 있는 방법론이다

04 빅데이터의 특징에 대한 설명으로 적절하지 않은 것은?

① 단일 데이터만으로는 가치가 크지 않지만 다른 데이터들과 연계할 때 크게 증가한다.
② 최근에는 3Vs(규모, 유형, 속도) 외에 빅데이터 분석을 통해 얻을 수 있는 가치와 데이터에 대한 품질의 중요성이 강조되고 있다.
③ 품질은 데이터의 신뢰성, 정확성, 타당성 보장이 필수적이며, 고품질의 데이터에서 고수준 인사이트 도출이 가능하다.
④ 빅데이터 용어가 사용된 초기에 가트너 그룹은 3Vs로 빅데이터의 특징을 설명하였다.

05 빅데이터 활용을 위한 테크닉에 대한 설명으로 적절하지 않은 것은?

① 연관규칙분석은 독립변수가 종속변수에 미치는 영향을 분석할 때 사용한다.
② 유형분석은 문서를 분류하거나 조직을 그룹화할 때 사용한다.
③ 유전 알고리즘은 최적화가 필요한 문제를 생물 진화의 과정을 모방하여 점진적으로 해결책을 찾는 방법이다.
④ 소셜네트워크분석은 특정인과 다른 사람의 관계를 파악하고 영향력 있는 사람을 분석할 때 사용한다.

06 데이터 권리 시대에 대한 설명으로 적절하지 않은 것은?

① 데이터의 원래 소유자인 개인이 자신의 데이터에 대한 권리를 보유하고 있으며 스스로 행사할 수 있어야 한다는 마이데이터(My Data)가 등장하였다.

② 데이터 소비자의 역할과 활용 역량을 높이기 위한 데이터 리터러시 프로그램의 중요성이 커지고 있다.

③ 데이터 연결과 데이터 권리는 개인 데이터가 완전하게 보호되며, 개인은 자신의 데이터를 완전하게 통제할 수 있다는 믿음이 보편화되어야 한다.

④ 개인은 데이터를 만들고 자신이 만든 데이터를 기반으로 비즈니스 모델을 구상할 수 있으며, 기업들은 개인 데이터 사용에 제약을 받게 됨으로써 고객 접점을 상실하게 될 수 있다.

07 빅데이터 수집 기술에 대한 설명으로 적절하지 않은 것은?

① 크롤링은 무수히 많은 컴퓨터에 분산 저장되어 있는 문서를 수집하여 검색 대상의 색인으로 포함시키는 기술이다.

② ETL은 다양한 원천 데이터를 취합해 추출하고 공통된 형식으로 변환하여 데이터 웨어하우스에 적재하는 과정이다.

③ 센서 네트워크는 조직 내부에 있는 웹 서버나 시스템의 로그를 수집하는 기술이다.

④ ODS는 다양한 DBMS 시스템에서 추출한 데이터를 통합적으로 관리한다.

08 빅데이터 플랫폼에 대한 설명으로 적절하지 않은 것은?

① 분산시스템은 네트워크상에 분산 되어 있는 컴퓨터를 단일 시스템인 것처럼 구동하는 기술이다.

② 하둡은 분산 처리 환경에서 대용량 데이터 처리 및 분석을 지원하는 오픈 소스 소프트웨어 프레임워크이다.

③ 맵리듀스는 구글에서 개발한 방대한 양의 데이터를 신속하게 처리하는 프로그래밍 모델로 효과적인 병렬 및 분산 처리를 지원한다.

④ NoSQL은 기존의 RDBMS 트랜잭션 속성인 원자성, 일관성, 독립성, 지속성을 보장하는 비관계형 데이터베이스이다.

09 NoSQL의 데이터 모델에 대한 설명으로 적절하지 않은 것은?

① 관계형데이터베이스의 ACID 특성을 모두 지원하며, 성능과 확장성을 높이는 데이터 모델을 지원한다.

② 키-값(key-value) 데이터베이스는 단순한 데이터 모델에 기반을 두고 있어 관계형 데이터베이스보다 확장성이 뛰어나고 질의 응답시간이 빠르다.

③ 열 기반(column-oriented) 데이터베이스는 칼럼과 로우는 확장성을 보장하기 위하여 여러 개의 노드로 분할되어 저장 및 관리된다.

④ 문서 기반(document-oriented) 데이터베이스는 문서의 내부 구조에 기반을 둔 복잡한 형태의 데이터 저장을 지원하고 이에 따른 최적화가 가능하다.

10 빅데이터 분석절차에 대한 설명으로 적절하지 않은 것은?

① 일반적인 분석 절차는 문제 인식, 연구조사, 모형화, 데이터 수집, 데이터 분석, 분석 결과 제시 단계로 구성되어 있다.

② 분석 방법론을 구성하는 최소 요건이다.

③ 상황에 따라 단계를 추가할 수도 있으며 생략 가능하다.

④ 문제에 대한 구체적 정의가 없다면 통계 기반의 전통적 데이터 분석을 수행할 수 없으므로 문제에 대한 구체적 정의가 필요하다.

11 데이터 분석 방법에 대한 설명으로 적절하지 않은 것은?

① 회귀는 독립변수가 종속변수에 미치는 영향을 분석할 때 사용하는 방법이다.

② 분류는 학습 데이터 셋을 학습시켜 새로 추가되는 데이터가 속할 만한 데이터 셋을 찾는 지도학습 방법이다.

③ 군집화는 특성이 비슷한 데이터를 하나의 그룹으로 분류하는 방법으로 지도학습의 한 방법이다.

④ 텍스트 마이닝은 분류나 군집화 등 빅데이터에 숨겨진 의미 있는 정보를 발견하는데 사용하기도 한다.

12 인공지능 기술에 대한 설명으로 적절하지 않은 것은?

① 인공지능은 사람이 생각하고 판단하는 사고 구조를 구축하려는 전반적인 노력이다.

② 기계학습은 인공지능의 연구 분야 중 하나로 인간의 학습 능력과 같은 기능을 축적된 데이터를 활용하여 실현하고자 하는 기술 및 방법이다.

③ 딥러닝은 기계학습 방법 중 하나로 컴퓨터가 많은 데이터를 이용해 사람처럼 스스로 학습할 수 있도록 인공신경망 등의 기술을 이용한 기법이다.

④ 강화학습의 초점은 학습 과정에서의 성능이며 이는 탐색과 이용의 균형을 맞춤으로써 제고되며, 시뮬레이션 데이터 생성, 누락 데이터 생성, 패션 데이터 생성 등에 응용할 수 있다.

13 개인정보와 관련된 설명으로 적절하지 않은 것은?

① 개인정보보호법은 당사자의 동의 없는 개인정보 수집 및 활용하거나 제 3자에게 제공하는 것을 금지하는 등 개인정보보호를 강화한 내용을 담아 제정한 법률이다.

② 개인정보의 처리 위탁은 개인정보처리자의 업무를 처리할 목적으로 제 3자에게 이전되는 것이다.

③ 개인정보의 제3자 제공은 개인정보가 제 3자에게 이전되거나 공동으로 처리하게 하는 것이다.

④ 상대방의 동의 없이 개인정보를 제 3자에게 제공하면 5년 이하의 징역이나 5,000만원 이하의 벌금에 처할 수 있다.

14 개인정보비식별화 방법에 대한 설명으로 적절하지 않은 것은?

① 가명처리는 값을 대체 시 규칙이 노출되어 역으로 쉽게 식별할 수 없도록 주의해야 한다.

② 범주화 과정에서 특정 속성을 지닌 개인으로 구성된 단체의 속성 정보를 공개하는 것은 그 집단에 속한 개인의 정보를 공개하는 것과 마찬가지이므로 주의해야 한다.

③ 삭제는 데이터 공유나 개방 목적에 따라 데이터 셋에 구성된 값 중 필요 없는 값 또는 개인식별에 중요한 값을 삭제하는 방법이다.

④ 마스킹은 개인을 식별하는데 기여할 확률이 높은 주요 식별자를 보이지 않도록 처리하는 방법이다.

15 탐색적 데이터 분석에 대한 설명으로 적절하지 않은 것은?

① 분석용 데이터셋에 대한 정합성 검토, 데이터 요약, 데이터 특성을 파악하고 모델링에 필요한 데이터를 편성한다.

② 다양한 관점으로 평균, 분산 등 기초 통계량을 산출하여 데이터의 분포와 변수간의 관계 등 데이터 자체의 특성과 통계적 특성을 파악한다.

③ 정형, 비정형, 반정형 등 모든 내외부 데이터를 대상으로 데이터의 속성, 오너, 관련 시스템 담당자 등을 포함한 데이터 정의서를 작성한다.

④ 시각화를 탐색적 데이터 분석을 위한 도구로 활용하여 데이터의 가독성을 명확히 하고 데이터의 형상 및 분포 등 데이터 특성을 파악한다.

16 데이터 거버넌스 체계에 대한 설명으로 적절하지 않은 것은?

① 데이터 표준 용어 설정은 표준 단어 사전, 표준 도메인 사전, 표준 코드 등으로 구성되며, 각 사전 간 상호 검증이 가능한 점검 프로세스를 포함한다.

② 데이터 관리 체계는 표준 데이터를 포함한 메타 데이터와 데이터 사전의 관리 원칙 수립 및 이에 근거한 항목별 상세 프로세스를 수립한다.

③ 저장소는 데이터 관리 체계 지원을 위한 Workflow 및 관리용 Application을 지원하여야 한다.

④ 메타 데이터 및 데이터 사전 구축과 같은 표준화 활동을 주기적으로 진행한다.

17 분석 성숙도 모델에 대한 설명으로 적절하지 않은 것은?

① 데이터 분석 능력 및 데이터 분석 결과 활용에 대한 조직의 성숙도 수준을 평가하여 현재 상태를 점검하는 방법이다.

② 총 6가지 영역을 대상으로 현재 수준을 파악한다.

③ 비즈니스 부문, 조직 및 역량 부문, IT 부문 총 3개 부문을 대상으로 실시한다.

④ 성숙도 수준에 따라 도입단계, 활용단계, 확산단계, 최적화단계로 구분한다.

18 분석 문제 정의 방법에 대한 설명으로 적절하지 않은 것은?

① 하향식 접근 방식은 문제가 주어지고 이에 대한 해법을 찾기 위하여 각 과정이 체계적으로 단계화되어 수행하는 방식이다.

② 프로토타이핑 접근법의 경우 진화적 프로토타입보다 실험적 프로토타입에 가깝다고 볼 수 있다.

③ 상향식 접근 방식은 문제의 정의 자체가 어려운 경우 데이터를 기반으로 문제의 재정의 및 해결방안을 탐색하고 이를 지속적으로 개선하는 방식이다.

④ 동적인 환경에서 발산과 수렴 단계를 반복적으로 수행하며 상호 보완을 통해 분석의 가치를 극대화하는 혼합방식을 통해 최적의 의사결정을 할 수 있다.

19 빅데이터 분석 방법론에 대한 설명으로 적절하지 않은 것은?

① 응용 서비스 개발을 위한 단계, 태스크, 스텝 3계층으로 구성되었다.

② 분석 기획, 데이터 준비, 데이터 분석, 시스템 구현, 평가 및 전개 5단계로 구성되었다.

③ 비즈니스 이해 및 범위 설정은 데이터 준비 단계의 한 태스크로 프로젝트의 범위를 명확하게 파악하기 위해 구조화된 명세서를 작성한다.

④ 모델링은 데이터 분석 단계의 한 태스크로 개발된 모형을 활용하기 위해 상세한 알고리즘 설명서 작성과 모니터링 방안이 필요하다.

20 분석 프로젝트 속성에 대한 설명으로 적절하지 않은 것은?

① 분석 프로젝트는 도출된 결과의 재해석을 통한 지속적인 반복과 정교화가 수행되는 경우가 대부분이다.
② 분석 프로젝트는 데이터 크기, 데이터 복잡도, 속도, 분석 모형의 복잡도, 정확도와 정밀도를 추가적으로 고려하여야 한다.
③ 분석 결과를 활용하는 측면에서는 정확도가 중요하며, 분석 모형의 안정성 측면에서는 정밀도가 중요하다.
④ 정확도와 정밀도는 항시 Trade off 관계에 있다.

2과목 빅데이터 탐색

21 다음은 결측값에 대한 처리방법을 설명한 것이다. 어떠한 방법에 대한 설명인지 바르게 짝지어진 것을 고르시오.

> ㄱ. 관측 또는 실험으로 얻어진 데이터의 평균으로 결측치를 대치해서 사용한다. 이러한 대치법은 효율성의 향상 측면에는 장점이 있으나 통계량의 표준오차가 과소 추정되는 단점이 있다.
> ㄴ. 전체표본을 몇 개의 대체군으로 분류하여 각 층에서의 응답자료를 순서대로 정리한 후 결측값 바로 이전의 응답을 결측치로 대치한다. 응답값이 여러 번 사용될 가능성이 단점이다.

① ㄱ. 평균 대치법 　 ㄴ. 회귀 대치법
② ㄱ. 단순확률 대치법 　 ㄴ. 최근방 대치법
③ ㄱ. 평균 대치법 　 ㄴ. 최근방 대치법
④ ㄱ. 단순확률 대치법 　 ㄴ. 평균 대치법

22 다음은 어떤 변수 선택법에 대한 설명인가?

> • 영 모형에서 시작, 모든 독립변수 중 종속변수와 단순상관계수의 절댓값이 가장 큰 변수를 분석모형에 포함시키는 것을 말한다.
> • 부분 F 검정(F test)을 통해 유의성 검증을 시행. 유의한 경우는 가장 큰 F 통계량을 가지는 모형을 선택하고 유의하지 않은 경우는 변수선택 없이 과정을 중단한다.
> • 한번 추가된 변수는 제거하지 않는 것이 원칙이다.

① 전진 선택법 　 ② 후진 선택법
③ 단계적 선택법 　 ④ 통계적 선택법

23 요인분석(PCA)의 특징에 대한 설명으로 틀린 것은?

① 가장 작은 분산의 방향들이 주요 중심 관심으로 가정한다.
② 본래의 변수들의 선형결합으로만 고려한다.
③ 차원의 축소는 본래의 변수들이 서로 상관이 있을 때만 가능하다.
④ 스케일에 대한 영향이 크다. 즉 PCA 수행을 위해선 변수들 간의 스케일링이 필수이다.

24 어떤 주어진 데이터의 기술적 통계량에 대한 분석결과 Mean > Median > Mode의 위치를 가지는 형태의 분포를 정규분포형태로 변환하는 방법으로 옳은 것은?

① 순위를 데이터로 범주를 나누어 상대비교로 나누어 정렬한다.
② 모든 데이터를 최소값 0 최대값 1로 그리고 다른 값은 0과 1 사이 값으로 변환한다.
③ Positive Skew 경우로 $\ln(X)$를 통한 변환을 이용한다.
④ Negative Skew 경우로 X^n을 통한 변환을 이용한다.

25 다음 중 오버샘플링에 대한 설명으로 옳은 것은?

> (가) 다수 클래스 데이터에서 일부만 사용하는 방법이다.
> (나) 소수 클래스 데이터를 증가시키는 방법이다.
> (다) 소수클래스(Minority Class)의 복사본을 만들어, 대표클래스(Majority Class)의 수만큼 데이터를 만들어 주는 것이다.
> (라) 데이터에서 loss를 계산할 때 특정 클래스의 데이터에 더 큰 loss 값을 갖도록 하는 방법이다.

① 가, 나 　 ② 나, 다
③ 다, 라 　 ④ 나, 라

26 다음 데이터 12, 20, 23, 25, 30에 대해서

$$A = \frac{1}{n}\sum_{i=1}^{n}|x_i - B|$$

최소화 값 A와 최소값을 만들어주는 데이터 또는 통계량 B는 얼마인가?

① A = 4.3   B = 12 (최소값)
② A = 4.4   B = 30 (최대값)
③ A = 4.8   B = 22 (산술평균)
④ A = 4.6   B = 23 (중앙값)

27 다음은 비확률표본 추출법 중 하나를 설명한 내용이다. 어떠한 방법에 대한 설명인가?

- 조사자가 나름의 지식과 경험에 의해 모집단을 가장 잘 대표한다고 여겨지는 표본을 주관적으로 선정하는 방법이다.
- 추출된 표본은 조사자의 주관적 판단에 의해서 표본이 추출되기 때문에 그 표본을 통해 얻은 추정치의 정확성에 대해 객관적으로 평가할 수 없다.
- 표본의 크기가 작은 경우에 조사의 오차를 좌우하는 요인은 추정량의 분산이 될 수 있다.

① 판단추출법(Judgement Sampling)
② 할당추출법(Quota Sampling)
③ 편의추출법(Convenience Sampling)
④ 눈덩이추출법(Snowball Sampling)

28 대한민국 직장인들의 30%는 음주 및 스트레스로 인해 간에 이상이 있는 것으로 알려져 있다. 간기능 검사 시 10% 비율로 잘못 진단할 수 있다고 할 때, 임의의 직장인이 간기능 검사 시 실제 간기능에 문제가 없음에도 불구하고 이상이 있음을 나타낼 확률은 얼마인가?

① 10.0%   ② 20.6%
③ 34.0%   ④ 53.1%

29 다음 아래와 같은 함수가 정의되어 있다고 할 때, 아래 함수가 연속확률밀도함수가 되기 위한 상수 A(단 A>0)의 값을 정하고 P(x<1/2)인 값을 각각 순서대로 구하시오.

$$f(x) = \begin{cases} Ax^2, & 0 < x < 1 \\ 0, & otherwise \end{cases}$$

① 1, $\dfrac{1}{3}$

② 2, $\dfrac{2}{3}$

③ 3, $\dfrac{1}{8}$

④ 4, $\dfrac{1}{16}$

30 어떤 부품의 수명은 평균 300시간을 가지고(β=300)인 지수분포를 따른다.

$$f(x) = \frac{1}{300}e^{-x/300}, \quad x > 0$$

이 부품이 100시간동안 고장나지 않았을 때, 앞으로 400시간동안 고장나지 않고 작동할 확률은?

① $e^{-\frac{5}{3}}$ ② $e^{-\frac{4}{3}}$
③ e^{-1} ④ $e^{-\frac{1}{3}}$

31 스튜던트 t 분포에서 자유도에 대한 설명으로 틀린 것은?

① 자유도는 자료집단의 변수 중에서 자유롭게 선택될 수 있는 변수의 수를 말한다.
② 스튜던트 t 분포는 분포의 모양은 Z-분포와 유사하다. 종 모양으로서 t=0에 대하여 대칭을 이루는데 t-곡선의 모양을 결정하는 것은 자유도이다.
③ 자유도가 클수록 정규분포의 종 모양을 가지게 된다.
④ 자유도가 1보다 클 때 스튜던트 t 분포에서 기대값은 1이다.

32 다음 설명 중 틀린 것은?

① 표본의 크기가 클수록(표본 수 30 이상) 정규분포를 따른다.
② 표본의 크기가 작고 모 표준편차를 모르는 경우는 t 분포를 따른다.
③ 표본의 크기가 큰 경우 근사적으로 정규분포를 따르게 된다는 것이 대수의 법칙(law of Large Number)이다.
④ 표본의 크기가 작고 모 표준편차를 아는 경우는 정규분포를 따른다.

33 편향에 대한 설명으로 옳은 것은?

① 기대하는 추정량과 모수의 비율을 편향(bias)이라고 한다.
② 분산은 평균에 대한 편차로 이상값에 대한 영향이 적은 대표적 편의추정량이다.
③ 불편추정량(Unbiased Estimator)은 Bθ=0, 즉 편향이 0이 되는 상황의 추정량 θ를 불편추정량이라고 한다.
④ 표본평균은 이상치의 영향으로 값의 변화가 커지므로 대표적인 불편추정량이 아니다.

34 다음 각 분포에 대한 설명으로 틀린 것은?

① 카이제곱분포의 확률밀도함수는
$$f(x;k) = \frac{1}{2^{\frac{k}{2}} \Gamma(\frac{k}{2})} x^{\frac{k}{2}-1} e^{-x/2} \ \{x \geq 0\}$$ 이고 기댓값은 k, 분산 2k이다.
② t 분포에서 자유도가 커지면 커질수록 분포의 형태는 정규분포를 따르게 되므로 평균〈중앙값〈최빈값의 순으로 나타나는 분포의 모습을 따르게 된다.
③ 포아송 분포의 기댓값과 분산은 동일하다.
④ 정규분포는 평균을 중심으로 좌우로 표준편차의 3배 이상 떨어진 값은 거의 취하지 않는다.

35 어떤 기업이 신입사원선발 대한 직무능력시험을 본 결과에 대해서 전체 응시자 중 100명을 뽑아 조사한 결과 평균이 90, 분산이 16이었다고 한다면 이 시험에 대한 전체 모평균의 신뢰구간을 95% 수준에서 구하시오. (소수점 둘째자리에서 반올림)

① $89.41 \leq \mu \leq 90.59$
② $86.41 \leq \mu \leq 95.59$
③ $89.22 \leq \mu \leq 90.78$
④ $89.34 \leq \mu \leq 90.66$

36 두 대선 후보의 지지율을 조사하기 위하여 층화표본추출에 의해 각 나이대별로 지지율 조사를 하고자 한다. 유권자기준 20, 30, 40, 50, 60, 70대 이상으로 나누어 조사를 실시하고자 하는데 95% 신뢰수준으로 추정오차가 1% 이내가 되기 위한 각 나이대별 필요 표본크기는 얼마인가?

① 9604명 이상 되어야 한다.
② 6724명 이상 되어야 한다.
③ 2704명 이상 되어야 한다.
④ 1807명 이상 되어야 한다.

37 다음 아래와 같은 차트의 특징으로 볼 수 없는 것은?

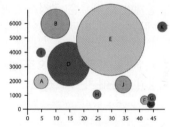

① x, y값의 위치를 표시하는 산점도에 점의 위치에 해당하는 제3의 변수값을 원의 크기로 표현한 그래프로 한 번에 3개의 변수를 비교해볼 수 있다.
② 원(버블)은 면적으로 표현되어야 하며, 반지름이나 지름으로 표현되면 실제 값보다 너무 크게 원이 그려질 수 있어서 주의해야 한다.
③ 국가나 지역에 따른 값의 분포를 표현하는데 매우 유리하다.
④ 데이터 분포와 관계에 대한 정보를 색으로 표현한 그래프이다. 데이터를 식별하기 위해 각각의 칸마다 색으로 수치의 정도를 표현한다.

38 다음 중 상관계수에 대한 설명으로 부적절한 것을 고르시오.

① 피어슨 상관계수는 서열자료인 두 변수들의 상관관계를 측정하는데 사용한다.
② 상관계수 0은 두 변수 간 상관관계가 없음을 의미한다.
③ 스피어만 상관계수는 두 변수 간 상관관계가 선형관계가 아닌 경우도 고려할 수 있다.
④ 상관계수가 1에 가까울수록 두 변수 간 상관관계가 높음을 의미한다.

39 어느 기계회사의 생산제품 수명은 분산이 1200시간인 정규분포를 따른다. 새로운 공정설계에 의하여 일부를 변경하고 이 공정에서 생산된 제품 30개를 추출하여 분산을 조사하니 1050시간이었다. 공정을 변경하므로 제품수명의 변동이 적어지는지 유의수준 α =0.05 수준에서 검정할 때, 검정 통계량과 검정의 결과가 올바르게 짝지어진 것은?

① 사용검정 통계량 χ^2, 새로운 공정으로 변경하더라도 제품수명의 변동은 적어지지 않는다.
② 사용검정 통계량 χ^2, 새로운 공정으로 변경하면 제품수명의 변동에 차이가 있다.
③ 사용검정 통계량 t, 새로운 공정으로 변경하더라도 제품수명의 변동은 적어지지 않는다.
④ 사용검정 통계량 t, 새로운 공정으로 변경하면 제품수명의 변동에 차이가 있다.

40 다음 중 잘못된 설명은?

① 가설검정은 모집단에 대해 어떤 가설을 설정하고 그 모집단으로부터 추출된 표본을 분석함으로써 그 가설이 틀리는지 맞는지 타당성 여부를 결정(검정)하는 통계적 기법이다.
② 제1종 오류(Type I Error)는 귀무가설이 참일 때 귀무가설을 기각하도록 결정하는 오류이며 우리가 말하는 유의 수준이 곧 1종 오류의 확률이다.
③ 임계치(Critical Value)는 주어진 p−value에서 귀무가설의 채택과 기각에 관련된 의사결정을 할 때, 그 기준이 되는 점이다.
④ 귀무가설의 기각여부는 p−value와 유의수준 α의 크기에 달려 있다. 즉 p−value가 작을수록 그리고 유의수준 α의 값이 클수록 귀무가설을 기각할 수 있다.

3과목 빅데이터 모델링

41 지도학습의 종류 기법으로 세부설명과 맞지 않는 것은?

① 분류 : 랜덤 포레스트
② 회귀 : 다중 회귀분석
③ 분류 : SVM
④ 회귀 : 로지스틱 회귀분석

42 준지도학습의 종류인 GAN은 적대적 생성모델로 2가지 모델이 존재한다. 맞게 나열한 것은?

① 생성모델, 학습모델
② 생성모델, 환경모델
③ 생성모델, 판별모델
④ 생성모델, 특징모델

43 강화학습이란 주어진 환경에서 ( )를/을 최대화하도록 에이전트를 학습하는 기법이다. 괄호에 알맞은 것은?

① 자극   ② 보상
③ 목표치   ④ 예측률

44 다음은 의사결정나무의 구성요소를 설명한 것이다. 틀린 것은?

> a. 가지 : 하나의 마디로부터 끝마디까지 연결된 마디들
> b. 깊이 : 가지를 이루는 마디의 개수
> c. 뿌리마디 : 나무줄기 끝에 있는 마디
> d. 자식마디 : 하나의 마디로부터 분리된 2개 이상의 마디

① a ② b
③ c ④ d

45 카이제곱 검정은 관찰된 빈도가 기대되는 빈도와 비교하여 유의미하게 다른지를 검증하는 기법으로 의사결정나무에 적용될 때 관측도수와 기대도수와의 차이가 커질수록 높아지는 값은?

① 불순도 ② 순수도
③ 지니점수 ④ 엔트로피

46 정보이론에서 순도가 증가하고 불확실성이 감소하는 것으로 발생 사건의 확률이 높아질수록 가치는 줄어드는 이것을 통칭하면?

① 정보손실 ② 정보공유
③ 정보획득 ④ 정보전파

47 임의로 크기가 동일한 여러 개의 표본자료들을 생성하는 것으로 랜덤 포레스트가 앙상블 학습하는데 기반이 되는 이것은?

① 복원추출 ② 배깅생성
③ 부트스트래핑 ④ 부스팅분류

48 의사결정나무의 장점으로 부적합한 설명은?

① 연속형, 범주형 변수 모두 적용이 가능하다.
② 데이터 변형에 민감하다.
③ DB마케팅, 시장조사, 기업 부도/예측 등에 활용한다.
④ 구조 복잡성에 관계없이 손쉽게 해석할 수 있다.

49 인공신경망의 주요 요소 설명으로 부적합한 것은?

① 노드는 신경계 시냅스에 비유된다.
② 은닉층은 입력층과 출력층 사이에서 데이터를 전파 학습한다.
③ 활성화함수는 임계값을 이용, 활성화 여부를 결정한다.
④ 가중치와 입력값이 활성화함수를 통해 전달된다.

50 신경망 학습에서 실제 출력과 목표 출력값과의 오차를 출력층에서 입력층으로 전달, 가중치와 편향을 계산, 업데이트하는 것은?

① 손실함수
② 오차역전파
③ 연쇄법칙
④ 매개변수 갱신

51 최적의 딥러닝 모델 구현을 위해 수동으로 딥러닝 모델에 설정하는 변수인 초매개변수(하이퍼파라미터) 종류와 거리가 먼 것은?

① 배치크기
② 훈련 반복 횟수
③ 가중치 초기화 방법
④ 편향 조정

52 RNN의 단점을 보완하기 위한 변형된 알고리즘인 LSTM은 오랫동안 데이터를 잘 기억하기 위하여 3가지 게이트를 가지고 있는데 이에 해당되지 않는 것은?

① 입력 게이트 ② 망각 게이트
③ 복원 게이트 ④ 출력 게이트

53 다차원 데이터를 저차원으로 바꾸고 바꾼 저차원 데이터를 다시 고차원 데이터로 바꾸면서 특징점을 찾아내는 대표적인 비지도학습 알고리즘은?

① GAN ② 오토인코더
③ RNN ④ CNN

54 SVM에서 초평면의 마진은 각 (　)을/를 지나는 초평면 사이의 거리를 의미할 때 괄호에 알맞은 것은?

① 오프셋　　　　② 결정영역
③ 서포트 벡터　　④ 커널

55 군집분석의 척도로 L1 거리로도 통칭되며 사각형 격자, 블록으로 이뤄진 지도에서 출발점에서 도착점까지 가로지르지 않고 도착하는 최단거리 개념은?

① 유클리드 거리
② 민코프스키 거리
③ 마할라노비스 거리
④ 맨해튼 거리

56 다음 아래와 같은 분석에 대해 사용 가능한 가장 적합한 통계량과 분석기법은 무엇인가?

> 방송사에서 방송중인 두 개의 프로그램에 대한 시청률에 대해 성별에 따른 차이 유무를 검증하기 위하여 100명의 표본을 선출하여 조사하였다.

① t, 단일평균분석
② χ^2, 교차분석
③ Z, 회귀분석
④ F, 이원분산분석

57 시계열자료에 대한 설명으로 잘못된 것은?

① 추세성분(Trend Component)은 관측 값이 지속적 증가 또는 감소하는 추세(Trend)를 포함한다.
② 계절성분(Seasonal Component)은 주기적 성분에 의한 변동을 가지는 형태(계절, 주, 월, 년 등)이다.
③ 자기상관성(Autocorrelation)은 시차값 사이 이동평균에 대한 값으로 분석하는 것을 말한다.
④ 백색잡음(White Noise)은 자기상관성이 없는 시계열 데이터를 지칭한다.

58 다음은 어떤 모델에서 문서분류에 대한 원리를 나열한 것이다. 빈칸에 들어갈 알맞은 말을 고르시오.

> 문서 doc가 주어졌을 때 범주 C_1와 C_2로 분류 시
>
> $$P(C_1|Doc) = \frac{P(Doc|C_1)P(C_1)}{P(Doc)} \quad , \quad P(C_2|Doc) = \frac{P(Doc|C_2)P(C_2)}{P(Doc)}$$
>
> (가) 모델은 $P(C_1|Doc)/P(Doc)$와 $P(C_2|Doc)/P(Doc)$를 비교해서 그 값이 (나) 쪽으로 범주를 할당한다는 개념이다.

① (가) 합성곱신경망(CNN)　　(나) 작은
② (가) K-means　　　　　　　(나) 동일한
③ (가) 나이브 베이즈 모델　　(나) 큰
④ (가) 딥러닝　　　　　　　　(나) 큰

59 다음의 설명 중 옳은 것은?

> 가. Voting은 서로 다른 알고리즘이 도출해 낸 결과물에 대하여 최종 투표하는 방식을 통해 최종 결과를 선택한다.
> 나. 부스팅(Boosting)은 가중치를 활용하여 연속적인(sequential) 약학습기를 생성하고 이를 통해 강학습기를 만드는 방법이다.
> 다. 부스팅(Boosting)은 순차적이기 때문에 병렬 처리에 어려움이 있고, 그렇기 때문에 다른 앙상블 대비 학습 시간이 오래 걸린다는 단점이 있다.
> 라. Bagging은 같은 알고리즘 내에서 다른 sample 조합을 사용한다.

① 가, 다, 라
② 가, 나, 라
③ 가, 나, 다, 라
④ 나, 다, 라

60 다음은 어떤 신경망 모델에 대한 다이어그램인지 고르시오.

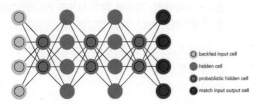

① 심층 신뢰 신경망(DBN: Deep Belief Network)
② 순환 신경망(RNN: Recurrent Neural Network)
③ 합성곱 신경망(CNN: Convolutional Neural Network)
④ 심층 신경망(DNN: Deep Neural Network)

4과목 **빅데이터 결과 해석**

61 분류 모델 평가지표로 맞지 않는 것은?

① 재현율　　　　② 정확도
③ 정상도　　　　④ 정밀도

62 A마트의 영수증을 분석한 결과 다음 표와 같이 정리되었다. 임의의 한 고객이 맥주를 구매했을 경우, 기저귀도 함께 구매했을 확률은 얼마인가?

	맥주를 구매한 고객	맥주를 구매하지 않은 고객
기저귀를 구매한 고객	40	20
기저귀를 구매하지 않은 고객	10	30

① 0.33　　　　② 0.5
③ 0.67　　　　④ 0.8

63 회귀에서 자주 사용되는 회귀지표로 예측한 값을 실제 값과 빼고 제곱한 값을 평균한 것은?

① MASE　　　　② MSE
③ MAE　　　　④ RMSE

64 다음 중 k-평균군집 분석의 분석절차 순서로 맞는 것은?

> a. 군집중심으로 원하는 수(k)만큼 선택
> b. 반복 과정으로 최종 군집 형성
> c. 군집내 자료들의 평균 계산 뒤 중심점 갱신
> d. 각 개체를 가장 가까운 중심에 할당

① d → a → c → b
② d → c → a → b
③ a → d → c → b
④ a → c → d → b

65 교차검증 K-Fold 검증에 대한 다음 예시로 부적합한 설명은?

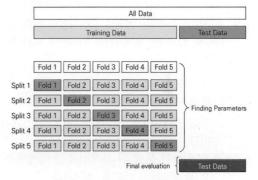

① 훈련 데이터셋을 5개 Fold로 나눈다.
② 각 Fold마다 한 번씩 평가 데이터셋으로 사용, 나머지 Fold들을 훈련한다.
③ 테스트 횟수는 총 5회이다.
④ 5개 성능 결과가 나오면 이를 평균한 것이 해당 모델의 성능이라고 할 수 있다.

66 딥러닝 학습에서의 과적합을 예방하기 위한 방법으로 훈련할 때 은닉층의 뉴런 일부 연결을 삭제하여 신호를 전달하지 않게 하며 테스트 시에 모든 뉴런을 사용하는 기법은?

① 드롭아웃
② 가중치 초기화
③ 언더피팅
④ 앙상블

67 딥러닝 학습 동안 가중치 갱신 시에 가중치 값이 커지지 않도록 규제를 하는 기법으로 손실함수에 가중치의 절대값을 추가하는 규제기법명은?

① 정규화   ② L1
③ L2   ④ L3

68 손실함수를 최소화하는 매개변수를 찾는 방법 중 확률적 경사 하강법(SGD)와 관련이 없는 항목은?

① 손실함수의 기울기
② 학습률
③ 가중치
④ 편향

69 최적값이 존재하는 범위를 줄여가면서 최종적인 최적값을 찾아내는 초매개변수 최적화와 일치하는 설명은?

① 초매개변수에는 배치크기, 학습률, 가중치 등이 있다.
② 학습 에폭(epoch)을 크게 하는 것이 효과적이다.
③ 특정 범위 설정 뒤 무작위로 초매개변수 값을 샘플링하여 범위를 좁힌다.
④ 최적화 이후 딥러닝 학습시간이 짧아진다.

70 부트스트랩 기반 샘플링을 활용해서 의사결정나무 분류 모델을 생성한 후 이 결과를 종합하여 최종 분석 모형을 만드는 방법은?

① 배깅
② 부스팅
③ 과대적합
④ 교차검증

71 두 변수 x와 변수 y값의 관계를 표현하기에 적합하지 않은 도구는?

① 스캐터 플롯
② 히트맵
③ 버블차트
④ 파이차트

72 A반은 30명 학생이 있으며, 지난 주에 국어, 영어, 수학, 사회, 과학 5과목에 대해서 중간고사를 실시하였다. 각 학생별, 과목별 점수 분포를 하나의 그래프로 보여주려고 한다. 가장 적당한 그래프는?

① 산점도
② 평행좌표계
③ 버블차트
④ 도넛차트

73 데이터시각화 응용분야로 보기 어려운 것은?

① 인포그래픽
② 탐색적 데이터 분석(EDA)
③ 히트맵
④ 연관분석

74 다음 산점도는 인플레이션에 따른 실업률 변화를 보여준다. 맞게 설명한 것은?

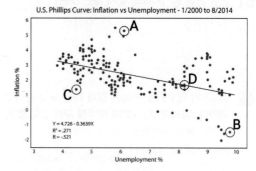

U.S. Phillips Curve: Inflation vs Unemployment - 1/2000 to 8/2014

① 인플레이션과 실업률은 양의 상관관계가 있다.
② A는 실업률이 높아서 이상값으로 분류될 수 있다.
③ D는 추세선 위에 존재하므로, 삭제를 해도 추세선의 모양이 변하지 않는다.
④ B와 C는 인플레이션이 비교적 낮은 도시로 분류할 수 있다.

75 다음 중 연속형 데이터와 이산형 데이터에 모두 적용할 수 없는 데이터의 시각적 속성은 어느 것인가?

① 위치 속성
② 색 속성
③ 크기 속성
④ 선유형 속성

76 다음 기업 월별 매출 그래프를 파이차트로 변환하려고 한다. 변환된 파이차트에서 3월이 차지하는 영역(조각)의 각도는 얼마인가?

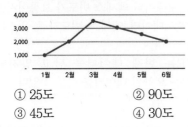

① 25도
② 90도
③ 45도
④ 30도

77 다차원척도법에 대한 설명으로 맞지 않는 것은?

① 모든 변수를 비교하여 비슷한 대상을 그래프 상에서 가깝게 배치한다.
② 2차원 평면에 나타나는 경우 각 관측값이 (x, y) 좌표로 표시된다.
③ 원래의 차원보다 낮은 차원으로 위치시킬 수 있다.
④ 유사한 특징을 갖는 데이터들이 서로 뭉쳐져서 나타난다.

78 단계구분도는 구분되는 지역의 넓이가 각각 다르기 때문에, 넓은 지역의 값이 전체를 지배하는 것과 같이 보일 수 있다. 이러한 단점을 극복할 수 있는 방법으로 제시된 그래프는 다음 중 어느 것인가?

① 스타차트
② 카토그램
③ 히트맵
④ 인포그래픽

79 K-fold 교차 검증에 대한 설명 중 옳지 않은 것은?

① 홀드아웃에 비해 과적합을 줄일 수 있다.
② 학습 데이터셋의 크기가 크지 않을 때 적합하다.
③ 반복 횟수가 많아지므로 훈련 시간이 오래 걸린다.
④ K-1번 검증을 수행한다.

80 분석모형 리모델링에서 수행하는 활동으로 적합하지 않은 것은?

① 성능 모니터링
② 분석 알고리즘 개선
③ 매개변수 최적화
④ 신규분석과제 발굴

1과목 **빅데이터 분석 기획**

01 다음 중 정량적 데이터와 정성적 데이터에 대한 설명으로 적절하지 않은 것은?

① 정량적 데이터의 유형은 비정형 데이터, 정성적 데이터는 정형, 반정형 데이터이다.

② 정량적 데이터는 수치나 기호 등으로, 정성적 데이터는 문자나 언어 등으로 구성되어 있다.

③ 정량적 데이터는 통계 분석에 용이한 반면 정성적 데이터의 경우 통계 분석 시 어려움이 있다.

④ 정량적 데이터는 주로 객관적 내용을 다루지만, 정성적 데이터는 주관적 내용을 다룬다.

02 다음 중 지식의 피라미드에 대한 예시로 적합하지 않은 것은?

① 데이터 : 텀블러의 온라인 가격은 1만원, 오프라인 가격은 1만5천원이다.

② 지식 : 텀블러를 저렴한 온라인 상점에서 구매하고, 커피도 온라인 상점에서 구매할 것이다.

③ 정보 : 텀블러를 온라인 상점에서 구매하는 것이 오프라인보다 더 저렴하다.

④ 지혜 : 텀블러가 온라인 상점에서 더 저렴하니 머그잔도 온라인 상점이 더 저렴할 것이다.

03 다음 중 OLTP와 OLAP에 대한 설명으로 적절하지 않은 것은?

① OLTP는 데이터 구조가 복잡하지만, OLAP는 단순하다.

② OLTP는 응답 시간이 수초 이내로 빠르지만, OLAP는 수 초에서 몇 분 사이로 느린 편이다.

③ OLTP는 데이터 액세스 빈도가 보통이지만, OLAP는 데이터 액세스 빈도가 높은 편이다.

④ OLTP는 현재 데이터를 담고 있지만, OLAP는 요약된 데이터를 다루고 있다.

04 다음 중 빅데이터의 특징에 대한 설명으로 적절하지 않은 것은?

① 정형 데이터 외 반정형 및 비정형 데이터로 유형이 확대되었다.

② 대용량 데이터의 신속하고 즉각적인 분석이 요구되고 있다.

③ 다른 데이터들과 연계 시 가치가 배로 증대된다.

④ 저품질의 다양한 데이터를 통해서 고수준 인사이트 도출이 가능하다.

05 다음 중 빅데이터의 기능과 효과에 대한 설명으로 적절하지 않은 것은?

① 빅데이터는 시장에 새롭게 진입하려는 잠재적 경쟁자에게 사업의 발판을 마련해준다.

② 빅데이터는 이를 활용하는 기존 사업자에게 경쟁 우위를 제공한다.

③ 빅데이터는 알고리즘 기반으로 의사결정을 지원하거나 이를 대신한다.

④ 빅데이터는 투명성을 높여 연구개발 및 관리 효율성을 제고한다.

06 다음 중 데이터 산업의 진화과정을 순서대로 알맞게 나열한 것은?

① 데이터 통합 → 데이터 분석 → 데이터 연결 → 데이터 권리 → 데이터 처리
② 데이터 처리 → 데이터 통합 → 데이터 분석 → 데이터 연결 → 데이터 권리
③ 데이터 권리 → 데이터 처리 → 데이터 통합 → 데이터 분석 → 데이터 연결
④ 데이터 연결 → 데이터 권리 → 데이터 처리 → 데이터 통합 → 데이터 분석

07 다음 중 분산형 조직구조에 대한 설명으로 적절하지 않은 것은?

① 분석 전문 인력을 현업 부서에 배치하여 분석 업무를 수행한다.
② 전사 차원에서 분석과제의 우선순위를 선정하고 수행한다.
③ 분석 수행의 일반적 구조이다.
④ 분석 결과를 현업에 빠르게 적용 가능하다.

08 다음 중 빅데이터 처리과정에서 요구되는 요소기술이 아닌 것은?

① 수집 기술   ② 저장 기술
③ 처리 기술   ④ 설계 기술

09 다음 중 기계학습의 종류에 대한 설명으로 적절하지 않은 것은?

① 강화학습은 선택 가능한 행동들 중 보상을 극대화하는 행동을 역순서로 선택하는 방법이다.
② 지도학습은 학습 데이터로부터 하나의 함수를 유추 해내기 위한 방법이다.
③ 비지도학습은 데이터가 어떻게 구성되었는지 알아내는 문제의 범주에 속한다.
④ 준지도학습은 목표 값이 표시된 데이터와 표시되지 않은 데이터 모두 학습에 사용한다.

10 다음 중 개인정보의 판단기준으로 적합하지 않은 것은?

① 생존하는 개인에 관한 정보여야 한다.
② 다른 정보와 결합하여 개인을 알아볼 수 있는 정보는 배제한다.
③ 정보의 내용 및 형태 등은 제한이 없다.
④ 개인을 알아볼 수 있는 정보여야 한다.

11 다음 중 2020년 데이터 3법의 주요 개정 내용에 대한 설명으로 적절하지 않은 것은?

① 데이터 이용 활성화를 위한 가명정보 개념 도입 및 데이터간 결합 근거를 마련하였다.
② 개인정보보호 관련 법률의 유사·중복 규정을 정비 및 거버넌스 체계를 효율화 하였다.
③ 데이터 활용 따른 개인정보처리자의 책임을 조직 대표자가 연대하여 책임지도록 강화하였다.
④ 다소 모호했던 개인정보의 판단기준을 명확하게 하였다.

12 다음 중 데이터 분석 기획의 특징에 대한 설명으로 적절한 것은?

① 분석 주제를 정의한 상태에서 분석 방법을 알고 있을 때 인사이트 발굴이 가능하다.
② 분석 주제를 정의하지 못하였지만 분석 방법을 알고 있다면 솔루션을 찾아낼 수 있다.
③ 분석 주제를 정의한 상태에서 분석 방법을 알고 있을 때 솔루션을 찾아낼 수 있다.
④ 분석 주제를 정의하지 못하였지만 분석 방법을 알고 있다면 인사이트를 발굴 할 수 있다.

13 다음 중 IT 프로젝트에서 과제 우선순위 평가기준으로 적합하지 않은 것은?

① 기술 완전성
② 전략적 필요성
③ 시급성
④ 투자 용이성

14 다음 중 분석 과제 우선순위 조정 시 고려사항에 대한 설명으로 적절하지 않은 것은?

① 분석 과제의 전체 범위를 한 번에 일괄적으로 적용하여 추진할 수 있다.
② 기존 시스템에 미치는 영향을 최소화하여 적용하는 방안이 가장 적절하다.
③ 분석 과제 중 일부만 PoC로 진행하고 평가 후 범위를 확대할 수 있다.
④ 기존 시스템과 별도로 시행하여 난이도 조율을 통한 우선순위를 조정할 수 있다.

15 다음 중 하향식 접근 방식의 해결방안 탐색 단계에 대한 설명으로 적절한 것은?

① 분석 역량을 확보하고 있고 분석 기법이나 시스템을 보유하고 있다면 고도화를 진행한다.
② 분석 역량을 확보하고 있고 분석 기법이나 시스템을 확보하지 못하였다면 아웃소싱한다.
③ 분석 역량을 확보하고 있고 분석 기법이나 시스템을 보유하고 있다면 개선하여 활용한다.
④ 분석 역량을 확보하지 못하였으나 분석 기법이나 시스템을 보유하고 있다면 아웃소싱한다.

16 다음 중 분석 방법론으로 활용 가능한 소프트웨어개발생명주기에 대한 설명으로 옳은 것은?

① 폭포수 모형은 이해하기 쉽고 관리가 용이하며, 요구사항 도출이 쉽다.
② 원형 모형은 의사소통을 향상시키며, 폐기되는 프로토타입도 재활용 가능하다.
③ 나선형 모형은 계획수립, 개발, 위험분석, 고객평가 순으로 진행된다.
④ 반복적 모형은 시스템을 여러 번 나누어 릴리즈하는 방법이다.

17 다음 중 CRISP-DM 분석 방법론의 분석절차로 올바른 것은?

① 업무 이해 → 데이터 이해 → 데이터 준비 → 모델링 → 평가 → 전개
② 데이터셋 선택 → 데이터 전처리 → 데이터 변환 → 데이터마이닝 → 데이터마이닝 결과 평가
③ 추출 → 탐색 → 수정 → 모델링 → 평가
④ 분석 기획 → 데이터 준비 → 데이터 분석 → 시스템 구현 → 평가 및 전개

18 다음 중 분석 프로젝트 관리 시 중요한 속성들에 대한 설명으로 적절하지 않은 것은?

① Accuracy는 모형과 실제 값 사이의 차이를 측정하는 지표이다.
② 데이터의 크기는 현 시점을 기준으로 하며, 지속적 증가 여부는 고려하지 않는다.
③ Precision은 모형을 계속하여 반복했을 때 결과의 일관성을 측정하는 지표이다.
④ 분석 모형의 정확도와 복잡도는 Trade off 관계에 있다.

19 다음 중 데이터 수집을 위한 비용 요소에 대한 설명으로 적절하지 않은 것은?

① 데이터의 수집 주기는 실시간, 매시, 매일, 매주, 매달 단위로 할 수 있다.
② 데이터의 수집 방식은 자동 수집과 수동 수집으로 나뉜다.
③ 데이터의 종류는 관계형 데이터베이스나 파일에 있는 정형 데이터로 한정한다.
④ 데이터를 수집하기 위한 기술로는 ETL이나 크롤러 등이 있다.

20 다음 중 개인정보 비식별화를 위한 데이터 범주화 방법에 대한 설명으로 적절하지 않은 것은?

① 감추기는 명확한 값을 숨기기 위하여 데이터의 평균 또는 범주 값으로 변환하는 방식이다.
② 범위 방법은 수치 데이터를 임의의 수 기준 범위로 설정하는 기법이다.
③ 랜덤 라운딩은 수치 데이터를 임의의 수 기준으로 올림 또는 내림하는 기법이다.
④ 임의 잡음 추가는 개인 식별이 가능한 정보에 임의의 숫자 등 잡음을 추가하는 기법이다.

2과목 **빅데이터 탐색**

21 데이터의 정제과정에 관련한 설명으로 올바른 것은?

① 수집된 데이터를 대상으로 초기 분석하여 원하는 결과를 얻어내는 과정이다.
② 정제과정을 거치지 않으면 데이터 구성의 일관성이 없어지므로 분석처리의 어려움이 발생한다.
③ 데이터로부터 원하는 결과나 분석을 얻기 위해서 분석도구나 기법에 상관없이 데이터의 객관성을 확보하는 처리가 필요하다.
④ 후처리 과정이란 도출된 결과를 보정하는 과정으로 정제된 데이터의 신뢰성확보에 필요하다.

22 질적 자료의 설명으로 옳은 것을 고르시오.

① 정량적 자료라고 하며 수치의 크기 자체의 의미를 부여하는 자료를 말한다.
② 서열 자료는 수치나 기호가 서열을 나타내는 자료이다.
③ 명목 자료는 측정대상이 범주나 종류에 대해 구분 되어지는 것을 수치 또는 기호로 분류 될 수 없는 자료이다.
④ 정성적 자료라고 하며 분류가 불가능한 비정형 자료이다.

23 다음은 결측값의 종류에 대한 설명이다. 틀린 설명을 고르시오.

① 완전 무작위 결측은 어떤 변수상에서 결측 데이터가 관측된 혹은 관측되지 않는 다른 변수와 아무런 연관이 없는 경우로 정의한다.
② 결측 데이터를 가진 모든 변수가 완전 무작위 결측(MCAR)이라면 소규모 데이터에서 단순 무작위 표본추출을 통해 처리 가능하다.
③ 무작위결측(MAR)은 변수상의 결측데이터가 관측된 다른 변수와 연관되어 있지만 그 자체가 비관측값들과는 연관되지 않은 경우이다.
④ 비 무작위 결측(NMAR)은 어떤 변수의 결측 데이터가 완전 무작위 결측(MCAR) 또는 무작위 결측(MAR)이 아닌 결측데이터로 정의하는 것이다.

24 다음 보기는 어떠한 대치법(Imputation)에 대한 설명인지 고르시오.

> 평균 대치법에서 추정량 표준오차의 과소 추정을 보완하는 대치법으로 Hot-deck 방법이라고도 한다. 확률추출에 의해서 전체 데이터 중 무작위로 대치하는 방법이다.

① 평균 대치법(Mean Imputation)
② 회귀 대치법(Regression Imputation)
③ 최근방 대치법(Nearest-Neighbor Imputation)
④ 단순확률 대치법(Single stochastic Imputation)

25 다음은 어떠한 변수선택의 설명인가?

> • 영 모형에서 시작. 모든 독립변수 중 종속변수와 단순상관계수의 절댓값이 가장 큰 변수를 분석모형에 포함시키는 것을 말한다.
> • 부분 F 검정(F test)을 통해 유의성 검증을 시행. 유의한 경우는 가장 큰 F 통계량을 가지는 모형을 선택하고 유의하지 않은 경우는 변수선택 없이 과정을 중단한다.
> • 한번 추가된 변수는 제거하지 않는 것이 원칙이다.

① 후진 선택법(Backward Selection)
② 단계적 선택법(Stepwise Selection)
③ 전진 선택법(Forward Selection)
④ 부분 선택법(Piecewise Selection)

26 차원축소 필요성에 대한 설명으로 틀린 것은?

① 데이터를 분석하는데 있어서 분석시간의 증가(시간복잡도: Time Complexity)와 저장변수 양의 증가(공간복잡도: Space Complexity)를 고려 시 동일한 품질을 나타낼 수 있다면 효율성 측면에서 데이터 종류의 수를 줄여야 한다.
② 차원이 작은 간단한 분석모델일수록 내부구조 이해가 용이하고 해석이 쉬워진다.
③ 차원의 증가는 분석모델 파라메터의 증가 및 파라메터 간의 복잡한 관계의 증가로 분석결과의 오적합 발생의 가능성이 커진다. 이는 분석모형의 정확도(신뢰도) 저하를 발생시킬 수 있다.
④ 작은 차원만으로 안정적인(robust) 결과를 도출해낼 수 있다면 많은 차원을 다루는 것보다 효율적이다.

27 주성분 분석(PCA: Principal Component Analysis)에 대한 설명으로 틀린 것을 모두 고르시오.

> 가) 분포된 데이터들의 특성을 설명할 수 있는 하나 또는 복수개의 특징(주성분: Principal Component)을 찾는 것을 의미한다.
> 나) 서로 연관성이 있는 고차원공간의 데이터를 선형연관성이 없는 저차원(주성분)으로 변환하는 과정을 거친다(직교변환을 사용).
> 다) 기존의 기본변수들을 새로운 변수의 세트로 변환하여 차원을 줄이되 기존 변수들의 분포특성을 최대한 보존하여 이를 통한 분석결과의 신뢰성을 확보한다.
> 라) 차원 축소에 폭넓게 사용된다. 각 차원 간 사전 분포는 독립적인 정규분포를 따른다.
> 마) 차원의 축소는 본래의 변수들이 서로 독립일 때만 가능하다.

① 가, 마 　　② 가, 나
③ 라, 마 　　④ 다, 라

28 불균형 데이터에 대한 설명 중 옳은 것은?

① 데이터에서 각 클래스가 갖고 있는 데이터의 질에 차이가 큰 경우, 클래스 불균형이 있다고 말한다.
② 데이터 클래스 비율이 너무 차이가 나면 재현율(recall-rate)이 높아도 데이터 개수가 적은 클래스의 정확도(accuracy)가 급격히 작아지는 현상이 발생할 수 있다.
③ 클래스 균형은 다수의 클래스에 특별히 더 큰 관심이 있는 경우에 필요하다.
④ 클래스에 속한 데이터의 개수의 차이에 의해 발생하는 문제들을 불균형 데이터 문제 또는 비대칭 데이터 문제(Imbalanced Data Problem)이라고 한다.

29 이상치 발견의 통계적 기법 활용에 대한 방법으로 옳은 것은?

① 중앙값은 전체변수의 범위중에서 가운데값을 사용하므로 이상값이 존재하면 영향을 받는다.
② 데이터의 중심을 알기 위해서는 평균(mean), 중앙값(median), 최빈값(mode), 첨도(kurtosis)를 사용할 수 있다.
③ 데이터의 분산도를 알기 위해서는 범위(range), 분산(variance), 왜도(skewness)를 사용할 수 있다.
④ 평균에는 집합 내 모든 데이터 값이 반영되기 때문에, 이상값이 있으면 값이 영향을 받는다.

30 피어슨 상관계수(Pearson Correlation Coefficient)에 대한 설명으로 옳은 것은?

① 두 변수 X 와 Y 간의 비선형 상관관계를 계량화한 수치이다.
② 두 변수 간의 연관 관계가 있는지 없는지를 밝혀주며 자료에 이상점이 있거나 표본크기가 작을 때 유용하다.
③ 피어슨 상관계수는 +1과 −1 사이의 값을 가지며, +1은 완벽한 양의 선형 상관관계, 0은 선형 상관관계 없음, −1은 완벽한 음의 선형 상관관계를 의미한다.
④ 데이터가 서열자료인 경우 즉 자료의 값 대신 순위를 이용하는 경우의 상관계수로서, 데이터를 작은 것부터 차례로 순위를 매겨 서열 순서로 바꾼 뒤 순위를 이용해 상관계수를 구한다.

31 100명의 여자에 대한 신장과 체중을 비교한 자료이다. 체중의 개인차가 신장의 개인차보다 크다고 할 수 있는가?

	평균	표준편차
체중	52.3kg	2.54kg
신장	152.7 Cm	2.28cm

① 체중에 대한 개인차가 크다.
② 신장에 대한 개인차가 크다.
③ 체중에 대한 개인차와 신장에 대한 개인차는 동일하다.
④ 체중과 신장의 개인차는 알 수 없다.

32 다음 보기는 공간데이터 용어의 어떤 정의의 설명인가?

공간 객체간의 관계를 표현하며, 방위, 공간 객체간의 중첩, 포함, 교차, 분리 등과 같은 위치적 관계

① 비 공간 타입
② 래스터 공간 타입
③ 벡터 공간 타입
④ 위상적 공간 타입

33 정준분석의 설명 중 틀린 것은?

① 두 변수집단 간의 연관성(Association)을 각 변수집단에 속한 변수들의 선형결합(Linear Combination)의 상관계수를 이용하여 분석하는 방법이다.

② 정준상관계수(Canonical Correlation Coefficient)는 정준변수들 사이의 상관계수이다.

③ 두 집단에 속하는 변수들의 개수 중에서 변수의 개수가 적은 집단에 속하는 변수의 개수만큼의 정준변수 상이 만들어질 수 있다.

④ 정준분석의 경우 하나의 반응변수를 여러 개의 설명변수로 설명하고자 할 때, 가장 설명력이 높은 변수들의 선형결합을 찾아 이들 사이의 인과관계를 생각하는 방법이다.

34 다음은 표본추출오차에 관한 설명이다. 틀린 것은?

① 최대 대표는 모집단에서 추출된 표본이 너무 많이 추출되어 전수조사에 가까운 조사가 되는 현상이다.

② 표본추출 시 표본의 크기(Sample Size)보다는 대표성을 가지는 표본을 추출하는 것이 중요하다.

③ 과잉 대표는 중복선택 등의 원인으로 모집단이 반복·중복된 데이터만으로 규정되는 현상을 지칭한다.

④ 최소 대표는 실제모집단의 대표성을 나타낼 표본이 아닌 다른 데이터가 표본이 되는 현상이다.

35 다음 중 포아송분포를 적용할 수 있는 예가 아닌 것을 고르시오.

① 10시부터 11시 사이에 은행지점창구에 도착한 고객의 수

② 하루 동안 걸려오는 전화수

③ 원고집필 시 원고지 한 장당 오타의 수

④ 금융상품 가입 상담 건수 10회중 실제 가입이 이루어진 수

36 스튜던트 t 분포에서 자유도에 대한 설명으로 맞는 것은?

① 자유도는 자료집단의 변수 중에서 자유롭게 선택될 수 있는 변수의 수를 말한다.

② 스튜던트 t 분포는 정규분포의 평균 측정 시 주로 사용하는 분포이다. 분포의 모양은 Z–분포와 유사하며 t–곡선의 대칭/비대칭 여부를 결정하는 것은 자유도이다.

③ 자유도가 클수록 정규분포보다 더욱 높은 종모양을 가지게 된다.

④ 자유도가 1보다 클 때만 스튜던트 t 분포에서 기대값은 1이다.

37 편향에 대한 설명으로 틀린 것은?

① 기대하는 추정량과 모수의 차이를 편향(bias)이라고 한다.

② 임의의 추정량의 편향을 $B(\hat{\theta})$이라고 하면 $B(\hat{\theta}) = E(\hat{\theta}) - \theta$로 정의할 수 있다.

③ 불편추정량(Unbiased Estimator)은 $B(\hat{\theta})$ =0 즉, 편향이 0이 되는 상황의 추정량 $\hat{\theta}$을 불편추정량이라고 한다.

④ 표본 평균은 이상치의 영향으로 값의 변화가 커지므로 대표적인 불편추정량이 아니다.

38 모평균에 대한 신뢰구간에 대한 각 상황 별 정리이다. 옳은 것을 모두 고르시오.

구분		신뢰구간 $100(1-\alpha)$%
(가)	모집단의 분산을 아는 경우	$\bar{X} - Z_{\frac{\alpha}{2}} \cdot \frac{\sigma}{\sqrt{n}} \leq \mu \leq \bar{X} + Z_{\frac{\alpha}{2}} \cdot \frac{\sigma}{\sqrt{n}}$
(나)	모집단의 분산을 모르는 경우 (표본 크기가 작은 경우)	$\bar{X} - t_{\frac{\alpha}{2}, n-1} \cdot \frac{S}{\sqrt{n}} \leq \mu \leq \bar{X} + t_{\frac{\alpha}{2}, n-1} \cdot \frac{S}{\sqrt{n}}$
(다)	모집단의 분산을 모르는 경우 (표본 크기가 큰 경우)	$\bar{X} - Z_{\frac{\alpha}{2}} \cdot \frac{S}{\sqrt{n}} \leq \mu \leq \bar{X} + Z_{\frac{\alpha}{2}} \cdot \frac{S}{\sqrt{n}}$

① 가
② 가, 나
③ 가, 다
④ 가, 나, 다

39 가설검정에 대한 설명으로 옳은 것은?

① 연구자에 의해 설정된 가설은 모집단 전체를 근거로 하여 채택여부를 결정짓게 되는데 이때 사용되는 통계량을 검정통계량이라 정의한다.

② 귀무가설(Null Hypothesis, H_0)은 연구자가 모수에 대해 새로운 통계적 입증을 이루어 내고자 하는 가설이다.

③ 검정통계량의 표본분포에 따라 채택여부를 결정짓는 일련의 통계적 분석과정을 가설검정이라 하며 일반적으로 몇 단계의 절차를 거쳐 검정이 수행된다.

④ 대립가설(Alternative Hypothesis, H_1) 현재 통념적으로 믿어지고 있는 모수에 대한 주장 또는 원래의 기준이 되는 가설이다.

40 두 독립표본(각 n, m 표본수) 사이의 평균차이의 검정을 하기 위한 검정 통계량 식으로 옳은 것은?

① 검정 통계량 $T = \dfrac{\bar{X} - \bar{Y}}{S_p\sqrt{\frac{1}{n} + \frac{1}{m}}}$ 여기서

$S_p^2 = \dfrac{(n-1)S_1^2 + (m-1)S_2^2}{n+m-2}$ 으로 공통분산 σ^2의 합동표본분산이며 S_1^2, S_2^2 는 각각의 표본의 표본분산을 말한다. 검정 통계량 T는 자유도 m+n-2인 t 분포를 따른다.

② 검정 통계량 $T = \dfrac{\bar{X} - \bar{Y}}{S_p\sqrt{\frac{1}{n} + \frac{1}{m}}}$ 여기서

$S_p^2 = \dfrac{(n-1)S_1^2 + (m-1)S_2^2}{n+m+2}$ 으로 공통분산 σ^2의 합동표본분산이며 S_1^2, S_2^2 는 각각의 표본의 표본분산을 말한다. 검정 통계량 T는 자유도 n+m+2인 t 분포를 따른다.

③ 검정 통계량 $T = \dfrac{\bar{X} - \bar{Y}}{S_p\sqrt{\frac{n}{m} + \frac{1}{n}}}$ 여기서

$S_p^2 = \dfrac{(n-1)S_1^2 + (n-1)S_2^2}{n+m-2}$ 으로 공통분산 σ^2의 합동표본분산이며 S_1^2, S_2^2 는 각각의 표본의 표본분산을 말한다. 검정 통계량 T는 자유도 n+m-2인 t 분포를 따른다.

④ 검정 통계량 $T = \dfrac{\bar{X} - \bar{Y}}{S_p\sqrt{\frac{m}{n} + \frac{1}{m}}}$ 여기서

$S_p^2 = \dfrac{(m-1)S_1^2 + (m-1)S_2^2}{n+m-2}$ 으로 공통분산 σ^2의 합동표본분산이며 S_1^2, S_2^2 는 각각의 표본의 표본분산을 말한다. 검정 통계량 T는 자유도 n+m-2인 t 분포를 따른다.

41 지도학습 모델은 분류와 예측모델로 구분되는데 분류모델에 해당되지 않는 것은?

① 의사결정트리
② 인공신경망
③ 서포트 벡터 머신(SVM)
④ 다중회귀분석

42 로지스틱 회귀분석이 갖는 선형 회귀분석과 비교 시 차이점으로 맞는 설명은?

① 종속변수: 연속형 변수, 분포: 정규분포
② 종속변수: 범주형 변수, 분포: 정규분포
③ 종속변수: 범주형 변수, 분포: 이항분포
④ 종속변수: 연속형 변수, 분포: 이항분포

43 다중회귀분석 결과를 해석할 시 진행순서가 올바른 것은?

① 다중공선성 진단 → 모형의 적합도 평가 → 회귀계수 유의성 확인 → 수정된 결정계수 확인
② 수정된 결정계수 확인 → 모형의 적합도 평가 → 회귀계수 유의성 확인 → 다중공선성 진단
③ 모형의 적합도 평가 → 회귀계수 유의성 확인 → 수정된 결정계수 확인 → 다중공선성 진단
④ 다중공선성 진단 → 회귀계수 유의성 확인 → 수정된 결정계수 확인 → 모형의 적합도 평가

44 정보이론에서 순도가 증가하고 불확실성이 감소하는 것을 의미하는 용어는?

① 재귀적 분기
② 가지치기
③ 정보 획득
④ 엔트로피 지수

45 의사결정나무의 대표적 알고리즘인 CART (Classi-fication and Regression Tree)는 불순도 측도로 범주형 또는 이산형일 경우 (ㄱ)를, 연속형인 경우 분산의 감소량을 이용한 (ㄴ)를 활용한다. 빈칸에 맞는 말을 고른다면?

① ㄱ. 엔트로피 지수   ㄴ. 다지분리
② ㄱ. 지니 지수   ㄴ. 다지분리
③ ㄱ. 지니 지수   ㄴ. 이진분리
④ ㄱ. 엔트로피 지수   ㄴ. 이진분리

46 여러 부트스트랩 자료를 생성하여 학습하는 모델링으로 랜덤포레스트가 속한 알고리즘 기법은?

① 부스팅   ② 배깅
③ 앙상블   ④ 의사결정트리

47 한 회사의 직원 3명의 메일함에서 스팸 메일들을 분류할 때 앙상블 값이 맞는 경우는?

	김철수	나윤아	이성희
나이브 베이지안	1	0	0
KNN	0	0	1
SVM	1	0	1
의사결정나무	1	1	1

① 김철수, 앙상블 값 = 3/4
② 나윤아, 앙상블 값 = 1/4
③ 이성희, 앙상블 값 = 1
④ 정답이 없음

48 다음 빈칸에 들어갈 단어로 맞는 것을 고른다면?

(ㄱ)함수는 신경망이 출력한 값과 실제 값과의 오차에 대한 함수로 손실 함수값이 최소화되도록 하기 위해 가중치와 (ㄴ)을 찾는 것이 인공신경망의 학습이라고 하며 일반적인 손실 함수로는 (ㄷ)오차 또는 교차 엔트로피 오차를 활용한다.

① ㄱ. 손실   ㄴ. 교차점   ㄷ. 평균
② ㄱ. 오차   ㄴ. 편향   ㄷ. 평균제곱
③ ㄱ. 손실   ㄴ. 편향   ㄷ. 평균제곱
④ ㄱ. 오차   ㄴ. 교차점   ㄷ. 평균

49 일반적인 신경망 알고리즘 학습 프로세스 순서로 적합한 것은?

① 미니배치 – 가중치 매개변수 기울기 산출 – 매개변수 갱신
② 샘플선정 – 가중치 매개변수 기울기 산출 – 매개변수 갱신
③ 미니배치 – 매개변수 갱신 – 가중치 매개변수 기울기 산출
④ 샘플선정 – 매개변수 갱신 – 가중치 매개변수 기울기 산출

50 가중치 매개변수의 기울기를 미분을 통해 진행하는 것은 시간비용이 크므로 오차를 출력층에서 입력층으로 전달, 연쇄법칙을 활용하여 가중치와 편향을 계산, 업데이트하는 기법을 칭하는 것은?

① 퍼셉트론
② 활성화함수
③ 확률적 경사하강법
④ 오차역전파

51 다음 (1, 3), (4, 4) 간의 유클리디안 거리 값을 계산, 선택한다면?

① $\sqrt{5}$　　　　② $\sqrt{10}$
③ $\sqrt{12}$　　　　④ $\sqrt{16}$

52 분류모델이 틀린 곳에 집중하여 새로운 분류규칙을 생성, 즉 weak classifier에 중점을 두는 지도학습 알고리즘은?

① 부스팅　　　　② 배깅
③ 랜덤포레스트　　④ 회귀분석

53 활성화함수 종류 중 0보다 크면 입력값을 그대로 출력 0 이하의 값만 0으로 출력하는 함수명은?

① Sigmoid(시그모이드)
② Relu(렐루)
③ Softmax(소프트맥스)
④ Perceptron(퍼셉트론)

54 랜덤포레스트는 여러 개의 의사결정 나무를 활용, 예측 결과를 (　　) 방식으로 예측 결정한다. 빈칸에 적합한 용어는?

① 투표　　　　② 평균
③ 분류　　　　④ 군집

55 기저귀와 맥주 간 support, confidence, lift 값은?

TID	Items
1	빵, 우유
2	빵, 기저귀, 맥주, 달걀
3	우유, 기저귀, 맥주, 콜라
4	빵, 우유, 기저귀, 맥주
5	빵, 우유, 기저귀, 콜라

① $\dfrac{3}{5}, \dfrac{2}{5}, \dfrac{3}{4}$

② $\dfrac{4}{5}, \dfrac{3}{5}, \dfrac{2}{3}$

③ $\dfrac{3}{5}, \dfrac{3}{4}, \dfrac{5}{4}$

④ $\dfrac{2}{5}, \dfrac{5}{4}, \dfrac{3}{5}$

56 다음은 범주형 분석방법에 대한 설명이다 옳지 않은 것은?

① 빈도분석은 질적 자료를 대상으로 빈도와 비율을 계산할 때 쓰인다.
② 로지스틱분석은 두 범주형 변수가 서로 상관이 있는지 독립인지를 판단하는 통계적 검정방법이다.
③ T 검정은 독립변수가 범주형(두 개의 집단)이고 종속변수가 연속형인 경우 사용되는 검정 방법으로 두 집단간의 평균 비교 등에 사용된다.
④ 독립변수가 범주형(두 개 이상 집단)이고 종속변수가 연속형인 경우 사용되는 검정 방법으로 분산분석이 사용된다.

57 다음은 시계열 자료의 정상성(Stationarity 定常性)에 대한 설명이다. 틀린 것을 고르시오.

① 정상성을 가진다는 의미는 시계열 데이터가 평균과 분산이 일정한 경우를 지칭한다.
② 시계열 데이터가 정상성을 가지면 분석이 용이한 형태로 볼 수 있다.
③ 시계열 데이터가 평균이 일정하지 않으면 차분(difference)을 통해 정상성을 가지도록 할 수 있다.
④ 시계열 데이터가 분산이 일정하지 않으면 평행이동을 통해 정상성을 가지도록 할 수 있다.

58 다음은 인공신경망과 딥러닝에 대한 설명이다. 틀린 것은?

① 딥러닝은 인공신경망의 단점(계산속도의 저하, 과적합 문제) 등이 극복되면서 부각된 기계학습이라고 할 수 있다.
② 딥러닝은 여러 비선형 변환기법의 조합을 통해 높은 수준의 추상화를 시도하는 기계학습 알고리즘의 집합으로 정의된다.
③ 소수의 동일레이어 내의 노드의 수직체계 개수를 다수로 늘려서 정확도를 높이는 것이 기존 인공신경망과 딥러닝의 차이이다.
④ 인공신경망과 딥러닝은 사람의 사고방식을 컴퓨터에게 가르치는 기계학습의 한 분야라고 이야기할 수 있다.

59 다음은 어떤 딥러닝에 대한 설명이다. 아래 설명에 해당되는 딥러닝 알고리즘은 무엇인가?

- 인공신경망을 구성하는 유닛 사이의 연결이 Directed cycle을 구성하는 신경망을 말한다.
- 앞먹임 신경망(Feed forward Neural Network)과 달리, 임의의 입력을 처리하기 위해 신경망 내부의 메모리를 활용할 수 있다.
- 필기체 인식(Handwriting recognition)과 같은 분야에 활용되고 있고, 높은 인식률을 나타낸다.
- 기존의 뉴럴 네트워크와 다른 점은 '기억'을 갖고 있다는 점인데, 네트워크의 기억은 지금까지의 입력 데이터를 요약한 정보라고 볼 수 있다.

① 합성곱신경망(Convolutional Neural Network, CNN)
② 순환신경망(Recurrent Neural Network, RNN)
③ 심층신뢰신경망(Deep Belief Network, DBN)
④ 심층신경망(Deep Neural Network, DNN)

60 앙상블 기법에 대한 설명으로 틀린 것은 무엇인가?

① 약학습기(Weak Learner)는 무작위 선정이 아닌 성공확률이 높은 즉 오차율이 일정 이하(50% 이하)인 학습 규칙을 말한다.
② 강학습기(Strong Learner)는 약학습기로부터 만들어내는 강력한 학습 규칙을 의미한다.
③ 앙상블 기법은 서로 다른 학습 알고리즘을 경쟁시켜 각 알고리즘 간의 장점를 결합하여 학습하는 개념이다.
④ 한 개의 Single Leaner에 의한 분석보다는 더 나은 분석성능을 이끌어 낼 수 있으며 다양한 Weak Learner를 통해 Strong Learner를 만들어가는 과정이다.

61 분류모델을 평가하는 지표에 대한 설명으로 거리가 먼 것은?

① 정확도는 True인 데이터를 모델에서 True로 분류하는 정도를 말한다.
② 정밀도는 True로 분류한 대상 중에 실제로 True인 비율을 말한다.
③ 예측 성능을 측정하기 위해 예측값과 실제값을 비교한 표를 오차행렬이라고 한다.
④ AUC는 ROC 곡선 하단영역의 넓이를 구한 값으로 0~1 사이의 값을 갖는다.

62 다음 보기와 같이 실제값과 예측값이 존재할 때 평균제곱오차는 얼마인가?

실제값	예측값
10	11
13	12
17	19
21	23

① 10   ② 2.5
③ −4   ④ 6

63 군집분석 모델을 평가하기 위한 고려사항으로 거리가 먼 것은?

① 같은 군집내에 속한 요소가 군집의 중심으로부터 가깝게 분포할 때 좋은 모델이다.
② 군집과 이웃군집 사이의 거리가 멀수록 좋은 모델로 평가할 수 있다.
③ 같은 군집에 속한 요소들의 평균 거리를 실루엣 계수라 한다.
④ 군집의 수가 많아질수록 군집내 속한 요소들 간의 거리는 줄어든다.

64 '동일한 확률분포를 가진 독립 확률 변수 n개의 평균의 분포는 n이 적당히 크다면 정규분포에 가까워진다'는 이론은 다음 중 무엇인가?

① 중심극한정리
② 평균과 표준편차
③ 베이즈 정리
④ 교차 검증

65 다음 오차행렬에서 재현율은 얼마인가?

		실제 답	
		True	False
예측 결과	True	50	150
	False	50	250

① 0.33   ② 0.5
③ 0.25   ④ 0.75

66 모델의 과대적합 방지를 위한 기법에 해당되지 않는 것은?

① 드롭아웃
② L2 규제
③ 편향−분산 트레이드오프
④ 경사하강법

67 다음 중 군집분석의 타당성 지표로 적당하지 않은 것은?

① 군집간 거리
② 군집의 지름
③ 군집의 분산
④ 군집의 평균

68 두 종류 이상의 결과변수를 동시에 분석할 수 있는 방법으로 결과 변수 간의 유의성, 관련성을 설명할 수 있는 방법은 다음 중 어느 것인가?

① 앙상블 학습
② 결합분석 모형
③ 매개변수 최적화
④ 경사하강법

69 다음 중 모집단에 대한 유의성 검정에 대한 설명 중 맞지 않는 것은?

① z-검정은 추출된 표본 데이터가 정규분포를 보이는지 검증한다.
② t-검정은 모집단의 분산과 표준편차를 알지 못할 때 사용된다.
③ 분산분석(ANOVA)은 두 개 이상 집단들의 평균을 비교하는 분석 기법이다.
④ 카이제곱 검정은 두 집단의 분산을 이용하여 동질성 검증한다.

70 다음 분석모형 해석에 관한 설명 중 맞지 않는 것은?

① 분석 후 적합한 모형을 도출하는데 사용되는 지표는 설명력, 오차율, 인자수, 잔차 등이 있다.
② 딥러닝에서의 적합 모형 해석은 분류문제인 경우 정확도나 오차율을 사용한다.
③ 연관분석 모델은 두 개 또는 그 이상의 품목들 사이의 상호 관련성으로 해석한다.
④ 군집분석 모델은 군집그룹에 속한 요소들 사이의 거리 평균을 사용한다.

71 분석모델별 활용되는 시각화 기법 연결로 잘못된 것은?

① SVM – 산점도
② KNN – 평행좌표계
③ 연관분석 – 파이차트
④ 군집분석 – 산점도

72 다음 중 데이터 시각화에 대한 설명으로 잘못된 것은?

① 데이터 시각화는 데이터의 특징을 직관적으로 제공한다.
② 데이터의 시각적 속성으로는 위치, 형태, 크기 등이 있다.
③ 데이터의 분포를 시각적으로 보여주는데 유용한 도구이다.
④ 비정형데이터는 구조화하기 어렵기 때문에 정형데이터로 변환하여 시각화해야 한다.

73 다음 보기의 개념을 가장 정확하게 설명하는 개념은 어느 것인가?

주로 뉴스 기사의 그래픽에 사용되며 복잡한 정보와 지식을 차트, 지도, 다이어그램, 일러스트레이션 등을 활용해 한눈에 파악할 수 있도록 시각적으로 표현한다.

① 인포그래픽
② 정보디자인
③ 시각적 분석
④ 데이터추상화

74 다음 보기에서 설명하는 용어는 무엇인가?

그래프나 차트에서 사용되는 기호나 선 등이 어떤 의미인지 설명하는 역할을 함

① 축   ② 범례
③ 스케일   ④ 스코프

75 다음 보기의 특징을 갖는 시각화 방법은 무엇인가?

• 일정 기간에 걸쳐 진행되는 변화를 표현하기에 적합
• 막대의 영역을 구분하여 두 개 이상의 변수를 동시에 표현

① 막대그래프
② 누적막대그래프
③ 히스토그램
④ 파이차트

76 기업의 월별 매출을 보여주는 막대그래프이다(추세선은 현재월과 전월의 이동평균값을 보여준다). 다음 중 그래프를 통해서 이해할 수 있는 정보로 적절하지 않은 것은?

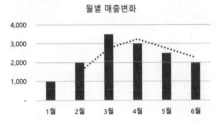

월별 매출변화

① 1월 매출보다 2월 매출이 증가하였다.
② 3월 총매출은 3,000 이상이다.
③ 1월부터 6월까지 매출의 평균은 1,000 이상이다.
④ 추세선이 막대보다 위에 있는 경우 다음달 매출이 줄어들 것을 예측할 수 있다.

77 다음 중 데이터 시각화 도구에 대한 설명으로 맞지 않는 것은?

① 트리맵은 사각형 영역을 사용하여 데이터 분포를 시각화한다.
② 산점도는 점들의 분포에 따라 집중도를 확인할 수 있다.
③ 도수분포표는 일정한 간격으로 구분된 구간에 대해 데이터의 분포를 표현하는데 적합하다.
④ 파이차트는 시간에 따른 데이터의 변화를 표현하는데 적합하다.

78 데이터 시각화에 대한 다음 설명 중 가장 거리가 먼 것은 어느 것인가?

① 데이터 시각화는 분석된 결과를 해석하는 대표적인 방법이다.
② 공간시각화를 위한 대표적인 도구는 카토그램이 있다.
③ 누적막대그래프는 이산형 데이터를 표현하는데 적합하다.
④ 데이터 시각화를 통해서 데이터의 결측치를 효율적으로 발견할 수 있다.

79 다음 보기에서 설명하는 CRISP-DM 데이터 분석 프로세스는 무엇인가?

• 분석 모델을 실제 운영 데이터에서 동작시킨다.
• 분석 모델 수정이 이루어진다.

① 데이터 준비 ② 모델링
③ 평가 ④ 전개

80 분석 프로젝트 성과 평가에서 이루어지는 활동으로 거리가 먼 것은?

① 분석 프로젝트의 성과 지표는 정량적, 정성적 지표를 동시에 고려한다.
② 목표치를 달성하기 위해서 분석 모델을 리모델링 한다.
③ 성과가 목표치보다 부족한 경우 분석과제의 개선사항을 검토한다.
④ 성과평가 결과를 관련 부서 및 조직과 공유한다.

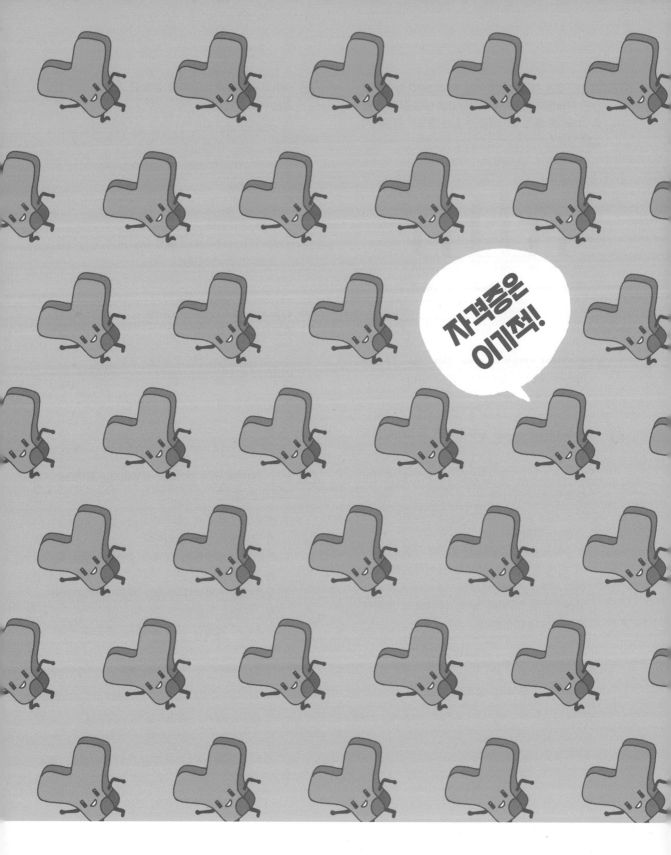

실전 모의고사
정답 & 해설

실전 모의고사 01회

2-178p

01	①	02	②	03	③	04	②	05	①
06	④	07	③	08	④	09	①	10	①
11	③	12	④	13	①	14	③	15	③
16	④	17	①	18	①	19	③	20	④
21	②	22	③	23	③	24	②	25	②
26	③	27	①	28	③	29	②	30	②
31	①	32	③	33	②	34	④	35	④
36	④	37	③	38	④	39	②	40	④
41	①	42	②	43	①	44	④	45	②
46	④	47	①	48	②	49	①	50	②
51	④	52	②	53	②	54	②	55	④
56	①	57	①	58	②	59	③	60	④
61	④	62	①	63	④	64	②	65	④
66	②	67	①	68	④	69	②	70	②
71	④	72	①	73	③	74	②	75	③
76	③	77	②	78	①	79	④	80	①

1과목 빅데이터 분석 기획

01 ①

ETL 프로세스는 데이터의 추출(Extract), 변환(Transform), 적재(Load)의 약어로, 다양한 원천 데이터를 취합해 추출하고 공통된 형식으로 변환하여 적재하는 과정이다.

02 ②

최근 해석 가능한 인공지능 기술에 대한 연구가 진행되고 있지만 딥러닝의 경우 이론적 근거가 부족하고 해석이 어렵다는 것이 다수의 견해이다.

03 ③

빅데이터 분석 방법론은 분석 기획, 데이터 준비, 데이터 분석, 시스템 구현, 평가 및 전개 5단계로 구성되어 있다.

04 ②

지도학습은 학습 데이터로부터 하나의 함수를 유추해내기 위한 방법으로 분류모형이나 회귀모형에 적합하다.

05 ①

민감한 정보의 분포를 낮추어 추론 가능성을 더욱 낮추는 기법은 t-근접성에 대한 설명이다.
m-유일성은 비식별 데이터셋의 속성을 조합했을 때 동일한 값이 m개 이상이 되도록 한다.

06 ④

개인정보 비식별화 방법으로 가명 처리, 총계 처리, 데이터 삭제, 데이터 범주화, 데이터 마스킹 기법이 있다.

07 ③

탐색적 데이터 분석

분석용 데이터셋에 대한 정합성 검토, 데이터 요약, 데이터 특성을 파악하고 모델링에 필요한 데이터를 편성한다. 다양한 관점으로 평균, 분산 등 기초 통계량을 산출하여 데이터의 분포와 변수간의 관계 등 데이터 자체의 특성과 통계적 특성을 파악한다. 또한 시각화를 탐색적 데이터 분석을 위한 도구로 활용하여 데이터의 가독성을 명확히 하고 데이터의 형상 및 분포 등 데이터 특성을 파악한다.

08 ④

Insight : 분석 대상을 모르는 경우

오답 피하기

- Discovery : 둘 다 모르는 경우
- Solution : 분석 방법을 모르는 경우
- Optimization : 분석 대상과 분석 방법을 모두 알고 있는 경우

09 ①

입사 지원자에 대하여 해당 기관에서 당사자의 범죄 이력을 조회하기 위해 정보주체의 사전 동의가 필요하다.

10 ①

정형 데이터 품질 진단 방법으로 메타데이터 수집 및 분석, 칼럼 속성 분석, 누락 값 분석, 값의 허용 범위 분석, 허용 값 목록 분석, 문자열 패턴 분석, 날짜 유형 분석, 기타 특수 도메인 분석, 유일 값 분석, 구조 분석 등이 있다.

11 ③

EDA는 모형을 선정하기 위한 과정이 아니라 모형에 적합한 데이터를 마련(가공)하는 과정 즉, 모델링에 필요한 데이터를 편성한다는 것에 주의한다.

12 ④

모형화는 복잡한 문제를 논리적이면서도 단순화하는 과정으로 많은 변수가 포함된 현실 문제를 특정적 변수로 정의한다. 문제를 변수들 간의 관계로 정의한다.

13 ①

진단(Diagnostic) 분석 : 원인은 무엇인가?

오답 피하기

- 기술(Descriptive) 분석 : 무엇이 일어났는가?
- 예측(Predictive) 분석 : 앞으로 어떻게 될 것인가?
- 처방(Prescriptive) 분석 : 어떻게 대처해야 하는가?

14 ③

이상치

변수의 분포에서 비정상적으로 분포를 벗어난 값이다. 각 변수의 분포에서 비정상적으로 극단값을 갖는 경우나 자료에 타당도가 없는 경우, 비현실적인 변수값들이 이에 해당한다. 이상치가 포함된 자료의 분석결과는 추정치가 이상점의 방향으로 편파성을 일으키는 문제, 타당도가 결여된 자료를 분석에 포함하여 발생하는 추정치의 타당도 문제가 발생한다.

15 ③

DBMS는 DBtoDB 방식으로 DBMS간 동기화나 데이터에 대한 전송을 할 수 있다.

16 ④

데이터 분석 성숙도 모델은 성숙도 수준에 따라 도입단계, 활용단계, 확산단계, 최적화단계로 구분한다.

17 ①

개인정보 수집 시 정보주체에게 수집 목적 및 출처, 이용 기간, 정보 활용 거부권 행사 방법 등을 투명하게 알려야 한다.

18 ①

상향식 접근 방식은 다량의 데이터 분석을 통해 왜(why) 그러한 일이 발생하는지 역으로 추적하면서 문제를 도출하거나 재정의할 수 있는 방식으로 데이터를 활용하여 생각지도 못했던 인사이트 도출 및 시행착오를 통한 개선이 가능하다.

19 ③

정확성은 실세계에 존재하는 객체의 표현 값이 정확히 반영되어야 한다는 것으로, 세부 품질 기준으로는 선후 관계 정확성, 계산/집계 정확성, 최신성, 업무규칙 정확성이 있다.

20 ④

데이터 거버넌스는 전사 차원의 모든 데이터에 대하여 정책 및 지침, 표준화, 운영조직과 책임 등의 표준화된 관리 체계를 수립하고 운영하기 위한 프레임워크와 저장소를 구축하는 것이다.

2과목 빅데이터 탐색

21 ②

박스플롯은 수치적 자료를 표현하는 그래프이다. 이 그래프는 가공하지 않은 자료 그대로를 이용하여 그린 것이 아니라, 자료로부터 얻어 낸 통계량인 5가지 요약 수치(다섯 숫자 요약, Five-number Summary)를 가지고 그린다.
- 5가지 요약 수치 : 최솟값, 제 1사분위(Q1), 제2사분위(Q2), 제3사분위(Q3), 최댓값

최댓값과 최솟값을 통해 이상값이 존재하는지 파악할 수 있다. 분산은 데이터의 퍼짐정도를 나타내는 것으로 박스플롯을 통해 파악하기 힘들다.

22 ③

단계적 선택법(Stepwise Selection)
- 전진 선택법과 후진 선택법(래퍼기법)의 보완방법이다.
- 전진 선택법을 통해 가장 유의한 변수를 모형에 포함 후 나머지 변수들에 대해 후진 선택법을 적용하여 새롭게 유의하지 않은 변수들을 제거한다.
- 제거된 변수는 다시 모형에 포함하지 않으며 유의한 설명변수가 존재하지 않을 때까지 과정을 반복한다.

기본적으로 단계적 선택법은 전진 선택법과 후진 선택법의 결합으로 각각의 기본 룰을 지킴에 유의해야 한다.

23 ③

특정상황에만 유의미하지 않게 대표성을 나타나게 할 필요가 있다.

24 ②

오버샘플링 : 소수클래스의 복사본을 만들어, 대표클래스의 수만큼 데이터를 만들어 주는 것이다. 똑같은 데이터를 그대로 복사하는 것이기 때문에 새로운 데이터는 기존 데이터와 같은 성질을 갖게 된다.

- 언더샘플링 : 대표클래스(Majority Class)의 일부만을 선택하고, 소수클래스(Minority Class)는 최대한 많은 데이터를 사용하는 방법이다. 이때 언더샘플링된 대표클래스 데이터가 원본 데이터와 비교해 대표성이 있어야 한다.

③, ④의 음수 미포함 행렬분해와 특이값분해는 데이터 축소에 관련한 기법이다.

25 ②

$P(A)=0.5$는 A공장 생산품일 확률, $P(B)=0.3$은 B공장 생산품일 확률, $P(C)=0.2$는 C공장 생산품일 확률이고 $P(F)$는 불량품이 나올 확률이라고 하자.

그럼 문제의 조건에서
$P(F|A)$: A공장 생산품 중 불량품이 나올 확률이고 값은 0.01
$P(F|B)$: B공장 생산품 중 불량품이 나올 확률이고 값은 0.02
$P(F|C)$: C공장 생산품 중 불량품이 나올 확률이고 값은 0.03
우리가 구하고자 하는 확률은 불량품인데 A공장 제품일 확률이므로 $P(A|F)$로 정의 될 수 있고, 베이지안 정리에 의해

$$P(A|F) = \frac{P(A \cap F)}{P(F)} = \frac{P(F|A)P(A)}{P(F|A)P(A) + P(F|B)P(B) + P(F|C)P(C)}$$

이 된다. 정리하면,

$$\frac{0.01 \times 0.5}{0.01 \times 0.5 + 0.02 \times 0.3 + 0.03 \times 0.2} = \frac{0.005}{0.017} = \frac{5}{17}$$

26 ③

한 학생이 80점에서 85점 사이의 점수를 받을 확률은

$$Z_1 = \frac{X - \mu}{\sigma} = \frac{80 - 80}{10} = 0, \quad Z_2 = \frac{X - \mu}{\sigma} = \frac{85 - 80}{10} = 0.5$$

그러므로

$$P(80 \leq X \leq 85) = P\left(0 \leq \frac{X - \mu}{\sigma} \leq 0.5\right) = P(0 \leq Z \leq 0.5)$$
$$= P(Z \leq 0.5) - P(Z \leq 0.0) = 0.6915 - 0.5 = 0.1915$$

27 ①

최대우도에 의한 모수추정의 방법을 이용하여 (로그우도추정)

$$f(t; \theta) = \theta e^{-\theta t} \quad (t \geq 0)$$
$$L(x_1, x_2, \ldots, x_n; \theta) = \prod_{i=1}^{n} f(x_i; \theta) = \prod_{i=1}^{n} \theta e^{-\theta x_i}$$

여기서 x_i=3, 1, 2, 3, 3이므로

$$L(x_1, x_2, \ldots, x_n; \theta) = \theta e^{-3\theta} \theta e^{-\theta} \theta e^{-2\theta} \theta e^{-3\theta} \theta e^{-3\theta}$$

정리하면

$$L(x_1, x_2, \ldots, x_n; \theta) = \theta^5 e^{-12\theta}$$

양변에 로그를 취하면

$$ln[L(x_1, x_2, \ldots, x_n; \theta)] = \ln(\theta^5 e^{-12\theta}) = \ln\theta^5 - 12\theta$$

여기서 $(\ln(e^{-12\theta}) = -12\theta \ln e = -12\theta)$ 식을 미분하면

$$\frac{d \, ln[L(x_1, x_2, \ldots, x_n; \theta)]}{d\theta} = \frac{5\theta^4}{\theta^5} - 12$$

상기식을 0 되게 하는 값, 즉 미분값이 0이 되는 값은

$$\frac{5\theta^4}{\theta^5} - 12 = 0 \quad \rightarrow \quad \frac{5}{\theta} = 12$$

정리하면 $\theta = 5/12$

28 ③

음의 상관관계를 나타내주는 그래프 개형으로 피어슨 상관계수는 $-1 < \rho < 0$ 사이 값으로 나타내어질 수 있다.

29 ②

스피어만 상관계수에 대한 설명이다.

오답 피하기

- 크론바흐 알파(Cronbach's alpha) 계수인 신뢰도(reliability) 계수 α는 검사의 내적 일관성 신뢰도를 나타내는 값으로서 한 검사 내에서 변수들 간의 평균상관관계에 근거해 검사문항들이 동질적인 요소로 구성되어 있는지를 분석하는 것이다. 동일한 개념이라면 서로 다른 독립적 측정 방법으로 측정했을 때 결과가 비슷하게 나타날 것이라는 가정을 바탕으로 한다.

30 ②

스타차트(Star Chart)

하나의 공간에 각각의 변수를 표현하는 몇 개의 축을 그리고, 축에 표시된 해당 변수의 값들을 연결하여 별 모양(또는 거미줄 모양)으로 표현하는 그래프이다.

- 하나의 변수마다 축이 시작되는 시작점(중점)은 최소값을, 가장 먼 끝점은 최대값을 나타낸다.
- 값이 적은 축에 해당하는 부분이 다른 부분에 비해 들어가 보이기 때문에, 여러 변수 값들을 비교하여 부족하거나 넘치는 변수를 표현하는데 적합하다.
- 연결된 선의 모양이나 색을 다르게 하는 경우 여러 속성을 한번에 표현할 수 있다.

버블차트(Bubble Chart)

x, y값의 위치를 표시하는 산점도에 점의 위치에 해당하는 제3의 변수값을 원의 크기로 표현한 그래프로 한 번에 3개의 변수를 비교해볼 수 있다.

- 제3의 값을 표시하는 원(버블)은 면적으로 표현되어야 하며, 반지름이나 지름으로 표현되면 실제 값보다 너무 크게 원이 그려질 수 있어서 주의해야 한다.
- 도시별 인구밀집도, 도시별 우유 판매량 등 국가나 지역에 따른 값의 분포를 표현하는데 매우 유리하다.

히트맵(Heat Map)

데이터 분포와 관계에 대한 정보를 색(Heat)으로 표현한 그래프이다. 데이터를 식별하기 위해 각각의 칸마다 색으로 수치의 정도를 표현한다.

산점도(스캐터플롯: Scatter Plot)

두 변수의 값을 2차원(또는 3차원) 좌표계를 활용하여 점으로 표시한 것으로 점들의 집합이 모여서 두 변수 사이의 관계를 표현한다.

- 점들의 분포에 따라 집중도(강도, 영향력)를 확인할 수 있으며, 관계 추정을 위해 추세선을 추가할 수 있다.
- 점의 크기, 형태, 색상 등을 다르게 하여 하나의 산점도에 다양한 데이터의 특징을 표현할 수 있다.

31 ③

모집단의 분산을 모르고 표본의 크기가 작은 경우이므로 t-분포에 의한 신뢰구간을 구하여 보면

$$\bar{X} - t_{\frac{\alpha}{2}, n-1} \cdot \frac{S}{\sqrt{n}} \leq \mu \leq \bar{X} + t_{\frac{\alpha}{2}, n-1} \cdot \frac{S}{\sqrt{n}}$$

표본 평균 $\bar{X}$=170, 분산이 S^2=25 이고 자유도는 25−1= 24
자유도가 240고 $t_{\frac{0.05}{2}, 24}$=+2.064 이므로
(신뢰도 95% 이므로 1−0.95=0.05)

$$170 - 2.064 \cdot \frac{5}{\sqrt{25}} \leq \mu \leq 170 + 2.064 \cdot \frac{5}{\sqrt{25}}$$

정리하면

$$167.936 \leq \mu \leq 172.064$$

32 ③

기댓값을 나타내는 다음의 두 추정량을 추정량의 선택기준인 불편성과 효율성측면에서 비교하여 보자.

$$E(\hat{\theta}_1) = \frac{1}{4}E(X_1) + \frac{1}{4}E(X_2) + \frac{1}{4}E(X_3) + \frac{1}{4}E(X_4) = 4\frac{1}{4}\mu = \mu$$

$$E(\hat{\theta}_2) = \frac{1}{4}E(X_1) + \frac{1}{2}E(X_2) + \frac{1}{4}E(X_3) = \frac{1}{4}\mu + \frac{1}{2}\mu + \frac{1}{4}\mu = \mu$$

이므로 둘다 불편 추정량이다. 그러나 분산을 비교하여 보면

$$Var(\hat{\theta}_1) = \frac{1}{16}Var(X_1) + \frac{1}{16}Var(X_2) + \frac{1}{16}Var(X_3) + \frac{1}{16}Var(X_4) = \frac{4}{16}\sigma^2 = \frac{1}{4}\sigma^2$$

$$Var(\hat{\theta}_2) = \frac{1}{16}Var(X_1) + \frac{1}{4}Var(X_2) + \frac{1}{16}Var(X_3) = \frac{6}{16}\sigma^2 = \frac{3}{8}\sigma^2$$

∴ $Var(\hat{\theta}_1) < Var(\hat{\theta}_2)$이 된다. 즉, θ1이 θ2보다 더 효율적이라고 말할 수 있다.

33 ②

- 제1종 오류(Type I Error) : 귀무가설이 참일 때 귀무가설을 기각하도록 결정하는 오류
- 제2종 오류(Type II Error) : 귀무가설이 거짓인데 귀무가설을 채택할 오류

34 ④

차원의 저주(Curse of Dimensionality)

- 데이터분석 및 알고리즘을 통한 학습을 위해 차원이 증가하면서 학습데이터의 수가 차원의 수보다 적어져 성능이 저하되는 현상이다.
- 해결을 위해서 차원을 줄이거나 데이터의 수를 늘리는 방법을 이용해야 한다.

35 ③

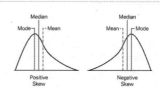

- 프로스포츠 구단의 경우는 Positive Skew의 형태로 중심성의 경향으로 봤을 때는 중앙값이 중심성 경향의 통계량으로 가장 적절하다.
- 기본적으로 Positive Skew 경우는 최빈값(mode) 〈 중앙값(median) 〈 평균(Mean) 이다.
- 분산의 중심화경향이 아닌 산포성 퍼짐정도에 대한 통계량이다.

36 ④

- 최적 배분법 : 추정량의 분산을 최소화 시키거나 주어진 분산의 범위 하에서 비용을 최소화 시키는 방법

오답 피하기

- 비례 배분법 : 각 층 내의 추출단위 수에 비례하여 표본크기를 배분하는 방법
- 네이만 배분법 : 각 층의 크기와 층별 변동의 정도를 동시에 고려한 표본 배정 방법

37 ④

어떤 데이터에서 각 클래스(주로 범주형 반응 변수)가 갖고 있는 데이터의 양에 차이가 큰 경우, 클래스 불균형이 있다고 말한다. 데이터 클래스 비율이 너무 차이가 나면(Highly-imbalanced Data) 단순히 우세한 클래스를 택하는 모형의 정확도가 높아지므로 모형의 성능판별이 어려워진다.

불균형 데이터의 처리

- 가중치 균형방법(Weighted Balancing)
- 언더샘플링(Undersampling)
- 오버샘플링(Oversampling)

38 ④

표본의 크기가 커질수록 표준오차 $\sigma_{\bar{x}} = \frac{\sigma}{\sqrt{n}}$는 점점 줄어든다.

39 ③

지수분포 정규분포 F-분포는 연속확률분포이나 이항분포는 이산확률분포이다.

40 ②

모집단이 정규분포여도 모분산 값을 아는지 여부에 따라 달라지는데 현 문제는 모분산을 모르는 상태이므로 표본의 크기에 따라서 표본이 따르는 분포는 달라진다. 30을 기준으로 30 이상인 경우는 정규분포, 30 미만의 경우는 t-분포를 따르며 표준오차의 경우는 표본의 크기가 커질수록 줄어든다.

3과목 빅데이터 모델링

41 ①

• 후진소거법 : 후진 선택법이라고도 하며 전체모델에서 시작. 모든 독립변수 중 종속변수와 단순상관계수의 절댓값이 가장 작은 변수를 분석모델에서 제외시킨다.

오답 피하기

• 전진선택법 : 영 모형에서 시작. 모든 독립변수 중 종속변수와 단순상관계수의 절댓값이 가장 큰 변수를 분석모델에 포함시키는 것을 말한다.
• 차원축소 : 어떤 목적에 따라서 변수(데이터의 종류)의 양을 줄이는 것이다.
• 요인분석 : 다수의 변수들 간의 관계(상관관계)를 분석하여 공통차원을 축약하는 통계분석 과정이다.

42 ②

오차역전파는 오차를 출력층에서 입력층으로 전달하고 연쇄법칙을 통해 가중치와 편향을 업데이트한다.

43 ①

특징맵의 출력 크기는 너비와 폭이 같은 정방형으로 (입력 높이(또는 너비) + 2 × 패딩값 – 필터 높이(또는 너비))/스트라이드값 + 1로 계산한다. 따라서 (5 + 2 × 0 – 3) / 1 + 1 = 3으로 (3, 3)이 된다.

44 ④

다중 공선성 진단은 3개 이상의 독립변수 간 상관관계로 인한 문제가 없어야 한다.

45 ②

SVM은 선형 또는 비선형 분류로 이진분류만 가능하며 예측 정확도가 높은 편이나 데이터가 많을 시 모델 학습 시간이 오래 소요된다.

46 ④

다차원 척도법 : 객체간 근접성을 시각화한 통계기법으로 객체들 간 유사성/비유사성을 측정하여 2차원/3차원공간상에 점으로 표현한다.

47 ①

선형 회귀모델에 L1 규제를 추가한 것을 Lasso(라쏘)라고 한다.

오답 피하기

• L2 규제를 추가한 것은 Ridge(리지)이며 elasticNet은 Ridge의 L2와 Lasso의 L1 정규화혼합 모델이다.

48 ②

SVM의 주요 요소들로 벡터, 결정영역, 초평면, 서포트 벡터, 마진 등이 있다.

49 ①

자료의 형태에 따른 범주형 자료 분석 방법

독립변수	종속변수	분석방법	예제
범주형	범주형	빈도분석, 카이제곱 검정 로그선형모형	지역별 선호정당 (지역별정당선호도)
연속형	범주형	로지스틱 회귀분석	소득에 따른 결혼의 선호도
범주형	연속형	T 검정(2그룹) 분산분석(2그룹 이상)	지역별 가계수입의 차이
연속형	연속형	상관분석, 회귀분석	

50 ②

		실제값	
		일반인	암환자
예측값	일반인	60 TN	0 FN
	암환자	10 FP	30 TP

정확도(Accuracy) = (TP+TN)/(TP+FP+TN+FN) = 0.9
정밀도(Precision) = TP/(TP+FP) = 0.75
재현율(Recall) = TP/(TP+FN) = 1

• 데이터셋의 label 값이 불균형적으로 적은 경우 정확도만으로 예측 모델 성능을 평가하는 데는 한계가 있다.

51 ④

Adaboost 알고리즘은 부스팅 기법에 해당된다.

52 ②

P(A)는 A 사건 확률, P(B)는 B 사건확률, P(C)는 C 사건 확률, P(x)는 어떤 새로운 사건에 대한 확률
문제의 조건에서
P(x|A) = A 사건 중 x 나올 확률
P(x|B) = B 사건 중 x 나올 확률
P(x|C) = C 사건 중 x 나올 확률
B 사건 하에서 나올 조건부확률 P(B|x)로 정의될 수 있고, 베이지안 정리에 의해

$$P(B|x) = \frac{P(B \cap x)}{P(x)} = \frac{P(x|B)P(B)}{P(x|A)P(A) + P(x|B)P(B) + P(x|C)P(C)}$$

53 ②

Holdout(홀드아웃) 교차검증은 훈련데이터, 검증데이터, 테스트데이터를 일정 비율로 지정한 뒤 먼저 훈련데이터로 학습하되 훈련데이터 내에서 일정 부문 검증데이터를 두어 검증한다.

54 ②

SNS 기반 선호 브랜드 그룹 분석은 비지도학습 중 하나인 군집 분석에 해당된다.

55 ④

색상비율에 따라 특정 감정 그룹 레이블(이름)으로 지정할 수 있으므로 분류 분석에 해당된다.

56 ①

- 다중판별분석 : 종속변수가 남/여와 같이 두 개의 범주로 나누어져 있거나, 상/중/하와 같이 두 개 이상의 범주로 나누어져 있을 경우, 즉 종속변수가 비계량적 변수일 경우 이용된다.
- 요인분석 : 많은 수의 변수들 간 상호관련성을 분석하고, 이들 변수들을 어떤 공통 요인들로 설명하고자 할 때 이용된다.
- 분산분석 : 독립변수가 범주형(두 개 이상 집단)이고 종속변수가 연속형인 경우 이용된다.

57 ①

- 자기회귀모형 : 시계열이 시차값 사이에 선형관계를 보이는 것을 자기상관이라 하며, 이러한 자기 상관성을 기반으로 과거의 패턴이 지속된다면 시계열 데이터 관측치 Xt는 과거 관측치 X(t−1), X(t−2),…, X(t−p)에 의해 예측할 수 있다.
- 정상성 : 시계열 데이터가 평균과 분산이 일정한 경우를 지칭한다.
- 백색 잡음 : 화이트 노이즈 등으로 불리며 무작위의 패턴을 보여주기 때문에 랜덤 노이즈라고도 한다.
- 이동평균법 : 시계열 자료를 대상으로 일정기간을 이동하면서 평균을 계산하여 추세를 파악하는 방법이다.

58 ②

비정형 데이터란 고정된 필드에 저장되지 않는 데이터로 텍스트, 이미지, 동영상, 음성, GPS 데이터 등이 있다.

59 ③

데이터 수가 많아지면 일반 의사결정나무에 비해 정확도는 높아지나 수행 속도가 떨어진다.

60 ③

k−폴드 교차검증은 반복횟수 증가에 따른 모델 훈련과 평가/검증 시간이 오래 걸릴 수 있다.

4과목 빅데이터 결과 해석

61 ④

군집추출은 모집단을 여러 개의 군집으로 나누고, 특정 군집의 일부 또는 전체에 대한 분석을 시행한다. 표본크기가 같은 경우 단순 임의 추출에 비해 표본 오차가 증대할 가능성이 있다.

62 ①

매개변수는 데이터로부터 결정되는 학습의 대상으로 알고리즘을 통해 자동으로 학습하게 되며 가중치, 편향 등이 있다.

63 ④

막대그래프는 특정 변수의 시간에 따른 값의 변화를 보여주는 데 적합하며, 파이차트와 도넛차트는 특정변수값의 비율을 보여주는데 사용된다. 막대그래프와 도넛차트는 여러 변수를 표현할 수 있지만, 변수 사이의 관계를 표현하는 데 적합하지는 않다. 스캐터 플롯(산점도)은 2개 이상의 변수에 대한 상호 관계성을 표현하는데 적합하다.

64 ②

막대그래프는 특정 변수의 시간에 따른 값의 변화를 보여주는 데 적합하며, 시간에 따른 변화를 표현하는 다른 도구로 꺾은선 그래프가 있다. 플로팅 차트는 X−Y축으로 값을 보여주며, 이때 x축을 시간축, y축을 값축으로 설정하는 경우 시간에 따른 값의 변화를 보여줄 수 있다.

65 ④

불균형 데이터 처리기법은 대표적으로 언더샘플링, 오버샘플링, 데이터 증강기법 등이 있다.

66 ②

ROC 곡선은 Y축 민감도(Sensitivity)와 X축 1−특이도(Specificity)로 그려지는 곡선이며 [0, 1] 범위로 하단 면적을 AUC(Area Under Curve)라고 한다. 이진 분류기의 성능을 평가하는 주요 지표로 사용된다.

67 ④

연관분석 평가척도로 지지도, 신뢰도 및 향상도가 있다. ROC곡선은 분류분석 모델을 평가하는데 사용된다.

68 ④

하이퍼파라미터는 최적의 딥러닝 모델을 구현하기 위해 사용자가 직접 설정하는 변수로 학습률, 배치크기, 은닉층의 뉴런개수, 훈련 반복 횟수 등이 있다.

69 ③

K−평균 군집분석은 군집 중심점(centroid), 즉 특정 임의지점을 선택하여 가까운 데이터들을 찾아서 묶어주는 대표적인 알고리즘이다.

70 ②

F1 = 2 / (1 / recall + 1 / precision)
  = 2 × (precision × recall) / (precision + recall)
  = 2 × ((0.95) × (0.9)) / ((0.95) + (0.9)) ≒ 92.4%

71 ④

다층 퍼셉트론은 입력층과 출력층 사이에 하나 이상의 은닉층이 존재하는 신경망이다.

72 ①

적합도 검정이란 데이터가 가정된 확률에 적합하게 따르는지를 판단하는 것을 말한다. 즉, 데이터 분포가 특정 분포함수와 얼마나 맞는지를 검정하는 방법이다.

73 ③

인포그래픽은 복잡한 데이터를 시각적으로 단순화 시켜서 제작한다.

74 ④

정밀도 = 80/100 = 0.8
재현율 = 80/100 = 0.8
F1−score = 2*(정밀도*재현율)/(정밀도+재현율)
     = 2*(0.8*0.8)/(0.8+0.8) = 0.8

75 ③

전체 예측된 긍정에서 실제 긍정한 비율이 정밀도이다.

76 ③

드롭아웃은 학습시킬 때 무작위로 뉴런을 제외하여 뉴런의 특정 가중치에 덜 민감해지면서 과적합을 방지할 수 있다.

77 ②

분석결과에 대한 검증은 분석모델의 신뢰도를 높이기 위해 꼭 필요한 절차이다.

78 ①

엘보우 기법은 분산 비율의 증가분이 줄어드는 지점을 찾아 k값을 선택하며 실루엣 기법은 특정 객체와 속해 있는 군집 내 데이터들 간의 비유사성을 계산하여 k값을 증가시키면서 평균 실루엣 값이 최대가 되는 k를 선택한다.

79 ④

K-fold 교차 검증은 데이터셋의 모든 부분을 사용하므로 학습데이터셋의 분포에 덜 민감하다.

80 ①

적합도 검정은 추정된 회귀식이 표본의 실제값을 얼마나 잘 설명하는지에 대해 확인하는 방법이다.

실전 모의고사 02회   2-189p

01 ②	02 ②	03 ③	04 ①	05 ①
06 ②	07 ③	08 ④	09 ①	10 ④
11 ③	12 ④	13 ③	14 ②	15 ③
16 ④	17 ②	18 ②	19 ③	20 ④
21 ③	22 ①	23 ①	24 ③	25 ②
26 ④	27 ①	28 ②	29 ③	30 ②
31 ④	32 ③	33 ③	34 ②	35 ③
36 ①	37 ③	38 ①	39 ①	40 ③
41 ④	42 ③	43 ②	44 ③	45 ②
46 ③	47 ③	48 ④	49 ①	50 ②
51 ④	52 ③	53 ②	54 ③	55 ④
56 ②	57 ③	58 ③	59 ③	60 ①
61 ③	62 ④	63 ②	64 ④	65 ③
66 ①	67 ③	68 ④	69 ③	70 ①
71 ④	72 ③	73 ④	74 ③	75 ④
76 ②	77 ②	78 ③	79 ③	80 ④

1과목 빅데이터 분석 기획

01 ②

정성적 데이터는 비정형 데이터로 이루어져 있으며, 정형 데이터와 반정형 데이터는 정량적 데이터이다.

02 ②

형식지는 표출화(Externalization) 과정을 통해 암묵지가 구체화되어 외부로 표현된 것이다.

03 ③

다양한 비즈니스 관점에서 쉽고 빠르게 다차원적인 데이터에 접근하여 의사결정에 활용할 수 있는 정보를 얻을 수 있게 하는 기술은 OLAP에 대한 설명이다.

오답 피하기

• 데이터 웨어하우스는 사용자의 의사결정에 도움을 주기 위하여 기관 시스템의 데이터베이스에 축적된 데이터를 공통의 형식으로 변환해서 관리하는 데이터베이스이다.

04 ①

가치(Value)는 대용량의 데이터 안에 숨겨진 가치 발굴이 중요하며, 다른 데이터들과 연계 시 가치가 배로 증대한다. 단일 데이터라 하더라도 분석 방법론이나 분석가의 숙련도에 따라 높은 가치를 창출할 수 있다.

05 ①

연관규칙분석은 변인들 간 주목할 만한 상관관계가 있는지 찾아내는 방법이며, 독립변수가 종속변수에 미치는 영향을 분석할 때 사용하는 방법은 회귀분석이다.

06 ②

데이터 소비자(Data Consumer)의 역할과 활용 역량을 높이기 위한 데이터 리터러시(Data Literacy) 프로그램의 중요성이 커지고 있는 것은 데이터 분석 시대에 대한 설명이다.

07 ③

조직 내부에 있는 웹 서버나 시스템의 로그를 수집하는 기술은 로그 수집기이며, 센서 네트워크는(Sensor Network)는 유비쿼터스 컴퓨팅 구현을 위한 초경량 저전력의 많은 센서들로 구성된 유무선 네트워크이다.

08 ④

NoSQL(Not only SQL)은 전통적인 관계형 데이터베이스와는 다르게 데이터 모델을 단순화하여 설계된 비관계형 데이터베이스로 SQL을 사용하지 않는 DBMS와 데이터 저장장치이다. 기존의 RDBMS 트랜잭션 속성인 원자성(Atomicity), 일관성(Consistency), 독립성(Isolation), 지속성(Durability)을 포기한다.

09 ①

NoSQL은 고전적인 관계형데이터베이스의 주요 특성을 보장하는 ACID 특성 중 일부만을 지원하는 대신 성능과 확장성을 높이는 특성을 강조한다.

10 ④

문제에 대한 구체적 정의가 없다면 데이터 마이닝 기반으로 데이터를 분석하여 인사이트를 발굴하거나 일단 데이터 분석을 시도한 후 결과를 확인해 가면서 반복적으로 개선 결과를 도출해 볼 수 있다.
문제에 대한 구체적 정의가 가능하고, 필요 데이터를 보유하고 있으며, 분석역량을 갖추고 있다면 통계 기반의 전통적 데이터 분석을 수행할 수 있다.

11 ③

군집화는 특성이 비슷한 데이터를 하나의 그룹으로 분류하는 방법으로, 분류와 달리 학습 데이터 셋을 이용하지 않는 비지도학습 방법이다.

12 ④

강화학습
행동심리학에서 영감을 받았으며, 선택 가능한 행동들 중 보상을 최대화하는 행동 혹은 순서를 선택하는 방법이다. 강화학습의 초점은 학습 과정에서의 성능이며, 이는 탐색과 이용의 균형을 맞춤으로써 제고된다. 응용 영역으로는 게임 플레이어 생성, 로봇 학습 알고리즘, 공급망 최적화 등이 있다.

13 ③

개인정보의 제3자 제공은 해당 정보를 제공받는 자의 고유한 업무를 처리할 목적 및 이익을 위하여 개인정보가 이전되는 것이다. 개인정보가 제 3자에게 이전되거나 공동으로 처리하게 하는 것은 개인정보의 이전에 대한 개념이다.

14 ②

범주화는 데이터의 값을 범주의 값으로 변환하여 값을 숨기는 방법이다.

<u>오답 피하기</u>
• 총계처리는 데이터의 총합 값을 보여주고 개별 값을 보여주지 않는 방법으로, 특정 속성을 지닌 개인으로 구성된 단체의 속성 정보를 공개하는 것은 그 집단에 속한 개인의 정보를 공개하는 것과 마찬가지이므로 주의해야 한다.

15 ③

정형, 비정형, 반정형 등 모든 내외부 데이터를 대상으로 데이터의 속성, 오너, 관련 시스템 담당자 등을 포함한 데이터 정의서를 작성하는 것은 데이터 준비와 관련된 내용이다.

16 ④

메타 데이터 및 데이터 사전 구축은 데이터 표준화와 관련된 업무이며, 표준화 활동은 데이터 거버넌스 체계를 구축한 후 표준 준수 여부를 주기적으로 점검하는 것이다.

17 ②

총 6가지 영역을 대상으로 현재 수준을 파악하는 것은 분석 준비도이다. 분석 준비도는 조직 내 데이터 분석 업무 도입을 목적으로 현재 수준을 파악하기 위한 진단방법이다.

18 ②

프로타이핑 접근법은 상향식 접근 방식의 문제 해결 방법 중의 하나로 일단 먼저 분석을 시도해 보고 그 결과를 확인하면서 반복적으로 개선해 나가는 방식으로, 실험적 프로토타입보다는 진화적 프로토타입에 가깝다고 볼 수 있다.

19 ③

비즈니스 이해 및 범위 설정은 분석 기획 단계의 한 태스크로 향후 프로젝트 진행을 위한 방향을 설정하고, 프로젝트 목적에 부합할 범위를 설정하며, 프로젝트의 범위를 명확하게 파악하기 위해 구조화된 명세서를 작성한다.

20 ④

Trade off는 두 개의 목표 가운데 하나를 달성하려고 하면 다른 달성이 늦어지거나 희생되는 관계로, 정확도와 정밀도 또한 Trade off인 경우가 많지만 항상 그런 것은 아니다.

2과목 빅데이터 탐색

21 ③

• 평균 대치법(Mean Imputation) : 관측 또는 실험으로 얻어진 데이터의 평균으로 결측치를 대치해서 사용한다. 평균에 의한 대치는 효율성의 향상 측면에는 장점이 있으나 통계량의 표준오차가 과소 추정되는 단점이 있다. 비조건부 평균 대치법이라고도 한다.
• 최근방 대치법(Nearest-Neighbor Imputation) : 전체표본을 몇 개의 대체군으로 분류하여 각 층에서의 응답자료를 순서대로 정리한 후 결측값 바로 이전의 응답을 결측치로 대치한다. 응답값이 여러 번 사용될 가능성이 단점이다.

<u>오답 피하기</u>
• 회귀 대치법(Regression Imputation) : 회귀분석에 의한 결측치를 대치하는 방법으로 조건부 평균 대치법이라고도 한다.
• 단순확률 대치법(Single Stochastic Imputation) : 평균대치법에서 추정량 표준오차의 과소 추정을 보완하는 대치법으로 Hot-deck 방법이라고도 한다. 확률추출에 의해서 전체 데이터 중 무작위로 대치하는 방법이다.

22 ①

전진 선택법(Forward Selection)

- 영 모형에서 시작. 모든 독립변수 중 종속변수와 단순상관계수의 절댓값이 가장 큰 변수를 분석모형에 포함시키는 것을 말한다.
- 부분 F 검정(F test)을 통해 유의성 검증을 시행. 유의한 경우는 가장 큰 F 통계량을 가지는 모형을 선택하고 유의하지 않은 경우는 변수선택 없이 과정을 중단한다.
- 한번 추가된 변수는 제거하지 않는 것이 원칙이다.

23 ①

PCA의 특징

- 차원 축소에 폭넓게 사용된다. 어떠한 사전적 분포 가정의 요구가 없다.
- 가장 큰 분산의 방향들이 주요 중심 관심으로 가정한다.
- 본래의 변수들의 선형결합으로만 고려한다.
- 차원의 축소는 본래의 변수들이 서로 상관이 있을 때만 가능하다.
- 스케일에 대한 영향이 크다. 즉 PCA 수행을 위해선 변수들 간의 스케일링이 필수이다.

24 ③

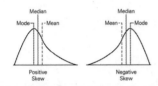

변수변환 전 분포	사용변수 변환식	변수변환 후 분포
우로 치우침	X^3	
우로 약간 치우침	X^2	
좌로 약간 치우침	X	정규분포화
좌로 치우침	$\ln(X)$	
극단적 좌로 치우침	$1/X$	

Positive Skew(좌측 치우침) 경우로 $\ln(X)$를 통한 변환을 이용한다.

> **오답 피하기**
- ① 순위를 데이터로 범주를 나누어 상대비교로 나누어 정렬한다 : 범주형 데이터의 변환
- ② 모든 데이터를 최솟값 0 최댓값 1로 그리고 다른 값은 0과 1 사이 값으로 변환한다 : 데이터전체를 변환 모양과 상관없이 최대 최소 정규화 분포형태의 변화는 안한다.

25 ②

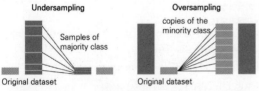

오버샘플링 : 소수클래스의 복사본을 만들어, 대표클래스의 수만큼 데이터를 만들어 주는 것이다. 똑같은 데이터를 그대로 복사하는 것이기 때문에 새로운 데이터는 기존 데이터와 같은 성질을 갖게 된다.

> **오답 피하기**
- 언더샘플링 : 대표클래스의 일부만을 선택하고, 소수클래스는 최대한 많은 데이터를 사용하는 방법이다. 이때 언더샘플링된 대표클래스 데이터가 원본 데이터와 비교해 대표성이 있어야 한다.

26 ④

$$MAD(: \text{Mean Absolute Deviation}) = \frac{1}{n}\sum_{i=1}^{n}|x_i - \bar{x}|$$

관측값에서 평균을 빼고, 그 차이값에 절댓값을 취하고, 그 값들을 모두 더하여 전체 데이터 개수로 나눠 준 것

평균은

$$\frac{12 + 20 + 23 + 25 + 30}{5} = 22$$

평균편차는

$$\frac{|12-22| + |20-22| + |23-22| + |25-22| + |30-22|}{5} = 4.8$$

그러나 절대 편차 형식의 최솟값은 평균이 아닌 중앙값
Median = 23

$$\frac{|12-23| + |20-23| + |23-23| + |25-23| + |30-23|}{5} = 4.6$$

> **오답 피하기**
- B = 12 경우는 A = 10
- B = 30 경우는 A = 8

27 ①

판단추출법 (Judgement Sampling)

- 조사자가 나름의 지식과 경험에 의해 모집단을 가장 잘 대표한다고 여겨지는 표본을 주관적으로 선정하는 방법이다.
- 판단추출법에 의한 표본은 조사자의 주관적 판단에 의해서 표본이 추출되기 때문에 그 표본을 통해 얻은 추정치의 정확성에 대해 객관적으로 평가할 수 없다.
- 표본의 크기가 작은 경우에 조사의 오차를 좌우하는 요인은 추정량의 분산이 될 수 있다.

28 ②

A_1 : 간에 이상이 있을 사건
A_2 : 간에 이상이 없을 사건
B : 간기능 검사에서 이상이 나타날 사건

$$P(A_1)=0.3, \ P(A_2)=0.7, \ P(B|A_1)=0.9 \ P(B|A_2)=0.1$$

이 된다.
여기서 총확률정리에 의해 임의의 직장인이 검사에서 이상반응을 보일 확률은

$$P(B)=P(B|A_1)P(A_1)+P(B|A_2)P(A_2)=0.9 \times 0.3+0.1 \times 0.7=0.34$$

이제 베이지안 정리에 의해

$P(A_2|B)$ = 실제 간기능에 문제가 없음에도 불구하고 이상이 있음을 나타내는 확률

$$P(A_2|B) = \frac{P(B|A_2)P(A_2)}{P(B)} = \frac{P(B|A_2)P(A_2)}{P(B|A_1)P(A_1) + P(B|A_2)P(A_2)} = \frac{0.1 \times 0.7}{0.34} = 0.206 = 20.6\%$$

29 ③

확률밀도함수 : 확률 변수의 분포를 나타내는 함수이다.

모든 x에 대해서 $0 \leq fx \leq 1$

$$\int f(x)dx = 1$$

$$P(a < X < b) = \int_a^b f(x)dx$$

여기서

$$\int f(x)dx = \int_0^1 Ax^2 dx = A \times \frac{1}{3}x^3]_0^1 = \frac{A}{3} - 0 = 1$$

$$A = 3$$

P(X<1/2)일 확률은

$$P(X < 1/2) = \int_0^{1/2} 3x^2 dx = 3 \times \frac{1}{3}x^3]_0^{1/2} = \left(\frac{1}{2}\right)^3 - 0 = \frac{1}{8}$$

30 ②

$$P(X > 400) = \int_{400}^{\infty} \frac{1}{300} e^{-x/300} dx = \frac{1}{300} \int_{400}^{\infty} e^{-x/300} dx$$

$$= \frac{1}{300} \left[e^{-\frac{x}{300}}(-300) \right]_{400}^{\infty} = \lim_{t \to \infty}(e^{-4/3} - e^{-t}) = e^{-4/3}$$

100시간동안 고장나지 않았을 때, 앞으로 400시간동안 고장나지 않고 작동할 확률은

P(X>100+400|X>100)=P(X>400)

과 같다는 것이 무기억성질(Memoryless Property) 인데

$$P(X > 100 + 400|X > 100) = \frac{P(X > 500)}{P(X > 100)}$$

$$= \frac{e^{-500/300}}{e^{-100/300}} = \frac{e^{-5/3}}{e^{-1/3}} = e^{-4/3}$$

31 ④

자유도가 1보다 클 때 스튜던트 t 분포에서 기대값은 0이다.

• 스튜던트 t 분포는 정규분포의 평균 측정 시 주로 사용하는 분포이다. 분포의 모양은 Z-분포와 유사하다. 종 모양으로서 t=0에 대하여 대칭을 이루는데 t-곡선의 모양을 결정하는 것은 자유도이다.
• 자유도가 클수록 정규분포에 모양이 수렴된다.

32 ③

• 표본의 크기가 큰 경우 근사적으로 정규분포를 따르게 된다는 것이 중심극한정리이다.
• 무작위로 뽑은 표본의 평균이 전체 모집단의 평균과 가까울 가능성이 높다는 것이 대수의 법칙이다.

33 ③

• 편향 : 기대하는 추정량과 모수의 차이
• 표본평균은 불편추정량이나 표본분산은 불편추정량이 아니다.

34 ②

t 분포에서 자유도가 커지면 커질수록 분포의 형태는 정규분포를 따르게 되므로 평균=중앙값=최빈값으로 나타나는 분포의 모습을 그대로 유지하고 따르게 된다.

35 ③

모평균에 대한 신뢰구간을 구하는 방법 중 모집단의 분산을 모르는 경우(표본크기가 큰 경우)이므로

$$\bar{X} - Z_{\frac{\alpha}{2}} \cdot \frac{S}{\sqrt{n}} \leq \mu \leq \bar{X} + Z_{\frac{\alpha}{2}} \cdot \frac{S}{\sqrt{n}}$$

95% 신뢰수준

$$90 - 1.960 \cdot \frac{4}{\sqrt{100}} \leq \mu \leq 90 + 1.960 \cdot \frac{4}{\sqrt{100}}$$

89.22≤μ≤90.78(소수점 둘째 자리 반올림)

36 ①

각 나이대별 필요한 표본숫자는
비율에 대한 정보가 주어지지 않은 경우 p=1/2로 놓고 표본의 크기를 결정한다. 그래서

$$n = \frac{1}{4}\left(Z_{\frac{\alpha}{2}} \cdot \frac{1}{d}\right)^2$$

가 된다.

$$n = \frac{1}{4}\left(1.960 \cdot \frac{1}{0.01}\right)^2 = 9604$$

37 ④

④는 히트맵의 특징이다.

버블 차트의 특징

• x, y값의 위치를 표시하는 산점도에 점의 위치에 해당하는 제3의 변수값을 원의 크기로 표현한 그래프로 한 번에 3개의 변수를 비교해볼 수 있다.
• 제3의 값을 표시하는 원(버블)은 면적으로 표현되어야 하며, 반지름이나 지름으로 표현되면 실제 값보다 너무 크게 원이 그려질 수 있어서 주의해야 한다.
• 도시별 인구밀집도, 도시별 우유 판매량 등 국가나 지역에 따른 값의 분포를 표현하는데 매우 유리하다.

38 ①

서열자료인 두 변수들의 상관관계를 측정하는데 사용하는 것은 스피어만 상관계수에 대한 내용이다.

39 ①

모집단의 평균과 분산이 각각 μ, σ²인 정규모집단 N(μ, σ²)에서 μ, σ²가 미지인 경우 모분산 σ²에 대한 가설검정은 점추정량인 s²을 이용하여 검정한다.

1. 가설의 설정
• 귀무가설 $H_0 : \sigma^2 = \sigma_0^2$
• 대립가설 $H_1 : \sigma^2 \neq \sigma_0^2$(양측검정), 또는 $H_1 : \sigma^2 > \sigma_0^2$(단측검정:우측검정), $H_1 : \sigma^2 < \sigma_0^2$(단측검정:좌측검정)

2. 검정통계량 $\chi^2 = \frac{\Sigma(x_i - \bar{x})^2}{\sigma_0^2} = \frac{\phi s^2}{\sigma_0^2}$ (여기서 Φ=n-1 자유도)

3. 표본크기 n과 유의수준 α에 의해서 결정됨
귀무가설은

$$H_0 : \sigma^2 = 1200$$

대립가설은

$$H_1 : \sigma^2 < 1200$$

자유도는 Φ=n-1=30-1=29이고 이에 따른 검정 통계량은 다음 아래와 같다.

$$\chi^2 = \frac{\sum(x_i - \bar{x})^2}{\sigma_0^2} = \frac{\phi s^2}{\sigma_0^2} = \frac{29 \times 1050}{1200} = 25.375$$

이에 따른 기각역은 유의수준에 따라서 (χ^2분포표에 의해)

$$\chi^2 \geq \chi^2(\phi, 1-\alpha) = \chi^2(29, 0.95) = 17.71$$

25.375〉17.71 이므로 H_0를 기각할 수 없다(채택). 그러므로 새로운 공정을 변경하더라도 제품수명의 변동은 적어지지 않는다.

40 ③

임계치는 주어진 유의수준 α에서 귀무가설의 채택과 기각에 관련된 의사결정을 할 때, 그 기준이 되는 점이다.

3과목 빅데이터 모델링

41 ④

로지스틱 회귀분석은 지도학습 분류 부문에 해당된다.

42 ③

GAN은 적대적 생성 모델로 생성모델과 판별모델이 존재한다.

43 ②

강화학습이란 주어진 환경에서 보상을 최대화하도록 에이전트를 학습하는 기법이다.

44 ③

의사결정나무에서의 뿌리마디는 나무가 시작되는 마디를 뜻한다.

45 ②

의사결정 분류나무에서 범주형 목표변수에 대해 분리를 수행할 시 카이제곱 검정을 적용하게 되면 관측도와 기대도수의 차이가 커질수록 순수도는 높아진다. 즉 카이제곱 검정 통계량이 가장 큰 예측 변수를 이용하여 자식마디를 형성하게 된다.

46 ③

정보획득 : 순도가 증가하고 불확실성이 감소

47 ③

부트스트래핑은 랜덤 샘플링으로 크기가 동일한 여러 개의 표본자료들을 생성한다.
복원 추출법은 샘플 추출 뒤 다시 표본자료에 포함시켜 추출하는 방식이다.

48 ④

의사결정나무는 구조가 복잡하게 되면 해석력이 떨어진다.

49 ①

노드는 신경계 뉴런, 가중치는 신경계 시냅스에 비유된다.

50 ②

가중치 매개변수 기울기를 미분을 통해 전달하는 것은 시간 소모가 크므로 이를 개선하기 위한 방법인 오차역전파는 실제 출력과 목표 출력값과의 오차를 출력층에서 입력층으로 전달, 연쇄법칙을 활용하여 가중치와 편향을 계산, 업데이트한다.

51 ④

딥러닝 모델 학습에서 가중치와 편향은 수동이 아닌 자동으로 설정되는 매개변수(파라미터)에 속한다.

52 ③

LSTM은 입력 게이트, 출력 게이트, 망각 게이트를 가진다.

53 ②

오토인코더는 다차원 데이터를 저차원으로 바꾸고 바꾼 저차원 데이터를 다시 고차원 데이터로 바꾸면서 특징점을 찾아내는 비지도학습 알고리즘이다.

54 ③

서포트 벡터는 두 클래스를 구분하는 경계선으로 각 서포트 벡터를 지나는 초평면의 거리가 초평면의 마진이다.

55 ④

맨하탄거리는 택시 거리, 시가지 거리로도 불리며 두 점의 좌표 값의 절대적 차이로 구한다.

56 ②

범주형 변수에 대해서 두변수간의 연관성 검증을 위해서 사용되는 분석기법은 교차분석이며
이때 통계량은 χ^2 이다.

57 ③

자기상관성(Autocorrelation)은 시차값 사이에 선형 상관관계를 보이는 것을 말한다.

58 ②

나이브 베이즈 모델은 P(C₁|Doc)/P(Doc)와 P(C₂|Doc)/P(Doc)를 비교해서 그 값이 큰 쪽으로 범주를 할당한다는 개념이다.

59 ③

60 ①

심층 신뢰 신경망
• 기계학습에서 사용되는 그래프 생성 모형이다.
• 딥러닝에서는 잠재변수의 다중계층으로 이루어진 심층신뢰 신경망을 의미한다. 계층 간에 연결이 있지만 계층 내 유닛 간에는 연결이 없다는 특징이 있다.

4과목 빅데이터 결과 해석

61 ③

분류 모델 평가지표로 정확도, 재현율, 정밀도, F1 점수 등이 있다.

62 ④

P(기저귀 | 맥주) = P(기저귀∩맥주) / P(맥주)
P(맥주) = 50 / 100 = 0.5
P(기저귀∩맥주) = 40 / 100 = 0.4
P(기저귀∩맥주) / P(맥주) = 0.4 / 0.5 = 0.8

63 ②

MSE는 잔차(오차)의 제곱에 대한 평균을 취한 값으로 주요 회귀지표 중의 하나이다.

64 ③

k-평균군집 분석은 원하는 군집 수만큼(k개) 초기값을 지정하고, 각 개체를 가장 가까운 중심에 할당하여 군집을 생성한 뒤 각 군집 내 평균을 계산하여 중심점을 갱신한다. 해당 과정을 반복 진행하며 군집 중심의 변화가 없게 되면 최종 군집이 형성된다.

65 ③

K=5로 1가지 데이터셋을 5등분으로 Fold화하며 각 Fold마다 한 번씩 평가(Validation) 데이터셋으로 사용하여 총 5회 훈련이 진행된다. 5회 평가, 최종 테스트 1회로 평가를 포함한 테스트 횟수는 총 6회이며 각 회당 학습 결과에 대한 전체 평균이 해당 모델의 성능으로 나타난다.

66 ①

드롭아웃은 훈련할 때 신경망의 뉴런을 부분적으로만 사용함으로써 학습이 덜 될 수 있으나 과적합을 예방할 수 있다.

67 ②

L1 규제기법은 규제 가중치의 절대값을 손실함수에 더해줌으로써 가중치를 작게 만들어 과적합을 방지할 수 있다.

68 ④

확률적 경사 하강법(SGD)은 손실함수를 가중치로 미분한 기울기에 학습률을 곱하여 현재의 매개변수인 가중치에서 뺀 값이 다시 손실함수가 계산되어 이를 통해 가중치를 갱신하는 과정이 반복된다.

69 ③

초매개변수는 사람이 직접 설정해주어야 하는 매개변수로 가중치는 직접 설정이 불가능하다. 또한 초매개변수 최적화는 임의로 범위 선정 후 무작위로 초매개변수 값을 샘플링하여 모델 정확도를 평가하면서 최적값의 범위를 줄여가는 과정으로 딥러닝 학습 시간이 오래 소요되므로 학습 에폭을 작게 검증/평가 시간을 단축시키는 것이 중요하다.

70 ①

배깅(Bootstrap Aggregating)은 부트스트랩(복원추출 통한 표본추출) 기반 각 샘플별로 모델 학습을 진행하고, 결과물을 집계한 것이다. 범주형 데이터의 경우 다수결 투표방식으로, 연속형 데이터의 경우 평균으로 집계한다.

71 ④

스캐터 플롯(산점도), 히트맵, 버블차트는 관계시각화를 위한 도구이며, 파이차트는 하나의 변수에 대한 값의 분포를 보여주기에 적합한 분포시각화 도구이다.

72 ②

평행좌표계는 스타차트를 넓게 펼친 모양으로 여러 변수의 각 영역에 따른 값을 비교해서 보여주기에 적합하다.

오답 피하기

- 도넛 차트는 여러 변수(학생)를 보여줄 수 있지만, 과목별 점수를 직관적으로 비교하기는 어렵다.
- 산점도는 최대 3차원(3과목)까지 표현이 가능하다.

73 ④

탐색적 데이터분석에서 시각화를 이용한 데이터 분포를 파악한다. 연관분석은 장바구니 분석이라고도 하며 소비자의 구매패턴을 분석하는 기법이다. 히트맵과 인포그래픽은 시각화 도구이다.

74 ③

추세선 위에 존재하는 데이터들은 삭제해도 추세선의 모양에 영향을 주지 않는다.

오답 피하기

- ① 인플레이션과 실업률은 음의 상관관계가 있다.
- ② A는 동일한 실업률을 보이는 집단에서 인플레이션이 매우 높은 값을 보여주기 때문에 이상값으로 분류될 수 있다.
- ④ B와 C는 어느 한 시점의 인플레이션 지수를 표현한 것으로 특정 도시의 인플레이션 지수를 대표하지는 않는다.

75 ④

선유형 속성은 점선, 이중 점선 등 각각의 독립된 모양으로 데이터를 표현하는 것으로 연속형 데이터를 표현하기에 적합하지 않다.

76 ②

1월 1000, 2월 2000, 3월 3500, 4월 3000, 5월 2500, 6월 2000으로 총 합계는 14,000이다. 3월매출 / 총매출 = 3500 / 14000 = 0.25로 1/4을 차지한다. 360도×1/4은 90도이다.

77 ②

다차원척도법은 대상의 상대적인 거리를 표현하는 방법으로 관측대상의 x, y좌표값 실제값과 다르다.

78 ②

단계구분도는 면적이 넓은 지역의 값이 전체를 지배하는 것처럼 보이는 시각적 왜곡이 발생할 수 있다. 카토그램은 실제 데이터 값에 비례하여 지역을 확대하거나 축소함으로써 단계구분도의 시각적 왜곡을 보완한다.

79 ④

K-fold 교차 검증은 각 폴드마다 한번씩 모두 K번의 검증을 수행한다.

80 ④

분석모형 리모델링은 현재 진행되고 있는 분석프로젝트의 성능을 유지, 개선하기 위한 활동을 말하며, 신규분석과제 발굴은 분석수요조사 및 기획과정에서 진행한다.

01	①	02	②	03	③	04	④	05	①
06	②	07	③	08	④	09	①	10	②
11	③	12	④	13	①	14	②	15	③
16	④	17	①	18	②	19	③	20	④
21	②	22	②	23	②	24	④	25	③
26	③	27	③	28	②	29	④	30	③
31	①	32	④	33	④	34	①	35	④
36	①	37	④	38	④	39	④	40	①
41	④	42	③	43	④	44	③	45	③
46	②	47	③	48	③	49	①	50	④
51	①	52	①	53	②	54	①	55	③
56	②	57	④	58	③	59	②	60	③
61	①	62	②	63	④	64	①	65	②
66	④	67	④	68	②	69	④	70	④
71	③	72	④	73	①	74	②	75	②
76	④	77	④	78	④	79	④	80	②

1과목   빅데이터 분석 기획

01 ①

정량적 데이터의 유형은 정형 데이터와 반정형 데이터이고, 정성적 데이터의 유형은 비정형 데이터이다.

02 ②

지식은 상호 연결된 정보를 구조화하여 유의미한 정보를 분류하고 개인적 경험을 결합시켜 내재화한 고유의 결과물이며, 이 경우 '텀블러를 저렴한 온라인 상점에서 구매할 것이다'는 표현으로 고쳐 쓰는 것이 더 적합하다.

03 ③

OLTP는 데이터 액세스 빈도가 높은 편이지만, OLAP는 데이터 액세스 빈도가 보통이다.

04 ④

아무리 데이터의 종류가 다양하다 하더라도 고품질의 데이터가 입력되어야 고수준의 인사이트 도출이 가능하다.

05 ①

빅데이터는 시장에 새롭게 진입하려는 잠재적 경쟁자에게는 진입장벽과도 같은 존재이다.

06 ②

데이터 산업은 데이터 처리 시대, 데이터 통합 시대, 데이터 분석 시대, 데이터 연결 시대, 데이터 권리 시대로 진화하고 있다.

07 ③

분석 수행의 일반적 구조는 기능형 조직구조이다.

오답 피하기
- 기능형 조직구조 : 각 현업 부서에서 분석 업무를 직접 수행한다. 전사적 관점에서 전략적 핵심 분석이 어려우며, 특정 협업 부서에 국한된 협소한 분석을 수행할 가능성이 높다.

08 ④

빅데이터를 처리하는 과정에서는 생성 기술, 수집 기술, 저장(공유) 기술, 처리 기술, 분석 기술, 시각화 기술이 필요하다.

09 ①

강화학습은 행동심리학에서 영감을 받았으며, 선택 가능한 행동들 중 보상을 최대화하는 행동 혹은 순서를 선택하는 방법이다.

10 ②

개인정보는 생존하는 개인에 관한 정보여야 하며, 정보의 내용 및 형태 등은 제한이 없고, 개인을 알아볼 수 있는 정보여야 한다. 또한 다른 정보와 쉽게 결합하여 개인을 알아볼 수 있는 정보도 포함한다.

11 ③

데이터 활용에 따른 개인정보처리자의 책임을 강화한 것이지, 조직 대표자의 연대책임 여부까지 논한 것은 아니다.

12 ④

비록 분석 주제는 정의하지 못한 상태이지만 분석 방법을 알고 있다면 인사이트 발굴이 가능하다.

13 ①

IT 프로젝트의 과제 우선순위 평가기준으로는 전략적 필요성, 시급성, 투자 용이성, 기술 용이성 항목이 있다.

14 ②

기존 시스템에 미치는 영향을 최소화하여 적용하는 방안이 이상적이기는 하지만 현실적으로 어려우므로, 기존 시스템과 별도로 시행하여 난이도 조율을 통한 우선순위를 조정할 수 있다.

15 ③

분석 역량을 확보하지 못하였고, 분석 기법이나 시스템을 보유하고 있지 않을 때 아웃소싱을 진행하며, 만일 분석 역량은 확보하고 있다면 시스템 고도화를 진행한다.

16 ④

폭포수 모형은 요구사항 도출이 어려우며, 원형 모형은 프로토타입의 폐기가 발생하고, 나선형 모형은 계획수립, 위험분석, 개발, 고객평가 순으로 진행된다.

17 ①

오답 피하기
- ② KDD 분석 방법론의 분석절차
- ③ SEMMA 분석 방법론의 분석절차
- ④ 빅데이터 분석 방법론의 개발절차

18 ②

분석 프로젝트 관리 시 데이터의 크기는 데이터 지속적으로 생성되어 증가하는 점을 고려한다.

19 ③

데이터의 종류는 정형 데이터, 반정형 데이터, 비정형 데이터 등을 한정하지 않고 모두 수용한다.

20 ④

임의 잡음 추가는 데이터 범주화 방법이 아닌 데이터 마스킹 방법이다.

2과목 빅데이터 탐색

21 ②

오답 피하기
- ① 데이터 정제는 수집된 데이터를 대상으로 분석에 필요한 데이터를 추출하고 통합하는 과정이다.
- ③ 데이터로부터 원하는 결과나 분석을 얻기 위해서 분석도구나 기법에 맞게 다듬는 과정이 필요하다.
- ④ 후처리는 데이터 저장 후의 처리를 지칭하며 저장데이터의 품질관리 등의 과정을 포함한다.

22 ②

서열자료(Ordinal Data) : 명목자료와 비슷하나 수치나 기호가 서열을 나타내는 자료이다.

오답 피하기
- 질적자료(Qualitative Data) : 정성적 자료라고도 하며 자료를 범주의 형태로 분류한다. 분류의 편리상 부여된 수치의 크기 자체에는 의미를 부여하지 않는 자료이며 명목자료, 서열자료 등 이질적자료로 분류된다.
- 명목자료(Nominal Data) : 측정대상이 범주나 종류에 대해 구분되어지는 것을 수치 또는 기호로 분류되는 자료이다.
- ④ 기본적으로 정형자료에 대한 분류 체계이다.

23 ②

완전 무작위 결측(MCAR) : 어떤 변수상에서 결측 데이터가 관측된 혹은 관측되지 않는 다른 변수와 아무런 연관이 없는 경우, 결측 데이터를 가진 모든 변수가 완전 무작위 결측이라면 대규모 데이터에서 단순 무작위 표본추출을 통해 처리 가능하다.

24 ④

단순확률 대치법(Single Stochastic Imputation) : 평균대치법에서 추정량 표준오차의 과소 추정을 보완하는 대치법으로 Hot-deck 방법이라고도 한다. 확률추출에 의해서 전체 데이터 중 무작위로 대치하는 방법이다.

25 ③

전진 선택법(Forward Selection)
- 영 모형에서 시작. 모든 독립변수 중 종속변수와 단순상관계수의 절댓값이 가장 큰 변수를 분석모형에 포함시키는 것을 말한다.
- 부분 F 검정을 통해 유의성 검증을 시행, 유의한 경우는 가장 큰 F 통계량을 가지는 모형을 선택하고 유의하지 않은 경우는 변수선택 없이 과정을 중단한다.
- 한번 추가된 변수는 제거하지 않는 것이 원칙이다.

26 ③

차원의 증가는 분석모델 파라메터의 증가 및 파라메터 간의 복잡한 관계의 증가로 분석결과의 과적합 발생의 가능성이 커진다. 이것은 분석모형의 정확도(신뢰도) 저하를 발생시킬 수 있다.

27 ③

오답 피하기
- 라) 차원 축소에 폭넓게 사용된다. 어떠한 사전적 분포 가정의 요구가 없다.
- 마) 차원의 축소는 본래의 변수들이 서로 상관이 있을 때만 가능하다.

28 ④

오답 피하기
- ① 데이터에서 각 클래스가 갖고 있는 데이터의 양에 차이가 큰 경우, 클래스 불균형이 있다고 말한다.
- ② 데이터 클래스 비율이 너무 차이가 나면(Highly-imbalanced Data) 단순히 우세한 클래스를 택하는 모형의 정확도가 높아지므로 모형의 성능판별이 어려워진다. 즉, 정확도(accuracy)가 높아도 데이터 개수가 적은 클래스의 재현율(recall-rate)이 급격히 작아지는 현상이 발생할 수 있다.
- ③ 클래스 균형은 소수의 클래스에 특별히 더 큰 관심이 있는 경우에 필요하다.

29 ④

중앙값은 전체변수의 범위에서 가운데가 아니라 관찰된 변수들 중의 가운데 값이므로 이상값의 영향을 받지 않는다.
첨도, 왜도는 데이터의 분포모양에 해당된다.

30 ③

피어슨 상관계수는 두 변수 X와 Y 간의 선형 상관관계를 계량화한 수치이다.

오답 피하기
- ②, ④ 는 스피어만 상관계수에 대한 설명이다.

31 ①

$CV = \dfrac{\sigma}{\mu} \times 100(\%)$ (모집단의 변동계수)이므로

체중에 대한 CV = 2.54/52.3×100 = 4.856%
신장에 대한 CV = 2.28/152.7×100 = 1.493%이므로
체중에 대한 CV가 더 큼 → 산포도가 넓으므로 개인차가 크다.

32 ④

위상적 타입 : 공간 객체간의 관계를 표현하며, 방위, 공간 객체간의 중첩, 포함, 교차, 분리 등과 같은 위치적 관계

33 ④

회귀분석의 경우 하나의 반응변수를 여러 개의 설명변수로 설명하고자 할 때, 가장 설명력이 높은 변수들의 선형결합을 찾아 이들 사이의 인과관계를 생각하는 반면에 정준분석에서는 이와 같은 인과성이 없다.

34 ①

최대대표라는 현상은 없다.

오답 피하기
- 표본추출오차(Sampling Bias, Sampling Error) : 표본에서 선택된 대상이 모집단의 특성을 과잉 대표하거나 최소 대표할 때 발생한다.

35 ④

금융상품 가입 상담 건수 10회 중 실제 가입이 이루어진 수는 이항분포에 적용할 수 있다.

오답 피하기
- 포아송분포 : 단위 시간 안에 어떤 사건이 몇 번 발생할 것인지를 표현하는 이산확률분포

36 ①

오답 피하기
- ② 종 모양으로서 t=0에 대하여 대칭을 이루는데 t−곡선의 모양을 결정하는 것은 자유도이다.
- ③ 자유도가 클수록 정규분포에 모양이 수렴된다.
- ④ 자유도가 1보다 클 때만 스튜던트 t 분포에서 기대값은 0이다.

37 ④

표본평균은 불편추정량이나 표본분산은 불편추정량이 아니다.
(표본분산과 모분산의 계산 차이의 이유, n이 아닌 n−1로 나누는 이유)

38 ④

39 ③

오답 피하기
- ① 연구자에 의해 설정된 가설은 표본를 근거로 하여 채택여부를 결정짓게 되는데 이때 사용되는 통계량을 검정통계량이라 정의한다.
- ② 귀무가설(Null Hypothesis, H_0)은 현재 통계적으로 믿어지고 있는 모수에 대한 주장 또는 원래의 기준이 되는 가설이다.
- ④ 대립가설(Alternative Hypothesis, H_1)은 연구자가 모수에 대해 새로운 통계적 입증을 이루어 내고자 하는 가설이다.

40 ①

두 독립표본의 평균차이 검정의 검정 통계량
위의 가설을 검정하는데 사용되는 검정통계량은 X−표본과 Y−표본의 표본평균인 $\bar{X}$와 $\bar{Y}$의 차이에 근거하여 구성한다.

검정 통계량 $T = \dfrac{\bar{X}-\bar{Y}}{S_p\sqrt{\frac{1}{n}+\frac{1}{m}}}$

여기서 $S_p^2 = \dfrac{(n-1)S_1^2+(m-1)S_2^2}{n+m-2}$ 으로 공통분산(Common Variance) σ^2의 합동표본분산(Pooled Sample Variance)이며 S_1^2, S_2^2는 각각의 표본의 표본분산을 말한다. 검정 통계량 T는 자유도 m+n−2인 t 분포를 따른다.

3과목 빅데이터 모델링

41 ④

다중회귀분석은 회귀(예측)모델로 분류된다.

42 ③

- 종속변수 : 범주형 변수
- 분포 : 이항분포

43 ④

다중공선성 진단 → 회귀계수 유의성 확인 → 수정된 결정계수 확인 → 모형의 적합도 평가

44 ③

정보 획득(Information Gain) : 순도가 증가하고 불확실성이 감소하는 것을 뜻한다. 정보의 가치를 반환하는 데 발생하는 사건의 확률이 작을수록 정보의 가치는 높아지며, 확률이 높을수록 가치는 낮아진다.

45 ③

의사결정나무의 대표적 알고리즘인 CART는 불순도 측도로 범주형 또는 이산형일 경우 지니지수를, 연속형인 경우 분산의 감소량을 이용한 이진분리를 활용한다.

46 ②

배깅(Bagging) : 기계학습 알고리즘의 안정성과 정확도를 향상시키기 위해 고안되었다.

47 ③

분류 모델의 앙상블은 다수결로 0 또는 1로 분류한다.

48 ③

손실함수를 최소화하기 위해 가중치와 편향을 찾는 것이 인공신경망의 학습이며 일반적인 손실함수로는 평균제곱오차가 있다.

49 ①

데이터를 미니배치로 무작위 선정 뒤 손실함수 값을 줄이기 위해 각 가중치 매개변수 기울기를 구한다. 다음 가중치 매개변수 기울기 방향으로 조금씩 갱신하여 앞에서 진행한 단계들을 반복한다.

50 ④

오차역전파는 실제 출력과 목표 출력값과의 오차 산출, 비례한 가중치를 출력층에서 은닉층으로 갱신한다.

51 ②

$(4-1)^2+(4-3)^2$에 root(제곱근)을 적용, 계산한다.

52 ①

분류모델이 틀린 곳에 집중하여 새로운 분류규칙을 생성, 즉 weak classifier에 중점을 두는 지도학습 알고리즘은 부스팅이다.

53 ②

Relu 활성화 함수(이진 분류)는 Sigmoid의 Gradient Vanishing 문제를 해결하며 0보다 크면 입력값을 그대로 출력 0 이하의 값만 0으로 출력한다.

54 ①

랜덤포레스트는 여러 개의 의사결정 나무를 활용, 예측 결과를 투표 또는 다수결 방식으로 예측 결정한다.

55 ③

support(기저귀 → 맥주) = 3/5
confidence(기저귀 → 맥주) = (3/5)/(4/5) = 3/4
lift(기저귀 → 맥주) = 5/4

56 ②

오답 피하기
- 로지스틱 회귀분석 : 분석하고자 하는 대상들이 두 집단 또는 그 이상의 집단으로 나누어진 경우 개별관측치들이 어느 집단으로 분류될 수 있는 지를 분석할 때 사용한다.
- ②는 카이제곱검정에 대한 내용이다.

57 ④

시계열 데이터가 분산이 일정하지 않으면 변환(transformation)을 통해 정상성을 가지도록 할 수 있다.

58 ③

딥러닝은 인공신경망의 학습수준을 높이기 위해 하나의 은닉층에 은닉노드를 3개가 아니라 10개, 100개 이런 식으로 동일레이어 내 수직으로 쭉 늘려놓기만 했었는데, 그것보다는 은닉층 자체를 여러개로 만들어서 여러 단계를 거치도록 인공신경망을 구성하였더니 정확도가 훨씬 향상되는 원리이다.

59 ②

순환신경망(RNN: Recurrent Neural Network)의 정의와 특징에 대한 설명이다.

60 ③

앙상블(Ensemble) 기법은 동일한 학습 알고리즘을 사용해서 여러 모델을 학습하는 개념이다.

4과목 빅데이터 결과 해석

61 ①

정확도는 True인 데이터를 True로 False인 데이터를 False로 분류하는 정도를 말한다.

62 ②

평균제곱오차는 실제값과 예측값의 차이의 제곱에 대한 평균을 취한 값으로 다음과 같이 구할 수 있다.

$$MSE = \frac{1}{n}\sum_{i=1}^{n}(y_i - \hat{y}_i)^2 = \frac{1}{4}((-1)^2 + (1)^2 + (-2)^2 + (-2)^2) = 2.5$$

63 ③

실루엣 계수는 같은 군집에 속한 요소들의 평균거리와 함께 가장 가까운 이웃군집까지의 거리도 함께 고려해서 계산한다.

64 ①

중심극한정리 : 동일한 확률분포를 가진 독립 확률 변수 n개의 평균의 분포는 n이 적당히 크다면 정규분포에 가까워진다는 이론으로 이때 표본분포의 평균은 모집단의 모평균과 동일하며 표준편차는 모집단의 모표준편차를 표본 크기의 제곱근으로 나눈 것과 같다.

65 ②

재현율(recall)은 실제 True인 값 중에서 실제값과 예측값이 일치하는 비율로 TP / (TP+FN)으로 구한다.
50 / (50+50) = 0.5

66 ④

경사하강법은 매개변수 최적화에 사용되는 기법으로 손실함수의 값을 최소화하도록 하는 매개변수를 찾는 방법이다.

67 ④

군집분석은 유사성이 높은 요소들을 묶어주는 것으로 군집에 속한 요소들의 평균은 모델의 타당성을 검증하는 지표로 적절하지 않다.

68 ②

결합분석 모형은 두 종류 이상의 결과변수를 동시에 분석할 수 있는 방법으로 결과 변수 간의 유의성, 관련성을 설명할 수 있다.

69 ④

카이제곱 검정은 관찰된 빈도가 기대되는 빈도와 의미 있게 다른지의 여부를 검정하기 위해 사용되는 검정방법이다. 카이제곱 값은 $x^2 = \Sigma$ (관측값 − 기댓값)^2 / 기댓값으로 계산한다.

70 ④

군집분석 모델은 군집그룹의 통계량을 요약하고 관측치의 공통점과 변동성을 확인한다. 요소 사이의 거리 평균은 모델의 성능을 평가할 때 사용하는 지표이다.

71 ③

파이차트는 데이터의 분포를 표현하는데 적합하며 연관분석 시각화 도구는 네트워크 다이어그램이 대표적이다.

72 ④

데이터 시각화는 수치정보뿐만 아니라 비정형 데이터인 텍스트나 지형정보의 표현도 모두 포함하는 개념이다.

73 ①

인포그래픽은 정보의 시각적 표현과 전달에 중심을 두며, 주로 뉴스 기사, 포스터 등에서 활용된다.

74 ②

범례는 차트에 표현되고 있는 기호나 선 등이 어떤 의미인지 설명하는 역할을 한다.

75 ②

누적막대그래프는 두 개 이상의 변수를 동시에 다루는 경우에 막대의 영역을 구분하여 나머지 변수의 값을 표현한다. 하나의 막대를 구성하는 세부항목 각각의 값과 전체의 합을 함께 표현할 때 유용하다.

76 ④

그래프의 추세선이 막대보다 위에 있는 경우는 이번달 매출보다 지난달 매출이 높다는 것을 의미한다.

77 ④

파이차트는 구성요소들이 차지하고 있는 비율을 표현하기에 적합하며, 시간에 따른 데이터의 변화를 표현하기 위해서는 적합하지 않다.

78 ④

데이터 시각화를 통해서 데이터의 이상치를 효율적으로 발견할 수 있으며, 결측치는 데이터가 비어있는 부분이라 시각화를 통해서 발견하기는 어렵다.

79 ④

CRISP–DM에서 분석모형 전개(Deploy)는 완성된 모델을 실제 업무 현장에 적용하는 단계로 전개 계획 수립, 모니터링과 유지보수 계획 수립, 프로젝트 종료 관련 프로세스로 구성된다.

80 ②

성과 평가의 결과를 바탕으로 필요한 경우 분석 모델을 리모델링한다.